FORST-BATTAGLIA/STANKIEWICZ · POLEN

WALTER-REISEFÜHRER

JAKUB FORST-BATTAGLIA / MIROSŁAW STANKIEWICZ

POLEN

WALTER-VERLAG

OLTEN UND FREIBURG IM BREISGAU

TEXT: JAKUB FORST-BATTAGLIA
FOTOS: MIROSŁAW STANKIEWICZ
KARTEN: WERNER STUCKI

7. Auflage 1987

© Walter-Verlag AG Olten, 1980
Gesamtherstellung in den grafischen Betrieben des Walter-Verlags
Printed in Switzerland

ISBN 3-530-22860-5

INHALT

Menschen von heute und ihr Kulturerbe

Ein Land kann man auf mehreren Ebenen erleben. Wohin immer man fährt, ein Grundsatz gelte: Vorbereitung – ja, Vorurteile – nein. Jedes Gesellschaftssystem wird durch eigene Kriterien bestimmt, die man von außen gesehen weder verdammen noch loben sollte, ohne sie von innen zu kennen. So läßt das slawische Idiom im Fall der Polen bei manchen die irrige Meinung von einer Fremdheit des Kulturkreises aufkommen, obgleich es sich hier um ein europäisches Volk mit tausendjähriger Geschichte handelt. Eine mangelhafte Grundlageninformation über die sich als sozialistisch bezeichnenden Staaten erzeugt auch den falschen Glauben, zwischen Ostsee und Schwarzem Meer sehe es fast unterschiedslos gleich aus. Dabei gibt es hier ebenso starke Abweichungen wie zwischen Ländern des Westens, nur treten sie infolge strengerer Medienpolitik nicht so offen zum Vorschein.
Schon ein großer Historiker der Romantik, Joachim Lelewel, wies darauf hin, Polen habe mit Spanien vieles gemeinsam: den Standort am Rande der katholischen Welt, starke Religiosität, zahlreichen Kleinadel, Abwehrkampf gegen den Islam. Was die Polen von den Iberern unterschied, war ihre exponierte Lage als Durchzugsgebiet zwischen Deutschland und Rußland, ihr Weg zur freiheitlichen Adelsdemokratie anstatt zum monarchischen Absolutismus, zur religiösen Toleranz anstatt zur Inquisition. Beiden Kulturen fehlte, in deren

traditioneller ländlicher Erscheinungsform, der bürgerliche, städtische, auf materielles Vorwärtskommen ausgerichtete Wesenszug. In mancher Hinsicht läßt sich die alte polnische Gesellschaft mit der nahen ungarischen oder kroatischen vergleichen. Auch dort wurde der Handel hauptsächlich von Fremdstämmigen betrieben, der patriotische Kleinadel war die typische Schicht. Könige, Magnaten und Kirchenfürsten traten als eifrige Förderer der Künste hervor; auch die Patrizier der großen Städte, zumeist Wahlpolen, schufen bleibende Werte. Die Vielfalt der Einflüsse, die im weltoffenen Großreich zusammenkamen, von Persien bis Frankreich, von Italien bis Schweden, ließen als Synthese eine blühende, originelle Kulturform entstehen, die vom schöpferischen Genius der Polen als Chance und Herausforderung erkannt wurde. Rationale Nüchternheit wie irrationale Verträumtheit bestanden seit jeher nebeneinander; allen oberflächlichen Meinungen zum Trotz läßt sich der polnische Volkscharakter in keine billigen Schemata pressen. Als Stereotype gelten allenthalben Mut, Vaterlandsliebe, Opferbereitschaft, Phantasie, aber auch zuwenig Solidität und Arbeitsdisziplin. Unabhängiger, kritischer Geist, ausgeprägtes Ehrgefühl und beispielhaftes Zusammenhalten in schweren Zeiten, zugleich Freude an den Genüssen des Lebens, eine Trinklust, die überwiegend nicht an den Grenzen des Anstands rüttelt, dürften als Querschnitt durch die Jahrhunderte gelten.

Die Industrialisierung, die auf die Zeit der Unfreiheit fiel, brachte entscheidende Veränderungen. Das neue, zahlreiche Bürgertum war meist kleinadeliger, der Arbeiterstand bäuerlicher Herkunft. Die ursprüngliche Wesensart dieser Schichten wirkt bis auf den heutigen Tag fort. Die noch gewaltigeren Wandlungen, die das Land durch die Dezimierung seiner Eliten in der Hölle des Zweiten Weltkriegs, dann durch die marxistischen Gesellschaftsreformen erlebte, bewirkten einen sozialen Ausgleich zur Mitte, weitgehende Nivellierung, Bildung für die Massen, Aufstiegschancen für die Ärmsten sowie das Wegfallen nationaler Minderheiten. Die Angehörigen der alten Oberschichten haben ihren neuen Platz gefunden, meist in wissenschaftlich-technischen und humanistischen Berufen. Familientraditionen werden streng privat gepflegt, als sei alles noch beim alten. Die bäuerliche Volkskunst, hauptsächlich in Masowien und im Karpatenland, gedeiht unter dem wohlwollenden Auge des Staates, leider zunehmend in Form fabrikmäßiger Fließbandproduktion.

Die seit jeher starke Position der auf breiter Grundlage vom Volk getragenen Kirche ist im Sozialismus, frei vom Ballast weltlicher Pfründen, fast noch mächtiger als zuvor. Dem vom müden Zweiflertum des westlichen Konsumdenkens unbelasteten Katholizismus der Polen bietet sich die historische Aufgabe, eine privilegierte Stellung innerhalb der Weltkirche einzunehmen. Die Bedeutung der Intellektuellen, die schon in der Romantik als moralische Führer der Nation ein unbestrittenes Prestige genossen, ist wohl höher als im Westen. Die materielle Lage der Studenten und geistig Schaffenden ist nicht glänzend, doch gesichert, dank einer großzügigen Stipendienpolitik. Wir sehen uns einer lernbegierigen, aufgeschlossenen Jugend gegenüber, die Früchte der Kultur sind wohlfeil und jedermann zugänglich, besonders Theater und Literatur. Demokratie gilt den meisten Polen als Synonym für soziale Gleichheit; mit Parteienpluralismus weiß der Durchschnittsbürger nur wenig anzufangen. Aufmärsche zum 1. Mai muten wie harmlose, fröhliche Umzüge an; sie entbehren kämpferischer, militärischer Töne.

Was freilich neben der liebevollen Pflege der nationalen Überlieferung, dem großartigen Wiederaufbau und dem gewaltigen technischen Fortschritt der letzten Dezennien auffällt, sind die ständigen Engpässe, die unverständlichen Schwierigkeiten der Versorgung, die kleinlichen Hindernisse einer schwerfälligen Bürokratie. Natürliche Liebenswürdigkeit, Gastfreundschaft und Hilfsbereitschaft der oft fremdsprachenkundigen Menschen mildern aber wesentlich solche, auch für Ausländer fühlbare Erscheinungen.

Kennzeichnend für Polen, abgesehen von den großen Ballungsräumen und den schönen Kulturdenkmälern, sind die kleinen Ackerbürgerstädte mit gesichtslosen, von einheitlichen Klotzbauten gesäumten Vororten und modernen Industrieanlagen. Jede Kleinstadt verfügt natürlich über ein Kaffeehaus, Treffpunkt der örtlichen Jeunesse dorée. Auf dem Rynek gibt man sich möglichst städtisch, viele Nachkommen von Stallburschen und Küchenmädchen sind ja auch schon im fernen Warschau, Kattowitz oder Krakau als Akademiker tätig, manche unter ihnen schämen sich sogar der biederkleinbäuerlichen Eltern. Die Gespräche kreisen um Technik, Mode, Film. Man trifft durchwegs gesunde, lachende junge Menschen, die zu wissen meinen, was sie dem Sozialismus verdanken, aber ebenso geschlossen sonntags zur Kirche eilen. Ein festliches Hochamt, bei dem nahezu alle erscheinen und dicht aneinandergedrängt bis weit auf die Straße hinaus stehen, weist immer einen hohen Prozentsatz kommunizierender Jugendlicher auf. Die strenge Predigt hält sich an altbewährte Methoden der Mahnung in salbungsvollen Worten. Die Gläubigen schätzen eine gehobene Sprache, die das Gefühl des Weihevollen vermittelt. Der Ton schlägt häufig in die patriotische Kerbe – hie Polen, dort alles übrige. Die Welt der

13   Zimbalist

Dörfer ist noch heil, man weiß, wohin man gehört, es gibt weder Wankelmut noch Existenzangst. Zwar werden die reichen Verwandten in Amerika beneidet, und wer Dollars besitzt, dem stehen die polnischen Devisenläden offen, doch entsinnt sich das Volk [natürlich nicht die entmachtete Oberschicht] der Vorkriegszeit als einer Periode des Elends, der Arbeitslosigkeit und Inflation. Heute, so sagt mancher, herrsche soziale Gerechtigkeit; schamlose Gutsherren und Kapitalisten könnten niemand mehr ausbeuten. Wartesäle oder Haltestellen sind ideale Umgebungen, will man dem «einfachen Mann aufs Maul schauen» und ihn näher kennenlernen.

Küche und Unterkunft

Daß die Liebe durch den Magen geht, ist eine Binsenwahrheit. Zwar blicken nur wenige Länder auf hohe gastronomische Traditionen zurück; zumindest erträgliche Verköstigung darf man aber in fast ganz Europa voraussetzen. Polens Küche hat Tradition; die mannigfaltigen Einflüsse, die hier zusammenkamen, werden einmal mehr sichtbar. Raffiniert essen kann man schwer, dafür deftig, nahrhaft und gesund, auch durchaus schmackhaft. Die Leckerbissen einstiger Magnaten, wie Wisentbraten, Bärentatzen, Elchnüstern oder Biberschwänze, sind freilich verschwunden. Die heutigen Restaurants lassen regionale Gepflogenheiten weitgehend vermissen; der Warschauer Zentralismus sorgt dafür, daß sich

14   Junge Virtuosen: Jerzy Maksymiuk, Direktor des
Polnischen Kammerorchesters, und Krystian Zimerman,
Sieger beim IX. Chopin-Concours

die Auswahl in Danzig und Krakau, Posen und Lublin annähernd gleich gestaltet, ohne jemals das Niveau echter Gastronomie zu erreichen. Im osteuropäischen Vergleich stehen die Tschechoslowakei und Ungarn besser da.

Durchschnittliche Speiselokale bieten meist Schweinefleisch [schab], Rindsröllchen [zrazy], Rindsschnitzel [je nach Zubereitungsart: bryzol bzw. rumsztyk] und Sauerkraut mit feingeschnittenem Selchfleisch [bigos], vorweg eine Rote-Rüben-Suppe [barszcz] bzw. eine Kartoffelsuppe mit Wurstscheiben [żurek], als Beilagen Pilze [pieczarki], Grütze [kasza gryczana], Kartoffel [ziemniaki], Pommes frites [frytki], Gurken [ogórki] oder gemischten Salat [zestaw surówek]. Die Speisekarte in den Orbis-Hotels ist meist viel länger. Sie umfaßt alle möglichen Fleischröllchen vom Kalb, vom Rind wie vom Schwein, Filets [filety], Braten [pieczeń], Lendenschnitten [polędwica], Schaschlik [szaszłyk], mitunter Wild [dziczyzna], sowohl Reh [sarna] wie Wildschwein [dzik] oder Hase [zając], als Beilagen Klößchen oder Toasts. In manchen Gaststätten [Społem] beschränkt man sich wiederum auf bestimmte Speisen, etwa Ente [kaczka] oder Hähnchen [kurczak]. Fische sind überaus beliebt, sowohl zur Vorspeise Heringe [śledź] als zur Hauptspeise Karpfen [karp] oder Dorsch [dorsz]; bei Cocktails werden marinierte Fische mit Saucen, Eiern, verschiedene Würste und Schinken serviert.

Gute Desserts findet man nur in den Lokalen der Spitzenklasse, dort allerdings eine beachtliche Auswahl. Bei Orbis oder in kleinen Gaststätten, deren Zahl auf Überlandstrecken ständig wächst, herrscht höfliche und relativ schnelle Bedienung. Die Leistungen sind während der letzten Jahre gewaltig gestiegen, ebenso allerdings die Preise.

Eine spezifisch polnische, äußerst nützliche Einrichtung sind die Milchbars [bary mleczne] mit Selbstbedienung, wo man rasch und billig oft ausgezeichnete Milch- und Eierspeisen, Nudeln, Klöße, weißen Käse u. dgl. bekommt.

Exklusive Restaurants – der Stil ist hier meistens modern, anders als in Prag oder in Budapest – werden nur von Ausländern, polnischen Spitzenverdienern und offiziellen Delegationen besucht. Gemütliche Stelldicheins mit wenig Gästen und guten Speisen haben leider Seltenheitswert. Zu nettem Geplauder trifft man sich in Kaffeehäusern, die am späten Nachmittag zum Bersten voll sind. Einige bieten originelle Kaffeemischungen, dazu Cremeschnitten, Käse- oder Schokoladetorten. Die Jugend besucht abends gerne Kellerlokale, in denen Kenner Glühwein [grzane wino] bestellen.

Gekühlten Wódka nehme man zur Vorspeise, dann importierten, herben Weiß- oder Rotwein [im Glas]. Es gibt auch süße Dessertweine und Cognacs. Statt der teuren und oft minderwertigen Weine aus dem Westen versuche man getrost ungarische, bulgarische oder russische Sorten.

Wer einer privaten Einladung folgt, muß mit der offenherzigen, oft rührend liebenswürdigen Gastfreundschaft der Polen rechnen. Berufstätige Hausfrauen bringen Stunden damit zu, Exquisites vorzubereiten, so daß die Tische und Teller überquellen. Man erfährt dabei, wie schwer es war, das Fleisch zu bekommen, dank welcher Glücksfälle oder Beziehungen es sich aber bewerkstelligen ließ. Das Erfolgserlebnis wird doppelt genossen. Ein schöner Blumenstrauß als Dank für die Dame ist selbstverständlich.

Unterkunft in den Hotels und Pensionen ist schwer zu bekommen, wenn man nicht vorausbestellt hat. Wird eine Tour zeitgerecht geplant, sollte man durch Vermittlung des heimatlichen Reisebüros buchen oder in Polen selbst bei den Rezeptionen. Notfalls helfen die Zimmervermittlungen in den großen Städten. Kleine Provinzorte bieten oft keinerlei Möglichkeit zum Übernachten. Unbeschwertes, planloses Gondeln wie irgendwo in Westeuropa ist wegen der systembedingten niedrigen Bettenzahl problematisch. Immerhin sind die Polen Meister des Improvisierens; vieles, das auf Anhieb unmöglich scheint, läßt sich mit etwas Einfallsreichtum verwirklichen.

Filmkunst

Besondere Begabung zeigen die Polen auf dem Gebiet des Films. Aus der Lodzer Schule gingen hervorragende Regisseure hervor, deren Spitzenleistungen auf die ausgehenden fünfziger und dann wieder auf die siebziger Jahre fallen; dazwischen vollbrachte man gutes Handwerk. Auf Gestalten der ersten Periode wie Andrzej Munk, Aleksander Ford oder Jerzy Kawalerowicz folgten u. a. Jerzy Skolimowski und Krzysztof Zanussi; die ganze Zeit über stand Andrzej Wajda als vielseitigste Persönlichkeit im Vordergrund. Schrecken des Krieges und polnische Belletristik des 20. Jahrhunderts, jetzt zunehmend Gegenwartsfragen oder die Zwischenkriegszeit liefern die Themen. Ist Wajda ein Meister des totalen Porträts und der spannenden Handlung, so sticht Zanussi als psychologisch-metaphysischer Grübler hervor. Die scharfe Kritik an der polnischen Wirklichkeit bildet oft den Mittelpunkt der Filme, die auch höchsten Ansprüchen gerecht werden und innerhalb Osteuropas das künstlerisch beste Niveau erreichen. Ständig im Westen leben und wirken Roman Polański und Walerian Borowczyk.
Trotz guter Schauspieler bleibt der polnische Film, ebenso wie das Theater, in erster Linie von den Regisseuren bestimmt, denen Publikum und Kritik unabhängig vom dargestellten Stoff das Hauptaugenmerk schenken.

Die Kunst in Polen: Geschichte und Gegenwart

1. Romanik

Eine der Hauptfolgen der Christianisierung Polens vor tausend Jahren war das rasche Eindringen abendländischer Kunstformen, wobei Böhmen und Mähren die Vermittlerrolle zufiel. Das Mäzenatentum geistlicher und weltlicher Würdenträger, der Bischöfe von Wrocław und Płock wie schlesischer Piasten und kleinpolnischer Herren, gab den Ausschlag. Steinerne Wehrbauten, verbunden mit rotundenförmigen Kapellen, entstanden während des 11. Jahrhunderts in wichtigen Orten wie Krakau, Płock oder Wiślica, Kathedralen erhoben sich in Krakau, Poznań und Gniezno. Das 12. Jahrhundert brachte mehrere Basiliken hervor, die bis heute stehenden Querschiffkirchen von Kraków [der stark barockisierte Dom auf dem Wawel, die im wesentlichen unveränderte Andreaskirche] und Płock [der manieristisch und frühbarock umgestaltete Dom], die romanischen Kollegiatkirchen zu Kruszwica, Strzelno und Opatów Sandomierski. Ohne Querschiff baute man den Dom zu Poznań [gotische und barocke Veränderungen], die vom Zahn der Zeit kaum berührte Abteikirche in Czerwińsk, die nach den Zerstörungen von 1939 in der ursprünglichen Romanik restaurierte Kollegiatkirche von Tum bei Łęczyca. Das westliche Modell, mit Apsiden, Emporen und Polychromien, wurde in Polen restlos übernommen.

Das Auftauchen von Ziegeln um 1200 bedeutete zugleich den langsamen Übergang zur Gotik, gut zu beobachten an der Dominikanerkirche von Sandomierz. Dem mittelpolnischen Hochland zwischen Weichsel und Pilica eigen sind die im romanisch-gotischen Mischstil errichteten, steinernen Abteikirchen der Zisterzienser, in Jędrzejów, Koprzywnica, Sulejów und Wąchock.

Im Bereich der romanischen Bildhauerei und Plastik entstanden die wunderbaren Portale von Strzelno [Dreifaltigkeitskirche] und Wrocław [Benediktinerkirche] sowie das berühmte gußeiserne Tor des Domes zu Gniezno [um 1170]. Mehrere weitere Kirchen weisen Reste romanischen Außenschmuckes auf, besonders in Schlesien und Kleinpolen; Zeugnisse romanischer Wandmalerei sind in Tum bei Łęczyca und Czerwińsk zu sehen. Goldschmiedearbeiten der Romanik bekommt man in Kalisz, Płock und Wrocław zu Gesicht.

2. Gotik

Die Entwicklung des neuen Stils fiel in Polen auf das 14. und 15. Jahrhundert, die Zeit der Großmachtstellung des Landes im Mittelalter; Hof, Geistlichkeit, Adel und Bürgertum vergaben die Bauaufträge. Regionale Unterschiede bildeten sich immer stärker heraus. Im wesentlichen gibt es zwei Arten polnischer Gotik – eine nördliche, mit ausschließlicher Verwendung von Backsteinen, die Großpolen, Masowien und Pommern umfaßt, und eine südliche, kennzeichnend für Kleinpolen und Schlesien, bei der gleichzeitig aus Ziegeln und aus Stein gebaut wurde. Die pommersche Kirchenarchitektur trägt ähnliche Merkmale wie die der übrigen Ostseeländer; sie gehört zum Schönsten, was Polen zu bieten hat. Während der letzten Kriegsphase schwer beschädigt, erfreuen uns die wiederaufgerichteten Gotteshäuser von Szczecin, Stargard und Kamień Pomorski in Westpommern, Kołobrzeg und Słupsk in Mittelpommern sowie allen voran die Hallenkirchen von Gdańsk, Toruń und Pelplin in Hinterpommern, Orneta, Olsztyn, Dobre Miasto und Lidzbark im Ermland.

In Kleinpolen ragen die Krakauer Strebepfeilerkirchen hervor, daneben die Hallenkirchen von Olkusz und Sandomierz, nicht zu vergessen die Kollegiatkirche von Wiślica, der noch romanische Elemente anhaften. Schlesien bietet herrliche Basiliken, drei allein in Wrocław, weitere in Głogów, Jelenia Góra, Kłodzko, Legnica und Strzegom, auch einfache Hallenkirchen, zu Wrocław und Świdnica. Unter böhmischem Einfluß gelangte die Ausschmückung schlesischer Grabdenkmäler zu hoher Vollkommenheit.

Das 15. Jahrhundert schenkte Polen herrliche Schnitzfiguren, wie die Madonnen der Kirchen von Krakau, Toruń und Wrocław. Nach 1450 entstanden in Krakau, Großpolen und Schlesien die Altäre des Veit Stoß und seiner Schule. Niederländische und norddeutsche Merkmale kennzeichnen Bildhauerei wie Malerei Pommerns. Der Süden und der Westen des Landes unterlagen sowohl böhmischen als auch oberitalienischen Stilrichtungen, doch weisen Altarbilder wie Kirchenfenster spezifisch polnische Formen auf, wobei die Krakauer Schule beispielgebend wirkte.

Weltliche Baudenkmäler der Gotik stehen in Kraków, Wrocław, Toruń und Gdańsk, teils Rathäuser, teils Bürgerhäuser. Nur wenige Burgen überdauerten die vielen Kriegswirren, hauptsächlich in Schlesien, Hinterpommern und im Ermland. Die großartigste davon erhebt sich an der Nogat, in Malbork. Am Karpatenkamm, am Mittel- und Oberlauf der Weichsel und in den Heiligenkreuzer Bergen sind fast nur mehr Ruinen übrig. Die städtebauliche Grundstruktur des Mittelalters besteht nach wie vor in Krakau, Toruń und Gdańsk, weitgehend in Poznań und Wrocław, besonders deutlich aber in der Kleinstadt Paczków, dem «schlesischen Carcassonne».

3. Renaissance und Manierismus

Als Polen unter den späten Jagellonen den Gipfelpunkt seiner Macht erreichte, blühte auch das künstlerische Leben in einem bis dahin unbekannten Ausmaß. Die Italiener am Hofe der Sigismunde, ihre polnischen Schüler sowie Einwanderer aus den Niederlanden gaben den Städten des Königreichs, wie den Landsitzen der Magnaten, ein völlig neues, verfeinertes Gepräge. Dem Geiste der Renaissance gemäß überbot nun die weltliche Architektur an Pracht die Gotteshäuser. Zwar wurde die Krakauer Kathedrale um die herrliche Sigismundskapelle bereichert, doch legte man das Hauptgewicht auf das Königsschloß Wawel, das nun, im Innern prunkvoll mit Gobelins und Intarsien geschmückt, den größten Arkadenhof Polens erhielt. In der Umgebung der Residenz wurde der Wawelstil etwas bescheidener zu Niepołomice und Pieskowa Skała nachgeahmt.

Neben den Schlössern bildete sich ein spezifisch polnischer, die Vorbilder aus mehreren europäischen Ländern verarbeitender Baustil der Bürgerhäuser heraus. Die Attika, in den Krakauer Tuchhallen zur Vollendung gebracht, galt hier als Leitmotiv; so entstand um 1550 in Poznań Mitteleuropas schönstes Renaissance-Rathaus mit Loggia. Eine Mischung von Gotik und Renaissance ist an masowischen Kirchen zu beobachten, fährt man nach Płock, Pułtusk oder Brochów.

Der Manierismus, späte Phase der Renaissance, elegant und harmonisch zugleich, hat noch zahlreichere Spuren hinterlassen. Kaum jemand wird sich seinem Reiz entziehen. Die Magnatenschlösser von Baranów Sandomierski, Krasiczyn und Mirów, sie gehören – ähnlich den Rathäusern von Chełmno, Sandomierz und Tarnów – zu Polens Hauptsehenswürdigkeiten. Aus der gleichen Epoche stammt das heute als malerisches Künstlerstädtchen bekannte Kazimierz Dolny, stammen schmucke Bürgerhäuser in Jarosław, Krakau, Lublin oder Zamość.

Überall dort macht sich der italienische Einfluß bemerkbar; dem Norden, zumal Gdańsk, drückten Baumeister der niederländischen Schule ihren Stempel auf. An der Weichsel, in Poznań und in Lublin, ließen wohlhabende Geschlechter fein-dekorierte Kapellen und Grabmäler errichten; Krakau und Zamość besitzen zudem manieristische Synagogen. Auf die Vielzahl von Schlössern, Kirchen und Tempeln, die östlich der jetzigen Staatsgrenzen liegen, dabei jedoch häufig, ihrer zierlichen orientalischen Ornamentik halber, Höhepunkte der polnischen Renaissance bilden, können wir hier nicht näher eingehen.

Die Maler behandelten vorwiegend Schlachtenmotive und sonstige glorreiche historische Ereignisse, wenn sie nicht gera-de Porträts großer Herren schufen. Neben polnischen Mei-stern wirkten zahlreiche Deutsche und Italiener im Lande. Das Kunsthandwerk, zumal die Goldschmiedekunst, blieb dem Nürnberger Vorbild verpflichtet.

4. Barock

Rein quantitativ herrscht unter den Kunstdenkmälern Polens der Barockstil vor [1600–1800]; die Qualität der Bauwerke aus jener Zeit ist allerdings sehr unterschiedlich. Im wesentli-chen unterscheidet man vier Varianten: eine frühe und eine späte kernpolnische, die schlesische und die östliche. Der kernpolnische Frühbarock blieb den italienischen Vorbildern am nächsten: die Kirchen folgten der römischen Il Gesù [Kra-kau, Kalisz, Lublin, Poznań], die Schlösser den neuitalieni-schen, mit Bastionen ausgestatteten Festungen [Łańcut, Ujazd, Wiśnicz]. Daneben entfaltete sich der würdevoll-mas-sive Wasa-Stil, für den das Warschauer Königsschloß sowie die prunkvollen Kirchen zu Bielany und Klimontów typische

24/25   *Pferdemarkt in Galizien*

Beispiele bilden. An venezianische Gotteshäuser gemahnen die Philippinerkirche zu Gostyń und die Wallfahrtskirche von Święta Lipka.

Die zweite Variante fällt in die Zeit der Wettiner und Stanisław Augusts; an Dresden angelehnt, folgt sie dem sächsischen Übergangsstil vom Barock zum Rokoko. Der Palast zu Wilanów, begonnen noch unter Jan Sobieski, das Palais Branicki in Białystok, endlich das Palais Działyński in Rogalin, alle inmitten französischer Gärten errichtet, gehören hierher, gleich dem ausgebrannten Schloß zu Radzyń Podlaski. Auch mehrere Kirchen, besonders in Warschau, Podlachien und Przemyśl, sind spätbarocken Ursprungs.

Die schlesische Variante zählt zur böhmisch-österreichischen Gruppe. Ihre höchste Vollendung findet sie in den niederschlesischen Klosterkirchen von Henryków, Krzeszów, Legnickie Pole und Lubiąż.

Unter den viele Verzierungen aufweisenden und von Rußland inspirierten Kirchen östlichen Stils liegen nur mehr die in Jarosław, Chełm und Drohiczyn auf dem Gebiete des heutigen Polenstaates. Zu dieser Gruppe gehören ebenfalls die sehenswerten barocken Holzkirchen des Südostens, die bis nach Ende des Zweiten Weltkriegs dem unierten Ritus dienten.

In der Malerei prägte sich die spezifisch polnische Richtung des Sarmatismus heraus, mit ihren Porträts hoher Herren in Nationaltracht. Die Landschafts-, Städte- und Schlachtenmalerei jener Zeit stammt von Polen, Italienern, Franzosen, Niederländern und Deutschen, die allesamt im Dienste des Königs oder schwerreicher Magnaten standen. Die Abteilungen des Nationalmuseums in Warschau und Krakau sowie mehrere Provinzmuseen [Białystok, Kielce, Lublin, Łódź, Tarnów, die Schloßmuseen zu Gołuchów und Rogalin] vermitteln einen trefflichen Querschnitt durch diese barocke Malkunst.

5. Klassizismus

Ein vom Barock sich deutlich abhebendes Rokoko gelangte in Polen kaum zur Entfaltung. Nach einer kurzen Übergangszeit unter Stanisław August folgte sofort der Klassizismus. Warschau und Umgebung sowie das Lubliner Land weisen die besten Denkmäler dieser Epoche auf. Die Palais von Łazienki, Natolin, Jabłonna, das Warschauer Belvedere, einige hauptstädtische Kirchen, die Schlösser von Puławy an der Weichsel und Lubostroń an der Noteć [Netze] sollte man sich ansehen. Zu Beginn des sogenannten Kongreßkönigreichs – nach 1815 – trat der nüchterne Spätklassizismus der frühindustriellen Ära, ähnlich dem Petersburgs und Wilnas, auf den Plan. In Warschau, Kalisz, Łódź, Lublin, Płock und Radom können wir seine Spuren verfolgen, an Theatern, Schulen und Verwaltungsgebäuden. Schüler Canovas und Thorvaldsens sorgten für Bildhauerei im Geiste der Antike; die Hofmaler des letzten Polenkönigs, Bacciarelli, Lampi, Grassi und Belotto-Canaletto, zaubern einen lebendigen Eindruck vom Aussehen der Städte und Menschen im letzten Drittel des 18. Jahrhunderts auf die Leinwand.

6. Historismus und Eklektizismus

Die Architektur des bürgerlichen Zeitalters folgte völlig neuen Richtlinien; man baute funktionell, zuweilen auch bombastisch Bahnhöfe, Banken, Börsen, Fabriken, Hotels und Markthallen. Das Warschau des vorigen Jahrhunderts existiert so gut wie nicht mehr; dafür sind es Krakau mit seiner altösterreichisch-milden Behäbigkeit und vor allem Łódź, der fieberhaft aus dem Boden gestampfte Sproß der industriellen Revolution, die uns ein unverfälschtes Bild der Stilrichtungen zwischen 1830 und 1890 geben. Streifzüge durch Südpolens unzerstörte Kleinstädte, besonders durch Kurorte wie Cieplice Śląskie, Duszniki oder Lądek Zdrój in Schlesien, Krynica und Iwonicz in Galizien, gemahnen mit ihren Villen, Parks und Thermalanlagen an die freundliche Bäderatmosphäre des alten Europa.

Die spätromantische Reaktion gegen die unliebsame, nivellierende Hektik drückte sich in der Neugotik hochadeliger Landsitze aus, wie dem großpolnischen Kórnik und dem kleinpolnischen Krzeszowice. Das Lubliner Stadttheater und das Krakauer Słowacki-Theater hielten sich an Pariser und Wiener Vorbilder. In der Bildhauerei bestanden sowohl Historismus als Eklektizismus; diese Kunstform wurde jedoch von der Malerei an Bedeutung weit übertroffen.

Die Maler behandelten volkstümliche, landschaftliche und historische Motive, angefangen mit Norblin und Orłowski, die noch an der Wende zwischen dem 18. und 19. Jahrhundert wirkten. Die Nazarener wie Stattler, Hadziewicz und Suchodolski sind ebenso erwähnenswert wie die Warschauer Porträtisten Dąbrowski und Pfanhauser, nur übertroffen vom Krakauer Rodakowski. Ab 1850 feierte der Realismus, verkörpert durch die Nachahmer der Schule von Barbizon, die größten Erfolge. Männer wie Gerson und Kostrzewski in Warschau oder Kotsis in Krakau bannten das polnische Landleben und die wilde Gebirgsszenerie der Tatra auf die Leinwand.

Neben realistischen Strömungen wirken auch nachromantische. Im Sinne eines tragisch verstandenen Messianismus zeigte Grottger Größe und Leiden der polnischen Nation; Matejko hielt die bedeutenden Augenblicke der Geschichte Polens auf einer langen Reihe von Gemälden fest. Die Münchner Schule, so Brandt, Chełmoński, Wojciech Kossak und Gierymski, entfaltete ihr Können in Landschafts- und Schlachtenbildern. Die beste Übersicht dieser Stilrichtungen bieten die Galerien zu Warschau und Krakau.

7. Sezession und Modernismus

Die Jahrhundertwende war allerorts auf dem Kontinent mit einer Revolution in der Kunst verbunden. Auf polnischem Boden stand Krakau an der Spitze der neuen Richtung, die – ab 1897 um den Verein «Sztuka» geschart – den Tendenzen der Wiener Sezession sehr originelle, national geprägte Ausdrucksformen verlieh. Witkiewicz schuf den volkstümlich-góralischen Villenstil von Zakopane, während Czajkowski, Mączyński, Odrzywolski und Stryjeński für Krakau das Alte Theater, das Technische Museum, die Industrieschule und die Kunsthalle er- und einrichteten. Infolge der Zerstörung Warschaus kennt nur mehr die Provinz Gebäude aus dieser Zeit; außer Krakau sind es vor allem Łódź, Płock [die Sezession in den Sammlungen des Muzeum Mazowieckie] und Poznań, wo der Einfluß Berlins überwiegt. Die Bildhauerei fand hervorragende Vertreter zunächst in Xawery Dunikowski, später in Zofia Pronaszko und in einer ganzen Pleiade begabter Schöpfer neuartiger Skulpturen.

Auf dem Gebiete der Malerei wurde wiederum das Wertvollste geschaffen, das polnischer Künstlergeist hervorzubringen wußte, diesmal in allen Spielarten des Modernismus – Impressionismus, Symbolismus, Nachrealismus. Zuerst malten Wyczółkowski und Malczewski sowohl Porträts als symbolische Darstellungen, dann kamen Wyczółkowskis, Fałats und Masłowskis realistische Landschaften. Wyspiański gab der Krakauer Franziskanerkirche farbenprächtige Glasfenster; Mehoffer tat das gleiche für den Dom von Włocławek. Näher zum Ersten Weltkrieg hin gewinnt die Verherrlichung des

Bauernstandes, deutlich geworden in der Wiedergabe ländlicher Motive, immer mehr die Oberhand [Axentowicz, Tetmajer]. Die Museen von Białystok, Bydgoszcz, Łódź, Krakau, Poznań und Warschau sind mit Zeugnissen modernistischer Kunst besonders reich gesegnet.

Die Zwischenkriegszeit, ab 1917/18, stand besonders im Zeichen der Warschauer Formalisten. Krakau und Poznań, nicht weniger die heute sowjetischen Lemberg und Wilna, entwickelten eine Fülle von Kunstrichtungen – Kubismus, Konstruktivismus und Kolorismus –, deren beste Beispiele in den Krakauer, Lodzer, Posener und Warschauer Sammlungen aufbewahrt werden.

8. Die Kunst in Volkspolen

Nach dem Inferno von Krieg und Besatzung, das nicht nur unermeßliches Leid über die Menschen brachte, sondern auch ganze Städte dem Erdboden gleichmachte oder in Trümmerfelder verwandelte, begann 1945 der Wiederaufbau. Die alten Stadtkerne, zunächst von Warschau, dann von Gdańsk, Poznań und Wrocław, wurden dem früheren Aussehen gemäß neu errichtet, zweifellos ansprechender als etwa in Deutschland und den Niederlanden. Doch sind es vor allem die modernen Wohnblöcke und Großfabriken, die das Bild des heutigen Polen prägen. Nach einer Periode des bis 1955 stalinistische Muster befolgenden sozialistischen Realismus [Warschau, Oberschlesien, Nowa Huta bei Krakau] siegte eine diskretere, rein funktionelle Richtung. Die räumliche Großplanung, vertreten durch international bekannte Namen wie Jan Chmielewski und Bolesław Malisz, ist beispielgebend. Polnische Architekten planten Siedlungen und Gebäudekomplexe in Osteuropa, Irland, Israel, Irak und Brasilien.

Die Malerei, während des ersten Jahrzehnts nach 1945 noch

ideologisch geprägt, entwickelt sich seit 1956 ohne staatliche Bevormundung, meist in abstraktem und surrealistischem Sinne; das gleiche gilt für die Bildhauerei. Dem zeitgenössischen Kunstschaffen, das einen beachtlichen Platz auf gesamteuropäischer Ebene einnimmt, sind mehrere Säle in den wichtigsten Museen sowie zahlreiche Ausstellungen gewidmet.

Kleine Literaturgeschichte

Mittelalter
Die Anfänge des Schrifttums in Polen gehen auf die Staatsgründung und Christianisierung nach lateinischem Ritus im 10. Jahrhundert zurück. So beziehen sich auch die ältesten Denkmäler auf Religiöses: es sind vorwiegend Predigten. Als frühestes nationales Lied gilt die Muttergotteshymne Bogurodzica aus dem 13. Jahrhundert. Die Herrscherchroniken, Hauptquellen zur Piastenperiode aus der Feder des Gallus Anonymus, des Wincenty Kadłubek und des Janko z Czarnkowa, auch die berühmteste, schon unter den Jagellonen entstandene von Jan Długosz, waren lateinisch abgefaßt.

Renaissance
Gleich dem übrigen Europa machte Polen zu Beginn der Neuzeit tiefe gesellschaftliche und geistige Veränderungen durch: Humanismus, Reformation, Pflege der Nationalsprache, politische Publizistik kennzeichneten die Kulturlandschaft. Adelige, so Jan Ostroróg oder Andrzej Frycz-Modrzewski, spielten glühend mit Gedanken zur Verbesserung der Res Publica. Katholische Autoren wie der Hofprediger Piotr Skarga oder der freimütige Geistliche Stanisław Orzechowski griffen den Protestantismus an und priesen die klassischen Tugenden.

Mikołaj Rej war prominentester Verfechter der evangelischen Partei; mitsamt dem Katholiken Jan Kochanowski symbolisiert er das Goldene Zeitalter der polnischen Dichtung. Krakauer Buchdrucker zählten damals zu den aktivsten zwischen Ostsee und Adria.

Barock

Um die Mitte des 17. Jahrhunderts setzte die barocke, der ornamentalen, statischen Form verpflichtete Literaturrichtung ein. All die schicksalhafte Unbill, der Polen ausgesetzt war, schlug sich im Bereich des Schöngeistigen nieder. Es wäre jedoch falsch, vom isolationsfreudigen Sarmatismus des Adels mit dessen Selbstbeweihräucherung allgemeinen Qualitätsschwund abzuleiten. Der Epiker Wacław Potocki, der Lyriker Wespazjan Kochowski, der Satiriker Andrzej Morsztyn oder der Memoirenschreiber Jan Chryzostom Pasek, gar der Poeta Laureatus Maciej Sarbiewski brauchten Vergleiche mit dem Westen nicht zu scheuen. Bürgerliche schufen angenehm-witzige Komödien. An der Schwelle zur Aufklärung, zur Zeit der sächsischen Auguste, regte sich wieder staatsreformerisches Schrifttum, getragen vom Gegenkönig Stanisław Leszczyński. Szymon Konarski rief zur Reinheit der Sprache auf und zur Neuordnung des Schulwesens.

Aufklärung

Mit Feuereifer machten sich die Eliten im letzten Drittel des 18. Jahrhunderts an die Verwirklichung eines umfassenden Reformwerks. Theater, Zeitungen, die Kommission der Nationalen Erziehung unter der Patronanz des Königs und führender Magnaten standen unter dem Einfluss des französischen Rationalismus. Pamphlet, Roman, Gesellschaftskomödie erfreuten sich hoher Beliebtheit. Ignacy Krasickis Satiren, die Geschichtswerke von Adam Naruszewicz, Stanisław Trembeckis Fabeln, die vorromantische Lyrik von Franciszek Karpiński und Dionizy Kniaźnin, Franciszek Zabłockis reizvolle Lustspiele, die Stücke und Erzählungen von Julian Ursyn Niemcewicz, Wojciech Bogusławskis Musikkomödien waren Gegenstand angeregter Salongespräche. Für tiefgreifende Verfassungsreformen, Erbmonarchie, Mehrheitsparlament, soziale Hebung der Volksmassen traten politische Schriftsteller wie Stanisław Staszic und Hugo Kołłątaj ein. Schmerzlich empfand man allgemein den Verlust der Unabhängigkeit. Neben verzweifelten Klageliedern entwickelte sich in Warschau mit Kajetan Koźmian und Alojzy Feliński ein nüchterner Klassizismus, der Anpassung an die Realität und Mäßigung predigte. Unter Adam Jerzy Czartoryski als Kurator errang die Universität Wilna nach 1800 mit den Brüdern Śniadecki eine Führungsrolle in den Wissenschaften.

Romantik

Nach 1820 wuchs, in Abwehrstellung zum Klassizismus, eine von Deutschen und Engländern beeinflußte Romantik heran. Freiheitsdrang, Volkstümlichkeit, Menschenrechte und Haß gegen Despoten kennzeichneten den frischen Wind in der Literatur. So geprägt schrieben Seweryn Goszczyński, Józef Bohdan Zaleski und Antoni Malczewski, auch der junge Mickiewicz. Nach 1830 gab die Große Emigration den Ton an; Grundfragen der Zukunft Polens und Europas wurden angeschnitten. Das gewaltige Drama der Gegenwart und der Vergangenheit stand im Mittelpunkt, verkörpert durch die drei Nationaldichter Adam Mickiewicz, Juliusz Słowacki und Zygmunt Krasiński. Die esoterische Lyrik Cyprian Kamil Norwids, die mystische Słowackis, die Philosophie des Messianismus – Polen als Christus der Völker, gepeinigt von fremden Unterdrückern – waren Merkmale des Zeitgeists. Der Poet galt als Verkünder, Herrscher über die Seelen; sein Werk, von Frankreich in die Heimat geschmuggelt, prägte das Bewußtsein der Jugend, weckte ihren Drang nach Heldentaten. Weniger hochtrabend, dafür bodenständiger, pflegte die Literatur im Lande mit Józef Ignacy Kraszewski oder Narcyza Żmichowska den Roman, mit Wincenty Pol und Władysław Syrokomla die Vers- und Prosaerzählung. Der unpolitischen Sittenkomödie widmete sich Alexander Fredro, das Leben der Bauern und Kleinadeligen besang Teofil Lenartowicz.

Positivismus und Realismus
Der Fehlschlag des Aufstands von 1863, zugleich der Durchbruch von Kapitalismus und bürgerlichem Wohlstandsstreben brachte die Abkehr vom Epos des Heroen und Märtyrers. Man wandte sich sozialen Problemen zu, der Bewältigung des Alltags, dem Fortschrittsgedanken. Derlei Thematik bewegte sogar Lyriker wie Maria Konopnicka und Adam Asnyk. Doch triumphierte vor allem der Roman im Warschauer Positivismus dank Eliza Orzeszkowa, Aleksander Świętochowski und Bolesław Prus; wir bekommen durch sie ein umfassendes Bild der Gesellschaft, vor allem in Russisch-Polen. Henryk Sienkiewicz erwies sich als vielgelesener Meister des historischen Abenteuerromans.

Moderne
Um 1890 setzte unter dem Einfluß von Vitalismus und reiner Kunst eine neue Bewegung ein, die sich vom Konventionell-Oberflächlichen lösen, in die Tiefen von Seele, Natur und Erotik dringen wollte. Sprengung von Tabus, Rauschgiftvisionen, das provokante Spiel mit dem Selbstmord war den meist in Krakau angesiedelten Dekadenten teuer, allen voran Sta-

nisław Przybyszewski, weniger schon Lucjan Rydel und Kazimierz Przerwa-Tetmajer. Eine mehr lebensbejahende, auch stärker nationalbetonte Neuromantik folgte auf dem Fuße mit Stefan Żeromski, Stanisław Wyspiański, Jan Kasprowicz und Leopold Staff. Wyspiański führte das Versdrama zu großartigen Höhen. Żeromski, ferner der spätere Nobelpreisträger Władysław Reymont, Männer wie Władysław Orkan und Wacław Berent paarten in ihren Romanen Sozialkritik und strenge Sprachzucht. Als nicht minder gesellschaftskritische Bühnenautoren traten Gabriela Zapolska, Jan August Kisielewski, Włodzimierz Perzyński auf und der deutsch wie polnisch schreibende Tadeusz Rittner.

Zwischenkriegszeit

Nach der Wiedergeburt des polnischen Staates 1918 erweiterte sich das Gesichtsfeld der Schriftsteller, die sich bis dahin vorwiegend über alle Modeströmungen hinweg nationaler Problematik gewidmet hatten. Futurismus, Expressionismus, Avantgarde, endlich der moderne psychologische, auch der soziale und politische Roman hielten ihren Einzug. Frauen, die in Polens Geistesleben traditionell eine verhältnismäßig wichtigere Rolle spielten als anderswo, bewiesen hohe Erzählkunst, so Zofia Nałkowska, Maria Dąbrowska, Pola Gojawiczyńska, Maria Kuncewiczowa oder die spezifisch katholische Zofia Kossak-Szczucka. Żeromski schilderte die Geburtswehen des neuen Polen, Jarosław Iwaszkiewicz pflegte die Novellistik, Juliusz Kaden-Bandrowski verherrlichte in Roman und Erzählung die piłsudskische Ideologie, Jan Parandowski huldigte dem klassischen Altertum.

Die Lyrik, zunächst noch beherrscht von Staff und dem Spätsymbolisten Bolesław Leśmian, wurde bald von Mitgliedern einer lose zusammenhängenden, politisch eher links orientier-

ten Dichtergruppe verkörpert, des «Skamander», um Julian
Tuwim, Antoni Słonimski, Jan Lechoń und Kazimierz Wie-
rzyński. Der Durchschnittsmensch, der einfache Städter wurde zum Helden; Anekdote, Ironie, absurder Humor zwängten
sich in den Rahmen der klassischen Regeln der Poesie. Nach
neuen Formen suchte die Gruppe Awangarda unter Tadeusz
Peiper, Julian Przyboś und Adam Ważyk. Brunon Jasieński
und Władysław Broniewski dichteten im Geiste des revolutio-
nären Marxismus. Der Hang zum Surrealen und Absurden
war den Romanen von Brunon Schulz und Witold Gombro-
wicz eigen; moralisierende Dramen aus christlicher Sicht
schuf Karol Hubert Rostworowski. Literaturkritiker und zugleich brillanter Übersetzer war der linksliberale Tadeusz
Boy-Żeleński.

Zweiter Weltkrieg
Polnische Literatur konnte unter deutscher Besatzung nur
konspirativ gedeihen. Einmal mehr bot das Exil bessere Ent-
faltungsmöglichkeiten; bis 1941 war Lemberg Heimstätte
kommunistischer Intellektueller. Einige, so der Lyriker Lucjan Szenwald und der Romancier Jerzy Putrament, wirkten
dann in Rußland. Die meisten Prosaschriftsteller lebten im
angelsächsischen Westen oder in Lateinamerika, so Maria
Kuncewiczowa, Ksawery Pruszyński oder Teodor Parnicki,
außerdem etliche Skamandriten.

Nachkriegszeit
Im neuen Volkspolen beherrschten zunächst ideologische

*36   Gedenkbaum auf dem Gebiet des einstigen Gestapo-
Gefängnisses «Pawiak» mit Namen von Opfern*

Grundsatzdiskussionen zwischen Marxisten, Katholiken und Liberalen die Szene. Die Prosa befaßte sich mit der Hölle des Krieges, so Nałkowska, Iwaszkiewicz und Wojciech Żukrowski, oder, wie bei Jerzy Andrzejewski, mit dem leidvollen Übergang von alter zu neuer Ordnung. Heimgekehrte Vorkriegsdichter, darunter Tuwim und der skurrile Konstanty Ildefons Gałczyński, schrieben Lyrik. Leon Kruczkowski verfaßte linksorientierte Dramen. Mit Talent betrieben Lucjan Rudnicki oder Igor Newerly sozialistischen Realismus.

Das Tauwetter von 1956 öffnete sofort die Schleusen für weitgehend freizügiges und vielseitiges Schaffen, wie es sich trotz verschiedener Zwischenphasen bis heute im wesentlichen behaupten konnte. Die Romane von Kazimierz Brandys, Jarosław Iwaszkiewicz oder Roman Bratny, die Erzählungen von Marek Hłasko, Andrzej Brycht oder Stanisław Grochowiak behandeln die Gegenwart oder die jüngste Vergangenheit. Die philosophische Science-Fiction von Stanisław Lem, die Lyrik von Tadeusz Różewicz, Witold Wirpsza, auch von Jerzy Harasymowicz, wurde in mehrere Sprachen übersetzt. Absurdes Theater schuf Sławomir Mrożek; katholische Dichtung verkörpern in Prosa, Lyrik und Drama Jan Dobraczyński, Wojciech Bąk und Roman Brandstaetter. Rege Verlagstätigkeit läßt stets neue Autoren aufkommen, die sich in Erzählungen und Bühnenwerken gesellschaftlichen, ethischen wie psychologischen Fragen zuwenden. Das polnische Theater blickt auf eine feste, über zweihundertjährige Tradition zurück. Neuromantischer Reformator war vor und nach dem Krieg Leon Schiller. Mit Tadeusz Kantor, Henryk Tomaszewski und Jerzy Grotowski brilliert Polen als Land des originellen Bühnenexperiments. Auch die Lyrik sucht ständig nach neuen Wegen.

Volkskunst

Polen verfügt, ähnlich den übrigen slawischen Ländern, über eine äußerst farbenfrohe und vielgestaltige Volkskunst. Dazu gehören Trachten [Regionen Kurpie, Łowicz, Podhale], gestickte Decken und Polster, Keramik, bemalte Möbel, Wandpolychromien [Dorf Zalipie bei Tarnów], in Glanzpapier geschnittene Muster [wycinanki], hölzernes Besteck, religiös motivierte Schnitzfiguren [Christus- und Madonnenstatuen, Krippen] und anderes mehr. Sie bilden den Inhalt ethnographischer Museen und zum Teil beachtlicher Privatsammlungen. Die Genossenschaftsläden der «Cepelia» bieten solcherlei Gegenstände in den Städten feil; der Fremde findet dort unschwer ein passendes Andenken.

Musik

Alljährliche, nationale und internationale Wettbewerbe verleihen Polens Musikszene weltweite Geltung. Expressionisten wie Witold Lutosławski und Krzysztof Penderecki sind weit über die Landesgrenzen hinaus bekannt; ebenso geschätzt wird das Spiel bedeutender Pianisten. Doch reicht das Schaffen viel weiter zurück, auf technisch hochstehende Künstler der Renaissance wie Wacław z Szamotuł und Mikołaj Gomółka. Nach dem genialen Klaviervirtuosen Frédéric Chopin betrachtet man Stanisław Moniuszko, den Verfasser schwungvoller Nationalopern, als talentiertesten Komponisten des 19. Jahrhunderts. Henryk Wieniawski und Ignacy Paderewski strahlten das heilige Feuer echter Virtuosen aus; Karol Szymanowski und Ludomir Różycki gelten als die wahren Erneuerer polnischen Musikschaffens, das sie zwischen den

Kriegen aus einer Überwindung deutscher und französischer Vorbilder heraus zur originell-eigenständigen Synthese verarbeiteten. Die zahlreichen jüngeren Komponisten der Nachkriegsgeneration folgen durchwegs – gleich ihrem «chef de file» Penderecki – den vorherrschenden Tendenzen zeitgenössischer westlicher Tonkunst.

Sehr lebendig erweist sich bei den Polen, wie bei allen Slawen, die Volksmusik, die in Tanzweisen, Kirchenlied und weltlichem Gesang auch auf die Kunstmusik nach wie vor befruchtend einwirkt. Eine besondere Attraktion sind die Volkstanzensembles «Mazowsze» und «Śląsk».

Reiseplanung

Es empfiehlt sich, infolge der beschränkten Unterkunftsmöglichkeiten und der großen Entfernungen, eine Polenreise gut vorauszuplanen und nicht zuviel auf einmal kennenlernen zu wollen. Gewiß gibt es in Polen einzelne Kulturdenkmäler, die zur internationalen Spitzenklasse gehören [Kategorie 0 der UNESCO] und auf deren Besichtigung man keinesfalls verzichten sollte. Doch das meiste zählt zur guten europäischen Mittelklasse, fällt hier nur weit stärker ins Auge, als dies beispielsweise in kunsthistorisch überaus reich gesegneten Regionen wie Italien oder Frankreich der Fall wäre. Verglichen etwa mit Skandinavien, hat Polen architektonisch äußerst viel zu bieten; jedes Gebiet dieses leidgeprüften, stets an Scheidewegen befindlichen Landes weist stark eigenständige Merkmale auf. Warszawa [Warschau], Kraków [Krakau], Gdańsk

41   Fischerboote an der Ostsee

[Danzig], Toruń [Thorn], Poznań [Posen], Gniezno [Gnesen], Częstochowa [Czenstochau], Niederschlesiens historische Stätten, die alten Orte an der Weichsel, Lublin, Zamość und Przemyśl, die Holzkirchen des Karpatenlandes, der Nordosten stellen zusammen ein faszinierendes Gesamtbild dar.

Der Autofahrer vermeide nach Möglichkeit Nachtfahrten; der zähflüssige Mischverkehr auf den Straßen bringe ihn nicht aus der Fassung, auf Fußgänger wie auf Pferdefuhrwerke achte man besonders – und vor allem: keinen Tropfen Alkohol! Benzin erhalten Ausländer nur gegen Dollarbons. Bahnreisende können inländische Fahrkarten in Złoty begleichen [internationale nur gegen Fremdwährung], es gibt aber preisgünstige Rundreisekarten für Touristen gegen Devisenbezahlung. Die Züge auf den Hauptlinien sind zur Sommerzeit oft stark ausgelastet; das ganze Jahr über benütze man, soweit es geht, nur die erste Wagenklasse. Für Flugbillets innerhalb Polens bezahlen Nichtpolen einen höheren Tarif, genießen aber den Vortritt. Auf manchen Strecken verkehren ziemlich günstige Schnellbusse; es ist ratsam, die Karten im voraus zu besorgen.

Gemäß den osteuropäischen Sitten können an den Straßengrenzen auch bei geringem Andrang längere Wartezeiten auftreten; ebensogut ist es möglich, daß man binnen zehn Minuten abgefertigt wird. Jedenfalls wappne man sich mit Geduld; wer die Zollbestimmungen beachtet, hat absolut nichts zu befürchten. Für Österreicher, Schweden und Finnen genügt zur Einreise der gültige Reisepaß und die Ausfüllung eines Merkblatts. Staatsbürger der übrigen westlichen Länder brauchen nach wie vor ein Visum, das aber binnen 24 Stunden ausgestellt wird. Besitzt man Hotelgutscheine, entfällt der Pflichtumtausch von Devisen. Keinesfalls darf ein Ausländer Złotybeträge ein- oder ausführen.

WARSZAWA [WARSCHAU], DIE WIEDERGEBORENE LANDESHAUPTSTADT

Geschichte und Bedeutung

Als die polnische Regierung Anfang Januar 1945 den Beschluß zum Wiederaufbau Warschaus faßte, war die vormalige Weichselmetropole ein menschenleerer Trümmerhaufen. Viele zweifelten, ob sich der enorme Aufwand überhaupt lohnen würde. Sollte man nicht Lodz, Posen und Krakau zur Nachkriegshauptstadt machen? Es erwies sich dann, daß die gefällte Entscheidung richtig war. Doch hat die heutige Stadt mit der früheren, wie Alteingesessene oft behaupten, nur wenig mehr zu tun. Vieles rekonstruierte man getreu den Vorlagen, das meiste erfolgte nach einem neuen urbanistischen Konzept; das Bild indes prägen vor allem die Einwohner. Den pfiffig-frechen, unternehmungslustigen Warschauer, dem Berliner oder Pariser im Temperament vergleichbar, gibt es freilich noch, er stellt sogar den Grundstock dar. Doch die meisten Menschen stammen aus Dörfern oder Kleinstädten, der soziale Aufstieg brachte sie hierher. Ein riesiger Schmelztiegel entstand; alles verändert sich hier, alles fließt. Für Kontinuität, Beschaulichkeit, wie sie etwa noch im biedermeierhaften Stil der geheimen Hauptstadt Krakau zutage tritt, hat man nichts übrig. Kreativ sein, witzig, niemals ein Philister, so lautet die ungeschriebene Devise. Auf die Provinz wird herabgeschaut; schließlich verkörpert Warschau das nationale Gewissen der Heimat, Stolz und Auflehnung, auch um den Preis des Untergangs.

1 Łazienki [Park und Palais]
2 Stare Miasto [Altstadt mit Johanneskathedrale, Marktplatz usw.]
3 Plac Zamkowy [Schloßplatz] mit Königsschloß und Sigismund-Säule
4 Palais Lubomirski «Pod Blachą»
5 Nowe Miasto [Neustadt mit Kirchen der Sakramentinnen, der Verkündigung und der Franziskaner]
6 Palais Krasiński [Nationalbibliothek]
7 Ghetto-Denkmal
8 Zitadelle
9 Feliks-Dzierżyński-Platz mit klassizistischen Prunkbauten
10 Ogród Saski [Sächsischer Garten]
11 Plac Zwycięstwa [Siegesplatz] mit Mahnmal des Unbekannten Soldaten und Hotel Victoria
12 Plac Teatralny mit Großem Theater
13 Miodowa-Straße mit Erzbischöflichem Palais
14 Krakowskie Przedmieście [Krakauer Vorstadt mit Universität, Kunstakademie, Ministerrat, Kultusministerium, Anna- und Visitantinnenkirche]
15 Ecke Kredytowa [Małachowski-Platz mit Zachęta, Bodenkreditanstalt, Lutherischer Kirche]
16 Nowy Świat [Neue Welt] mit klassizistischem Palais
17 Dom Partii [Zentralkomitee der Vereinigten Polnischen Arbeiterpartei]
18 Museen [Narodowe und Wojska Polskiego]
19 Plac Trzech Krzyży [Alexanderkirche]
20 Aleje Ujazdowskie [Botschaftsviertel]
21 Sejm [Parlamentsgebäude]
22 Plac Unii Lubelskiej [klassizistische Mauthäuser]
23 Marszałkowska-Straße mit Erlöserkirche [K. Zbawiciela] MDM-Baukomplex, Hotel Forum
24 Pałac Kultury i Nauki [Kulturpalast]

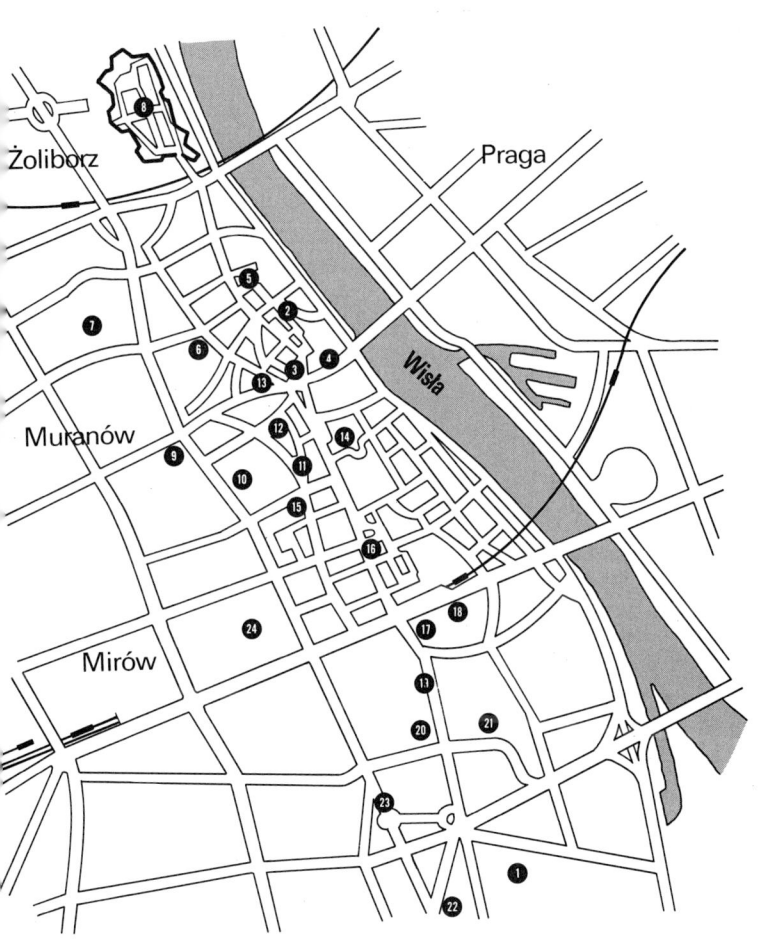

Ohne Warschau wäre Polen zwar vieles, sicher aber bei weitem nicht alles von dem, was es erreicht hat; wer allerdings nichts als Warschau kennt, kennt nur einen Bruchteil Polens. Besucht er Krakau, dünkt er sich in einem anderen Land.

Die Altstadt, nach Kulmer Recht zu Beginn des 14. Jahrhunderts gegründet, wuchs rasch als *Mittelpunkt* des Handels und als Piastenfestung an der mittleren Weichsel. 1413 verlegten die Herzöge Masowiens ihre Residenz von Czersk nach Warschau; 1526 kam die ganze Provinz direkt an die Krone. Dank der allgemeinen politischen Kräfteverlagerung zum Nordosten hin errang Warschau äußerst schnell überregionale Bedeutung. 1572 fand hier erstmals die *Königswahl* statt; 1596 übersiedelte der Hofstaat nach Warschau, das 1624 von einem mächtigen Festungsgürtel umschlossen wurde. Zwar unterbrach der *Schwedeneinfall* von 1655 bis 1657 zeitweise den Aufstieg, doch schadete er weit weniger als den übrigen Städten der Rzeczpospolita. Das Wachstum der Hauptstadt während der folgenden Jahrzehnte förderten die außerhalb der Mauern entstandenen, vom Warschauer Magistrat unabhängigen Siedlungen, die dem Adel oder der Kirche gehörten, die Juridiken. Zur Zeit der *Wettiner* bildete der Reichstag eine Komisja Brukowa [Pflasterkommission], der die planmäßige Verschönerung der Stadt oblag. Endlich brach unter König *Stanisław August Poniatowski* eine Periode des Glanzes an, malerisch verewigt durch Canaletto. Magnaten und Finanzleute bauten prunkvolle Palais; Manufakturen, Brauereien, Mühlen schossen aus dem Boden; auch Sachsen und Schweizer nahmen daran teil. Bei Hof, in politischen Gremien und Salons diskutierte man eifrig über Reformen. Jeden Donnerstag lud der Monarch hervorragende Geister zum Meinungsaustausch ins Lustschloß Łazienki. 1792 wurden die Juridiken offiziell eingemeindet, doch warfen Unruhen, Kriege und

Auflösung des Staates Warschau zurück. Auch die *Preußen-herrschaft* und die *napoleonische* Ära hemmten die Entwicklung. Erst zwischen 1815 und 1830 blühte Warschau als Hauptstadt des *Kongreßkönigreichs* erneut auf, Hochklassizismus bestimmte den Stil der Repräsentativbauten. Doch in der akademischen Jugend herrschte kein Konformismus: man schloß sich zu Verschwörungen gegen die Zarenherrschaft zusammen, die im *Novemberaufstand* von 1830 gipfelten. Nach der Niederschlagung 1831 erfolgte die ständige *Besetzung* durch eine starke russische Garnison; erst ein Menschenalter später, vor und nach dem *Aufstand von 1863*, setzte die groß-bürgerlich-kapitalistische Modernisierung in vollem Umfang ein. Unter Mitwirkung geschäftstüchtiger Aristokraten, englischer, deutscher und jüdischer – bald zu Polen gewordener – Unternehmer wurde Warschau zur pulsierenden Großstadt. Im Rahmen des Erlaubten entwickelten sich Kultur, Theater und Pressewesen. Dem positivistischen Leitsatz der organischen Arbeit gemäß trachtete man, gesellschaftlichen und materiellen Fortschritt zu sichern. Das Fabrikproletariat vermehrte sich; 1905 fanden im Zeichen der ersten russischen Revolution schwere *Unruhen* statt.

1915 mußten sich die Russen zurückziehen und den *Deutschen* das Feld überlassen, die 1916 Warschau zum Sitz des polnischen Regentschaftsrats erkoren. Trotz kriegswirtschaftlicher Härten durfte nationales Selbstbewußtsein recht ungehindert gedeihen. Die 1916 eingemeindeten ärmlichen und technisch rückständigen Randbezirke schufen freilich eine Menge neuer, nach 1918 trotz intensiver Bemühungen nicht ausreichend gelöster Probleme. Literatur, Kritik und Publizistik standen in der eleganten Metropole auf höchstem Niveau. Der *Zweite Weltkrieg* brachte schon 1939, dann 1943 und 1944 unermeßliche Zerstörungen. Weit über eine halbe

Million Menschen, davon zwei Drittel Juden, fanden den Tod; die vornehmen Zinspaläste gingen gleichermaßen unter wie die elenden Bruchbuden. Der mit unzulänglichen Mitteln, aber beispiellosem Mut vom 1. August bis zum 3. Oktober 1944 geführte *Aufstand* konnte von SS und Wehrmacht nur mit größter Mühe niedergeschlagen werden, während am anderen Weichselufer schon die *Rote Armee* stand. Am 17. Januar 1945 rückten die Sowjetverbände ins Zentrum des von den Deutschen bei deren Rückzug kampflos geräumten Ruinenfeldes vor; die Stadt zählte damals noch einhundertsechzig Einwohner.

Historischer Kern: Stare Miasto und Nowe Miasto

Beim originalgetreuen Wiederaufbau der Warschauer Altstadt ging man systematisch vor, Haus für Haus; daher dauerten die Arbeiten bis 1963. An mehreren Stellen war man bemüht, unter Weglassen späterer, barocker oder historistischer Zutaten den ursprünglichen Zustand rückzubilden, wie im Fall der Johanneskathedrale. Wenn der Wettergott lächelt, gestaltet sich ein Bummel durch die schmalen Gassen und über den großen, farbenfrohen, lustigen Hauptplatz des *Rynek Starego Miasta* zum bleibenden Erlebnis einer Polenreise. Nach einem knappen Menschenalter trägt diese Fußgängerzone wiederum die Patina eines echten historischen Kerns. Künstlerklubs, Cafés, Forschungsinstitute, Reisebüros, Galerien, Antiquitätenläden und ähnliches mehr ziehen eine Menge Leute an. Das moderne Zentrum hat sich allerdings woandershin verlagert, und die Altstadt liegt ein wenig abseits vom Hauptgeschehen. Doch sind die Warschauer an Entfernungen gewöhnt, und lange Fußmärsche von einer wichtigen Adresse zur anderen machen ihnen nichts aus. Die öffentlichen Verkehrsmittel, Straßenbahn und Autobus, sind häufig überfüllt, U-Bahn gibt es keine, und Taxis sind schwer aufzutreiben. Dem Fremden, der sich binnen weniger Tage von Warschau ein Bild machen möchte, sei daher geraten, seine Energien zu schonen, sich das Programm aufzuteilen und nicht zuviel auf einmal sehen zu wollen.

Auf dem *Plac Zamkowy* vor dem Königsschloß, dessen Neuerrichtung, ein Werk der siebziger Jahre, außen – aber noch nicht innen – abgeschlossen ist, beginnen wir die Wanderung. Das Schloß diente 1596–1794 als Residenz des Königs und Sitz des Reichtags. Hier wurde die erste moderne Verfassung Polens am 3. Mai 1791 verabschiedet; der Präsident der Republik amtierte in den Prunkräumen des Zamek von 1921 bis 1939. Dieses Symbol polnischer Größe wurde im Zweiten Weltkrieg bis auf die Grundmauern zerstört.

Erst unter Gierek erstand es wieder, weitgehend dank freier Spenden der Öffentlichkeit, wobei die Amerikapolen tief in die Tasche griffen.

Unterhalb des Schlosses erhebt sich auf einer Böschung an der Weichsel der einst Lubomirskische Palast *Pod Blachą,* von Deybel und Merlini geschaffen, dann im Besitz der Poniatowski, heute Sitz des Obersten Architekten von Warschau. Den Schloßplatz ziert die bekannte *Sigismund-Säule,* die König Władysław IV. zu Ehren seines Vaters 1644 aufstellen ließ.

*51   Altstadt. Świętojańska [Johannesgasse] mit Blick
     auf das Königsschloß*

Über die Świętojańska gehen wir zum *Rynek*. Rechter Hand erheischen zwei Sakralbauten unsere Aufmerksamkeit. Die dreischiffige *Kathedrale* [Katedra Świętego Jana], im Stil masowischer Spätgotik, wird von einem siebzig Meter hohen Turm überragt. Sie übte eine doppelte Funktion aus, als Pfarr- und als Hofkirche. Manches Ereignis spielte sich in ihren Hallen ab, so das päpstliche Schiedsgericht von 1339 zwischen Polen und Deutschem Orden um das Recht auf das Kulmerland, wobei das Urteil zu polnischen Gunsten ausfiel, die letzte Königskrönung von 1764 und 1791 der Eid des Adels auf die Verfassung. Im hohen Innenraum gibt es noch Gegenstände aus der Vorkriegszeit, so das mystische Kruzifix in der Herz-Jesu-Kapelle, Geschenk eines Ratsherren aus dem 15. Jahrhundert, die Renaissancegrabplatten der letzten Herzöge Masowiens im rechten Schiff und das Rokokodenkmal des Sejmmarschalls Stanisław Małachowski. Auch die Krypta überdauerte Warschaus Apokalypse. Unter anderem liegen dort begraben der Hofmaler Bacciarelli, der Romanschriftsteller Sienkiewicz und der 1922 ermordete Staatspräsident Narutowicz. An den Seitenwänden der Oberkirche beachte man die Gedenktafeln für die von den Nazis umgebrachten Warschauer Geistlichen, für die im Freiheitskampf gefallenen polnischen Frauen und Pfadfinder, aber auch zu Ehren der in den Jahren des Völkermords zu Tode gebrachten Lemberger und Wilnaer Polen.

Dicht neben dem Dom erhebt sich die *Kuppelkirche* der Jesuiten, ursprünglich ein Bau der Spätrenaissance, den die Deutschen 1944 sprengten. Das barocke Metrikantenhaus [Nr. 21] beherbergte königliche Beamte, denen die Ausfertigung wichtiger Urkunden oblag.

Ein beschauliches Plätzchen hinter den Kirchen, die *Kanonia,* mit ihren niedrigen Domherrenhäusern aus Barock und Klassizismus, spielte kulturgeschichtlich eine wichtige Rolle als Hochburg der Aufklärer im Priestergewand wie Staszic, Albertrandi oder Woronicz. An der Ecke Kanonia-Jezuicka befand sich [Nr. 4] das Jesuitenkolleg, dann von 1773 bis 1795 die Nationale Erziehungskommission, Polens erstes Unterrichtsministerium. Auch der anmutigen *Piwna-Gasse* schenken wir einen Blick. Im Haus Nr. 45 entstand vor fast zweihundert Jahren Warschaus früheste Sternwarte. Eine alte Frau, die legendäre Taubenmutter, Symbol des ungebrochenen Lebenswillens der Warschauer, überdauerte dort inmitten der Ruinen den harten Kriegswinter 1945.

Der Komplex des *Augustinerklosters* samt spätbarocker, ursprünglich gotischer Kirche bietet eine originelle Verquickung historischer und moderner Elemente. Der neugestaltete Innenschmuck geht auf die Vorlage einer Franziskanerin zurück. Viele Beispiele zeigen im ganzen Lande, daß der feine Kunstsinn der Polen solche Symbiosen vortrefflich zustande bringt.

Trauliche Seitengassen, so Dziekania, Piekarska und Zapiecek, sind voller Reminiszenzen. In der *Dekanei* versuchte 1620 ein geisteskranker Szlachcic, den König umzubringen, wofür den Frevler entsetzliche Foltern trafen, schließlich die im damaligen Europa übliche Vierteilung durch Pferde. Damit keine Spur des Attentäters zurückbleibe, verbrannte man den Leichnam und schoß die Asche mittels einer Kanone in alle Winde. Des Warschauers Volkshelden Jan Kilińskis steinerne Gestalt erhebt sich am Ende der *Piekarska,* nahe der Wälle. Der mutige Schuster führte seine Mitbürger 1794 zum Kampf gegen Rußland auf Seiten Kościuszkos.

Am *Altstädter Marktplatz* [Rynek Starego Miasta] treffen alle zusammen, Studenten, Maler, Graphiker und Touristen. Bei Schönwetter lockt die beschwingte Atmosphäre dieses Tummelplatzes zum Verweilen in einem der Freiluftcafés. An den Häuserwänden lehnen Bilder junger Künstler, zum Verkauf oder auch nur zur Betrachtung dargeboten. Manches spontane Gespräch entwickelt sich, man kommt einander leicht näher, auch des Polnischen Unkundige finden jederzeit Anschluß. Die hübschesten, schick nach neuester Mode gekleideten Mädchen der Metropole schenken gerne und ohne Hintergedanken ein charmantes Lächeln. Mit etwas Glück gewinnt man bald neue Freunde. Dem Fremden bietet sich vielleicht jemand an, der ihm die Sehenswürdigkeiten zeigt und gerne Meinungsaustausch pflegt. Schon lieber für Geld als für gute Worte befördert uns ein Droschkenkutscher auf seinem Gespann. Der Leierkastenmann oder eine kleine Gruppe Straßensänger tragen Volksweisen vor.

Seit dem Ende des 18. Jahrhunderts war der *Rynek* mehrmals Schauplatz politischer Demonstrationen, bei denen auch Blut floß. 1794 übte das Volk Lynchjustiz an Verrätern, 1861 massakrierten die Kosaken Teilnehmer an einer patriotischen Kundgebung.

Die Markthäuser im Renaissance- und Barockstil gehörten den wohlhabendsten Warschauer Kaufmannsgeschlechtern. In Kramläden, Gewölben und Verkaufsständen blühte früher reges Handelsleben; 1915 hob der Magistrat den Jahrmarkt auf. Nach Abzug der Russen sah man den Augenblick gekommen, den Platz gemäß seiner für Polen historischen Rolle zu ehren. Die Nordseite wurde nach dem Stadtpräsidenten zur Zeit des Vierjährigen Reichstags, *Jan Dekert,* benannt; die Ostseite erhielt den Namen von *Franciszek Barss,* des aufklärerischen Anwalts und Bürgerrechtlers. Die Westseite ist dem

55   Altstädtischer Marktplatz, Haus zum Mohren

Staatsphilosophen *Hugo Kołłątaj* gewidmet, die Südseite *Ignacy Zakrzewski,* dem Stadtpräsidenten unter Kościuszko. An der Kołłątaj-Seite befinden sich die traditionsreichsten Häuser. Nr. 21 über dem beliebten Speiselokal «Krokodyl», bewohnte Kołłątaj; die polnischen Jakobiner unterhielten hier eine Druckerei. Seit 1590 gab es nebenan einen Weinkeller, den 1810 Nachkommen der Augsburger Fugger übernahmen. Heute noch erfreut sich die *Winiarnia Fukierowska* großen Zulaufs; die klassizistische Fassade des Gebäudes wurde nach dem Krieg wiedererrichtet. Der letzte Nachkomme der seit Generationen polonisierten Patrizierfamilie Fukier starb 1959 und hinterließ unterhaltsame Memoiren. Das Obergeschoß dient dem Verein der Kunsthistoriker, sinnig logiert mit Blick hinunter auf den schönen Arkadenhof. Das Eckhaus, der Historikerzunft überlassen, gilt ob seiner gotischen Elemente als das älteste der Umgebung.

Über das Gäßchen Wąski Dunaj erreichen wir den *Szeroki Dunaj* mit Schuhmachermuseum, Restaurant und Wohnstätte Kilińskis. Die geschmückte Attika des Wąski Dunaj 8 sticht besonders hervor.

Die Dekertseite, ganz vom Historischen Museum eingenommen, bilden Häuser aus dem 17. Jahrhundert. Nr. 40 bewohnte der polonisierte Italiener Montelupi, Postmeister des Königs. Die Kamienica Pod Murzynkiem mit dem niedlichen Mohren [Nr. 36] erinnert an den Großkaufmann Gianotti, der den Reichtum seiner Familie durch den Seehandel begründete. Die geadelte Nachkommenschaft schrieb sich Dzianot und sprach nur mehr polnisch. Auch das Haus Nr. 32 spiegelt Stil und Funktion einer Patrizierresidenz der polnischen Glanzzeit wider. Tor und Attika verdienen nähere Beachtung. Hinter dem Haus Nr. 28 mit barocken Heiligenfiguren beginnt die in scharfem Bogen verlaufende Seitengasse *Krzywe Koło*

Die legendäre «Syrena» über den Mauern der Altstadt

[Schiefes Rad] mit dem Warschauer Stadtarchiv [Nr. 5]. Ein malerisches Stiegengäßchen, *Kamienne Schodki,* alte Gaslaternen an den Mauern, führt hinab zur Weichsel. Oben, nahe dem Schiefen Rad, sieht man Reste eines Rundturms und das Denkmal der *Syrena,* einer typischen Warschauer Legendengestalt, gleich der Seejungfer von Kopenhagen. Ein kurzer Rundblick läßt jenseits der Weichsel das moderne Häuser-

58/59   Krakowskie Przedmieście [Krakauer Vorstadt].
       Rechter Hand das Denkmal König Sigismund Wasas

und Fabrikenmeer von Praga erspähen. Ähnlich sollte man vom anderen Ufer des Flusses oder von einer Brücke aus den Gesamteindruck der hoch und breit thronenden Altstadt genießen.

An der Barss-Seite bietet sich uns ein hübsches Bild des Spätbarock; das Adam-Mickiewicz-Literaturmuseum ist dem bedeutenden Nationaldichter gewidmet. Das dem Fluß zugewandte Celna-Gäßchen im Hintergrund weist ein spaßiges Detail auf, das gotische Wärterhaus Furta Gnojna, an dem vorbei der Müll vor die Stadttore gebracht wurde.

Die im Stil vergleichbare Zakrzewski-Seite birgt das beste Restaurant des Viertels, Pod Bazyliszkiem. Das Fabeltier Basilisk hängt weithin sichtbar über dem Eingang.

Der Weg zur Neustadt, 1408 als Siedlung des Handwerks und Kleingewerbes gegründet, führt durch die vom Rokoko geprägte Nowomiejska, vorbei am Barbakan, einer mittelalterlichen Wehranlage über spätgotischen Wällen. Am Rande der zur Weichsel hinabführenden Mostowa erhebt sich die hochbarocke Fassade der *Paulinerkirche*, bei deren Tor die alljährliche Warschauer Pilgerfahrt nach Częstochowa beginnt. Der heutige Innenraum macht, im Gegensatz zum alten, einen schlichten Eindruck. Die breite, zur Nationalbibliothek leicht aufwärts führende *Długa* mutet klassizistisch an. Berühmte Männer lebten hier bis zum Aufstand von 1830: der Publizist Maurycy Mochnacki und der Historiker Joachim Lelewel. Im *Palais Raczyński* [Nr. 7] tagte 1794 Kościuszkos Oberster Nationalrat, bezogen napoleonische Marschälle Quartier, richteten die Aufständischen 1944 ihr Feldlazarett ein. Heute arbeiten hier friedliche Geschichtsforscher, denn das Gebäude wurde dem Hauptarchiv der Alten Akten übergeben.

An der Ecke zur breiten Miodowa steht die eklektische *Garnisonkirche*, von den Russen nach 1834 als orthodoxes Gotteshaus verwendet. Nun öffnet sich dem Betrachter auf der anderen Straßenseite das geräumige, elegante Barockpalais *Krasiński,* Sitz der Nationalbibliothek. Zwischen Kirche und Palast befindet sich die Stelle, an der die Verteidiger der Altstadt am 2. September 1944 in die Kanäle hinabstiegen, um unter den deutschen Stellungen andere, noch polnischkontrollierte Bezirke zu erreichen. Wir gehen nun auf der Długa zurück zum Nowe Miasto. Zunächst schreiten wir vorbei an der frühbarocken Dominikanerkirche, die 1944 unter ihrem Schutt Hunderte von Verletzten begrub. Entlang der Freta-Gasse mit aparten Rokokobauten kommen wir zum Rynek Nowomiejski. Unterwegs besticht die *Kamienica Pod Samsonem* wegen des löwengeschmückten Portals. Zur Preußenzeit, zwischen Dritter Teilung Polens und Tilsiter Frieden, wohnte hier als Verwaltungsbeamter der deutsche Frühromantiker E. T. A. Hoffmann. Das kleine Mansardenhaus Nr. 13 blieb unzerstört erhalten. Im Haus Nr. 16 erblickte Marie Curie-Skłodowska das Licht der Welt; ihr ist auch ein biographisches Museum gewidmet.

Der *Neustädter Marktplatz* unterscheidet sich wesentlich vom Altstädter. Schon seine periphere Lage bewirkt, daß er trotz Café und Kino nur vereinzelte Rentner und Kinder anlockt, die sich ohnedies in der Weite des Platzes verlieren. Die hochbarocke, rundliche *Kuppelkirche der Sakramentinerinnen,* auf Bestellung von König Sobieskis Gattin Marysieńka durch Tylman van Gameren errichtet, zählt zu Warschaus schönsten Sakralbauten. Der hohe gotische Turm der nahen Verkündigungskirche über der Weichselböschung erhielt sein streng masowisches Aussehen aus dem 15. Jahrhundert zurück. Gleich daneben gibt die breite Terrasse den Blick frei auf ein schönes Panorama des Flusses und der Vorstadt Praga. Weiter geht es durch die Kościelna und Zakroczymska, an den Rokokopalästen der Grafen Przeździecki und Mokronowski vorbei zur *Zitadelle*. Auch die dreischiffige, hochbarocke Franziskanerkirche verdient Beachtung. Schräg gegenüber steht das spätbarocke Palais der Fürsten Sapieha. Weiter entlang der Weichselböschung gelangen wir in den hügeligen Park der Zitadelle. 1864 erhängten hier die Russen Romuald Traugutt, den Anführer des Januaraufstands, zusammen mit vier Mitgliedern der polnischen Nationalregierung.

Zurück beim Palais Krasiński, setzen wir den Weg über die repräsentative Miodowa zum Ausgangspunkt unseres Spaziergangs fort, dem *Plac Zamkowy*. Wichtigster Gebäudekomplex der Miodowa ist das barocke Erzbischöfliche Palais, von Merlini klassizistisch verändert. Er schuf auch nach 1780 die Basilianerkirche. Das nahe Collegium Nobilium spielte vor über zweihundert Jahren eine bedeutende Rolle als Bildungsstätte des Adels. Das Palais Pac, heute Gesundheitsministerium, entstand 1673 nach Plänen Tylmans van Gameren; es spiegelt auch den barock-klassizistischen Mischstil vieler Warschauer Prunkgebäude wider. Die kleine, von König Johann III. gestiftete Kapuzinerkirche birgt eine Urne mit den Eingeweiden Augusts des Starken und einen 1830 ausgeführten Sarkophag, in dem das Herz Sobieskis gebettet liegt. Etwas weiter von der Straße, hinter einer Rasenfläche, steht das spätbarocke Palais Młodziejowski, als Residenz des russischen Botschafters 1794 von der Menge gestürmt.

Es lohnt sich noch, wegen der hübschen Silhouette, entlang der parallel verlaufenden Podwale-Straße zu den Altstadtmauern zu spazieren.

63   Die spätbarocke Visitantinnenkirche

Die Strecke der Könige: Krakowskie Przedmieście, Nowy Świat, Aleje Ujazdowskie

Kilometerweit reicht Warschaus königliche Straße, vom früh-barocken *Zamek* der Wasa bis hin zu Poniatowskis anmutigem Rokokokomplex *Lazienki.* Die wiedererrichtete Folge von Palais, Kirchen, Stadthäusern, Villen und Parks des 17., 18. und 19. Jahrhunderts macht einen elegant-großzügigen Eindruck. Um so weiter vom Zentrum, desto «echter» sind die Gebäude, denn die Zerstörungen waren hier, im Residenzviertel an Aleje Ujazdowskie und Belwederska, viel geringer. Am *Krakowskie Przedmieście,* der einst von weltlichen wie geistlichen Würdenträgern bewohnten Krakauer Vorstadt, sind heute Ministerien, wissenschaftliche Institutionen sowie zwei traditionsreiche Hotels, Bristol und Europejski, untergebracht. Die Fortsetzung *Nowy Świat* atmet ganz den Geist des Klassizismus; wohlhabender Adel und reiches Großbürgertum wohnten nach dem Wiener Kongreß in den würdig-schlichten, weder hohen noch protzigen Häusern. Büros, Geschäfte und Fluglinien kennzeichnen die jetzigen Aktivitäten der «Neuen Welt».

Die grünen Aleje Ujazdowskie sind von Ämtern und Botschaften gesäumt; die Allee ist Durchzugsstraße sowohl als Spazierweg. Am Nowy Świat geht man Einkäufen und Besorgungen nach; es wimmelt dort von Menschen, in den Autobussen drängen sich die Fahrgäste. Am Krakowskie Przedmieście geben eher Studenten und Beamte den Ton an; überall hat man es eilig, niemand frönt der Muße.

Gleich beim *Plac Zamkowy* stehen drei aneinandergereihte spätbarock-klassizistische Bauten, von denen zwei dem Polnischen Schriftstellerverband gehören. Den dritten, das Eckhaus zur Miodowa, richteten 1785 die Kaufleute Roessler und

Hurtig als modischsten Warenladen der Metropole ein. Der Annakirche verlieh Aigner ein klassizistisches Antlitz. Neben der Kirche steht Aigners Hauptwache, nunmehr Landwirtschaftliche Bibliothek, anschließend die Resursa Obywatelska, 1861 als vornehmes Klubgebäude errichtet. Corazzis Wohltätigkeitsverein [1818] trägt den erhabenen lateinischen Spruch «Res Sacra Miser» – der Arme ist eine heilige Sache. Der Rasen, eine Abschirmung dieser Häuserfront gegen die Fahrstraße, trägt eine Grabplatte für die 1944 gefallenen Stabsführer der kommunistischen Volksarmee sowie ein diskretes Denkmal Mickiewiczs. Die Dekanei [1830] übergab man Kunststudenten als Wohnstätte. Auf der anderen Straßenseite erhebt sich das Rokokopalais Wessel, heute Generalprokuratur, etwas weiter lugt hinter schönem Gittertor das frühere Potocki-Palais aus dem 18. Jahrhundert hervor, heute Sitz des Kulturministeriums. An der nächsten Ecke entfalten das neubarocke Hotel Europejski [1856], ihm gegenüber das Bristol [1899] ihre breiten Fronten. Der Blick schweift hier, an der Bristol-Seite, zurück zur barocken Karmeliterkirche [um 1680] und zum wichtigsten Prunkgebäude des Krakowskie Przedmieście, dem majestätisch hinter einem gepflegten Vorgarten sich ausbreitenden *Palais Radziwiłł,* nunmehr Ministerratspräsidium. Hier wurde 1955 der Warschauer Vertrag unterzeichnet. Davor thront, hoch zu Roß auf seinem Kriegerdenkmal, Fürst Józef Poniatowski, der 1813, Napoleon bis zuletzt treu, in der Leipziger Völkerschlacht den Tod fand. Der barocke *Kloster- und Kirchenkomplex der Visitantinnen,* erbaut zur Sachsenzeit für die 1654 aus Frankreich nach Polen berufenen Nonnen, wurde vor hundert Jahren im Innern historistisch verändert. Hinter dem Gitter von Krakowskie Przedmieście 26/28 verbirgt sich das geräumige klassizistische Ensemble der *Universität:* mehrere lose Gebäude, einstige

Schulen und Palais, inmitten eines weiten Hofes. Die Leistungen der Warschauer Wissenschaft im internationalen Vergleich sind äußerst beachtlich, speziell auf den Gebieten der Archäologie und Mathematik.

Jenseits der Straße prangt das Rokokopalais Czapski, mitsamt Marconis eklektischen Pavillons von 1852 im Besitz der Akademie der Bildenden Künste. Daneben, in der zweitürmigen *Kirche zum hl. Kreuz,* einem stattlichen Barockbau, werden die Herzen Chopins und Reymonts aufbewahrt. Das mächtige Palais Staszic, ein weiteres Werk Corazzis [1820/23], dient der Akademie der Wissenschaften. Linker Hand führt die Tamka zum Weichselufer hinab. Die Räume des barocken Ostrogski-Palais stehen der Chopin-Gesellschaft zur Verfügung; in der Umgegend erstrecken sich über der Weichsel ausgedehnte Grünanlagen.

Den Häusern am Nowy Świat gab man beim Wiederaufbau den unverfälscht klassizistischen Charakter zurück, den viele von ihnen während des 19. Jahrhunderts eingebüßt hatten. Hervor stechen die Stadtresidenzen der Zamoyski, Kossakowski und Hołowczyc. Kleine Gedenktafeln erinnern an öffentliche Geiselerschießungen Ende 1943.

Eine der belebtesten Kreuzungen Warschaus haben wir nun erreicht, zwischen *Aleje Jerozolimskie* und *Nowy Świat.* Wichtige Institutionen findet man hier: die Polnische Presseagentur in einem Hochhaus aus dem Jahr 1929, den Internationalen Buch- und Presseklub, wo jedermann ausländische Zeitungen aus West und Ost lesen kann, vor allem jedoch das rotbeflaggte Dom Partii, Sitz des Zentralkomitees der VPAP. Zur Linken, in Richtung Weichsel, an der Jerusalemallee, ziehen das Muzeum Narodowe und das Muzeum Wojska Polskiego zahlreiche Besucher an. Das *Nationalmuseum* umfaßt fünf Abteilungen [Altertum, ausländische Kunst, polnische Kunst, Goldschmiedearbeiten, zeitgenössisches Schaffen] und drei Kabinette [Zeichnen und Graphik, Miniaturen, Numismatik].

Die Abteilung *Altertümer* bietet ägyptische, griechische, etruskische und römische Ausgrabungsobjekte. Schon vor 1939, dann wieder verstärkt seit 1956, brachten polnische Archäologen in den Tälern des Nil, Euphrat und Tigris wertvolle Schaustücke zutage, denen das Erdgeschoß zugeeignet wurde; man beachte insbesondere die – in den Museen des Westens nur karg vertretenen – Zeugnisse frühchristlicher koptischer Kunst aus dem Sudan.

Die *europäische Malerei* faßte man in zwei Gruppen zusammen: die Schulen der romanischen und die der germanischen Länder. Die Werkstätten Cranachs, Rembrandts, Jordaens', Caravaggios, lombardischer und venezianischer Meister sind am besten repräsentiert. Den Fremden dürfte vor allem die Galerie polnischer und in Polen wirkender Maler interessieren, deren er sonstwo kaum ansichtig würde. Den Altarbildern aus dem Mittelalter und der Frührenaissance folgen Porträts von Monarchen aus der Wasadynastie und von sarmatischen Magnaten, schließlich die Gemälde der Hofkünstler des letzten Königs: Canaletto, Bacciarelli, Lampi, Grassi und Norblin. Das vornehme Warschau des Rokoko steht im Vordergrund dieser Ausstellung.

Romantik, Historismus und Moderne, viel Tragik und Heldentum der polnischen Nation, auch Genreszenen aus dem Leben aller Bevölkerungsschichten – auf alldem läßt der Betrachter das Auge ruhen. Das Schaffen der Michałowski, Rodakowski, Matejko, Gierymski, Chełmoński, Brandt gibt eine ausgezeichnete, wenn auch idealisierte Vorstellung altpolnischen Lebensstils und polnischen Selbstverständnisses. Ein Zubau zum Museum enthält eine reichhaltige Galerie zeitgenössischer Kunst, in der sämtliche bedeutenden polnischen Maler des 20. Jahrhunderts mit insgesamt dreitausend Werken vertreten sind.

Das *Muzeum Wojska Polskiego* ist die größte Militariensammlung des Landes. Die Kriege mit Schweden und der Türkei, das Berufsheer der Wettinerzeit, die Kościuszko-Insurrektion, die Legionen unter Napoleon und die Truppen des Herzogtums Warschau, die polnische Armee 1815–1831, die Aufständischen von 1846, 1848 und 1863, die Polen in der Pariser Kommune, die Revolution von 1905, der Erste Weltkrieg, Spaniens polnische Interbrigaden von 1936 bis 1939, endlich der Zweite Weltkrieg, daheim wie an allen Fronten, bilden die Themen der ständigen Abteilungen.

In der Mitte des *Plac Trzech Krzyży* [Platz der Drei Kreuze] baute Aigner 1818–1825 nach reinster klassizistischer Art die Alexanderkirche. Hier beginnt die vornehme Villen- und Parkallee Aleje Ujazdowskie. Adel der Geburt und des Geldes pflegte hier eineinhalb Jahrhunderte lang kultivierten Lebensstil. Zu Recht galt die Gegend als Warschaus Sommersalon, die gute Gesellschaft traf sich hier ähnlich wie im Pariser Bois de Boulogne, im Berliner Tiergarten oder im Wiener Prater. Wer Ruhe und frische Luft sucht, ohne weit wegzufahren, besucht gerne einen der Parks, Ujazdowski oder Łazienkowski. Die meisten Botschaften befinden sich hier, teils in al-

70/71   Plac Zwycięstwa [Siegesplatz]. Rechts das Denkmal
des Unbekannten Soldaten, links die evangelische
Kirche, im Hintergrund der Kulturpalast

69

ten Prunkbauten, teils in modernen Glaspalästen entlang der von Kastanien und Linden gesäumte Straße. Das klassizistische *Belvedere* mit griechischer Säulenfassade ließ 1821 der russische Großfürst Konstantin errichten. Zuvor hatten polnische Magnaten an dieser Stelle bereits Paläste besessen; unter König Poniatowski betrieb man in den Wirtschaftsgebäuden eine große Porzellan- und Fayencemanufaktur. Nach 1918 residierte im «Belweder» Marschall Piłsudski, zwischen 1921 und 1926 wohnte hier zeitweise der Präsident der Republik; auch heute ist es der Amtssitz des Staatsoberhaupts. Schräg abschüssig führt die Allee nun weiter zum Barockschloß Wilanów.

Volkspolens Stolz: das neue Zentrum

Moderne Hochhäuser an breiten, verkehrsreichen Schnellstraßen, Tempo, Vorwärtsstreben, Sieg der Technik, all das kennzeichnet Warschaus neues Zentrum. Die Entwicklungsphasen Polens seit 1945 treten hier am klarsten zutage: die Zeugnisse stalinistischen Zuckerbäckerstils als charakteristisch für die Nachkriegszeit und nunmehr die Wolkenkratzer der siebziger Jahre. Die Großzügigkeit der Planung ist unbestreitbar, doch Dynamik und Leistungswille bedeuten auch Unrast, Nervosität, Mangel an Atmosphäre. Man fühlt sich herausgefordert, rasch übermüdet, andererseits fasziniert von der geistigen Regsamkeit der Warschauer Intelligenz, die sich im blühenden, avantgardistische Impulse gebärenden Kulturleben andauernd kundtut. Schauspieler, Regisseure, Bühnenbildner, Maler und Schriftsteller beschäftigen das Interesse weiter Kreise; in Warschau geht man noch ins Theater und liest Bücher.

Trotz der dominanten Konzentrierung aufs Heute und Morgen kommt indes die Weichselmetropole von ihrem Gestern nicht los. An das Alte, in einem Meer von Blut und Tränen Versunkene erinnert so manches Denkmal, so manche Tafel mit Namen von Opfern. Wer zu Allerheiligen in Warschau weilt, dem fallen auf den Gehsteigen die zahllosen brennenden Kerzen auf, überall dort, wo Menschen von den Besatzern umgebracht wurden. Der nördliche Stadtteil *Muranów,* heute von Wohnblocks und fröhlichen Kinderspielplätzen durchzogen, entstand auf den Trümmern des *Ghettos.* Ein schlichtes Mahnmal ehrt die Helden des Aufstandes, sechshundert Mann unter Mordechai Anielewicz, die von April bis Juli 1943 überlegenen deutschen Verbänden standhielten. Sie wehrten sich dagegen, wie Vieh zur Schlachtbank geführt zu werden. Fast alle fielen; die wenigen, die entkamen, taten dies mit Hilfe des polnischen Untergrunds. Den Kniefall Willy Brandts von 1971 verstand dann aber jeder Pole als Zeichen echter Absicht zu Freundschaft und Versöhnung von seiten eines friedliebend und humanistisch gesinnten Deutschland.

Bald stehen wir schon am *Plac Feliksa Dzierżyńskiego,* vor einer breiten Front klassizistischer Prachtbauten aus den Jahren 1825–1830: Börsen- und Bankgebäude, Schatzministerium des Fürsten Drucki-Lubecki, Palais der Regierungskommission für Finanzen. Heute haben Magistrat und Museum der Arbeiterbewegung die Räume inne. 1951 wurde das Denkmal für Dzierżyński, den gefürchteten Leiter von Lenins Geheimpolizei und polnisch-litauischen Adeligen aus der

74/75   Teatr Wielki – das Große Theater, davor Koniecznys
«Nike»

Nachbarschaft Piłsudskis, inmitten des Platzes aufgestellt. An der großen Querstraße, *Aleja Generała Karola Świerczewskie-go,* liegen Sehenswürdigkeiten älteren Datums, so das Barock-schloß der Fürsten Radziwiłł, nunmehr Lenin-Museum, und zwei Kirchen im Stil des Historismus [um 1870], die evange-lisch-reformierte und die russisch-orthodoxe.

Vorbei am Ogród Saski, einem französischen Garten aus der Wettinerzeit, kommen wir zur pulsierenden Hauptader des Zentrums, der *Marszałkowska.* Rasch ist die Świętokrzyska überquert; jetzt erstreckt sich rechter Hand der weite *Plac De-filad,* beherrscht vom 234 Meter hohen Kulturpalast, linker Hand die Domy Towarowe Centrum, ein moderner Komplex von Warenhäusern samt Kinos, Cafés, Philharmonie und der unseligen, 1979 durch eine Explosion schwer beschädigten Sparkassenrotunde.

Über den von den Sowjets 1952–1955 als Geschenk für Polen errichteten *Pałac Kultury i Nauki* ist viel und boshaft gewitzelt worden. Trotzdem wuchs er im Lauf der Jahre zum Wahrzei-chen der Stadt heran: ein Warschau ohne Kulturpalast ver-mag man sich kaum noch vorzustellen. Auch gibt es auf der Welt nicht wenige Werke zeitgenössischer Architektur, gegen die er fast ein Ebenbild antiker Schönheit darstellt. Institute der Akademie der Wissenschaften und der Universität, Unes-co-Komitee, Pen-Club, vier Theater, drei Kinos, ein Monster-kongreßsaal, zwei Museen, drei Restaurants, Sporteinrichtun-gen, Ausstellungshallen und anderes mehr kamen im Kultur-palast unter. Dahinter erstreckt sich der neue, unterirdische *Zentralbahnhof* mit originellem Flügeldach. Die nächste Querstraße, Aleje Jerozolimskie, weist eine Häuserfront aus der Vorkriegszeit auf. Den sonderbar bräunlich gefärbten Wolkenkratzer an der Ecke lernen viele Besucher als erstes kennen: es ist das von Schweden errichtete Hotel Forum.

Weiter entlang der Marszałkowska liegen mehrere Kulturinstitute und Restaurants. Die MDM-Siedlung am Plac Konstytucji ist ein weiteres Relikt der Ära Bieruts, während die Erlöserkirche am Plac Zbawiciela mit ihren zwei Türmen dem Neubarock zuzuordnen wäre. Die Rogatki Mokotowskie am Plac Unii Lubelskiej sind klassizistische Mauthäuser von 1816–1818.

Auf einem anderen Weg kehren wir nun ins Zentrum zurück. Wer ohne Auto unterwegs ist, sollte von den nahen Aleje Ujazdowskie mit dem Bus weiterfahren. Der 179er etwa führt durch die Krucza, an Bauten der sechziger Jahre vorbei, so dem Grand-Hôtel, dem Haus des Kindes und dem des Bauern, über die Mazowiecka, Królewska, Krakowskie Przedmieście bis hinter die Altstadt. Bereits an der Mazowiecka kann man aussteigen, um die Besichtigung fortzusetzen.

An der Ecke zur Kredytowa erstreckt sich das elegante Säulenpalais der einstigen Bodenkreditanstalt, gegenüber der frühklassizistischen Rundkirche der Lutheraner. Die stattlich-eklektische *Zachęta* beherbergt seit achtzig Jahren Kunstausstellungen; im Dezember 1922 wurde sie zum tragischen Schauplatz der Ermordung des Präsidenten Gabriel Narutowicz durch einen nationalistischen Fanatiker.

Gleich schweift unser Blick über den weitesten und schönsten Platz Warschaus, den *Siegesplatz [Plac Zwycięstwa]*: rechts das Luxushotel Victoria-Intercontinental, schräg gegenüber das traditionelle Hotel Europejski, im Hintergrund das riesige, im Grundriß klassizistische Große Theater, zur Linken unter dem erhaltenen Kolonnadenfragment des Sächsischen Palais, das Denkmal des Unbekannten Soldaten samt Ehrenwache und ewiger Flamme, weiter die Bäume des Ogród Saski. In der Mitte des Platzes feierte auf einem Feldaltar vor Hunderttausenden von Menschen der Heilige Vater Johannes

Paul II. anfangs Juni 1979 die erste öffentliche Messe seiner Polenreise. Vor der Fassade des Theaters, auf dem Plac Teatralny, erhebt sich die Nike, eine allegorische, dem Andenken der Warschauer Aufständischen von 1944 gewidmete Statue Koniecznys [1964].

Łazienki

Zwangloses Lustwandeln und freies Genießen nach der Hofmanier des Rokoko bietet sich von selbst als Zeitvertreib an im ausgedehnten Parkkomplex *Łazienki,* mit seinen Schlössern, Wach- und Wirtschaftsgebäuden, pseudoantiken Ruinen, Denkmälern, Teichen und Alleen.
Schon die masowischen Piasten besaßen hier ein befestigtes Jagdhaus. Der Kunstmäzen Stanisław Herakliusz Lubomirski ließ das zuvor errichtete Bad [daher der Name Łazienki] durch Tylman van Gameren zu einem Lustschloß umbauen und in der Nähe einen Pavillon errichten. 1764 erwarb der neue König das umfangreiche Gut; er investierte darin Millionen, schuf einen der schönsten, anmutigsten Baukomplexe des damaligen östlichen Mitteleuropa. Die Arbeiten an dem mit hübscher Säulenfront ausgestatteten *Pałac Na Wyspie* [auf der Insel] dauerten zwanzig Jahre. Heute besichtigt man Ballsaal, Rotunde, Speisesaal und Gemäldegalerie – vollendete Stilbeispiele des Rokoko, reich geschmückt, doch diskret, niemals überladen. In den Parkanlagen entstanden zugleich Biały Domek [Weißes Häuschen], Pałac Myślewicki [Jagdschloß, jetzt Gästehaus der Regierung], Wielka Oficyna [Großes Verwaltungsgebäude], eine spätere Kadettenschule,

79   Rokokoschlößchen Łazienki

Stara Pomarańczarnia [Alte Orangerie samt Theater], Amphitheater und Stara Kordegarda [Alte Wache]. Inselschloß, Orangerietheater und Weißes Häuschen gehören zum Nationalmuseum. *Biały Domek* zeigt phantasievolle Originaleinrichtung im Rokokostil, mit Spielzimmer, Schlafgemach, Boudoir, Garderobe, Vorraum; Chinoiserien geben den Ton an. Eine Galerie polnischer Plastik und Bildhauerei vom 16. bis zum 20. Jahrhundert füllt die Räume der Pomarańczarnia.

Umgestaltungen und Erweiterungen erfuhr der Łazienki-Komplex als Gut des Zaren zwischen 1817 und 1882 im Geiste des Spätklassizismus; so kamen Wasserspeicher, Dianatempel, ägyptischer Tempel, Neue Orangerie und Sternwarte hinzu, auch einige inzwischen abgetragene Bauten. Unweit vom Haupteingang an den Aleje Ujazdowskie steht inmitten einer verträumten Lichtung das 1958 rekonstruierte Chopin-Denkmal, Schauplatz häufiger Musikdarbietungen.

Für Łazienki, Treffpunkt sowohl fröhlicher wie auch romantischer Gemüter, von Liebespaaren, Müttern mit Kindern, Rentnern, Schulklassen und Touristen, sollte man bei günstigem Wetter mehrere Stunden aufwenden. Auch der nördliche Teil des Parks, jenseits der Fahrstraße Agrykola, lohnt den Besuch. Wir sehen dort das wiederaufgebaute Barockschloß Zamek Ujazdowski, das Sobieski-Denkmal und die Ermitage, ein Geschenk Stanisław August Poniatowskis an seine Favoritin, Madame Lhullier.

Wilanów

Am südlichen Stadtrand von Warschau, eine halbe Fahrstunde vom Zentrum entfernt, steht Polens prächtigste Barockresidenz, *Wilanów*. 1677 erwarb Jan Sobieski den Grund und ließ eine geräumige Villa italienischen Stils mit rauhem Dekor errichten, mit Vergoldungen, Deckengemälden und Polychromien. Hinter dem Schloß, an dessen Bau und Ausschmückung ein großer Stab von Architekten, Bildhauern und Malern, wie Locci, Schlüter und Szymonowicz-Siemiginowski, mitwirkte, schuf man einen Kunstgarten auf zwei Ebenen, mit Kanal, Fontänen, Grotten und allegorischen Statuen. Unter den Sieniawskis wurden die Seitenflügel von Spazzio und Deybel nach 1720 spätbarock ausgestaltet, ebenso der Garten, in den Deybel eine Orangerie stellte. Nachmalige fürstliche Besitzer, die Czartoryskis und die Lubomirskis, fügten klassizistische Elemente hinzu, so Zugs drei Pavillons und seinen englisch-chinesischen Park. Das 19. Jahrhundert hindurch gehörte Wilanów den Grafen Potocki, die den romantischen Landschaftspark besonders schätzten. Aigner entwarf die chinesische Laube, die römische Brücke, das Denkmal der Schlacht bei Raszyn von 1809 samt Triumphbogen. Marconi errichtete dann 1832 ein neugotisches Mausoleum für das Ehepaar Stanisław Kostka und Alexandra Potocki; die komplizierten Schnitzereien stammen von den angesehenen Warschauer Meistern Tatarkiewicz und Hegel. Die Jahre 1845–1875 brachten weitere Zubauten nach Art der Neurenaissance und des Neubarock, so Stallungen, Wagenburg, Kapelle, Lapidarium und etruskisches Kabinett. Zur Zeit der letzten Privateigentümer, der Grafen Branicki, erlitt der große Komplex durch Kriegseinwirkungen schwere Schäden, die erst Ende der fünfziger Jahre behoben wurden. Das jetzige Schloßmuseum umfaßt Appartements der späten Neuzeit, Möbel, Spiegel, Teppiche, Uhren, Porzellan und Werke der Goldschmiedekunst, die Galerie des Polnischen Porträts. Die Orangerie zeigt eine Galerie zeitgenössischer polnischer Bildhauerei, ein Reitstall das Plakatmuseum. Unter den Gemälden stechen Königsbilder, Darstellungen von Magnaten und anderen historischen Persönlichkeiten, dann Werke der Romantik und des Positivismus hervor. Vom langen Spaziergang durch die Ausstellungsräume und den weiten, teils französisch gestutzten, teils englisch verwilderten Park kann man sich in einem der stilgerechten Lokale erholen.

Auf dem Rückweg empfiehlt es sich, an der Królikarnia [Kaninchenhaus], einem klassizistischen, kuppelbedeckten Palais Merlinis um 1790, kurz anzuhalten, um die Sammlung von Plastiken Xawery Dunikowskis zu besichtigen.

Mittlere und kleinere Museen, Friedhöfe

Wer über viel Zeit verfügt, sollte sich nicht mit den allerwichtigsten Sammlungen begnügen. Für besonders Interessierte gibt es noch mehrere Spezialmuseen, so das ethnographische an der Kredytowa, das Museum der Erde [Na Skarpie], das Theatermuseum im Teatr Wielki, das Zeichenkabinett der Universitätsbibliothek, die Graphische Sammlung der Nationalbibliothek und das Museum des Institus für Jüdische Geschichte [Świerczewskiego] mit einer ausgezeichneten Gesamtschau von Kultur, Brauchtum und Religion der polnischen Juden seit dem späten Mittelalter.

Bekanntlich sind Friedhöfe für die Vergangenheit eines Orts überaus aufschlußreich. Tote aller Konfessionen und Weltanschauungen liegen im weiten Komplex um Powązki am nordwestlichen Stadtrand begraben. Neben dem Hauptfriedhof mit Mausoleen und Ehrenmälern verdienen die beiden evangelischen, der jüdische, der orthodoxe und der mohammedanische Friedhof besondere Aufmerksamkeit.

MAZOWSZE – MASOWIEN

Die teils kornreiche, teils sandige Ebene des östlichen Zentralpolens in einem Gürtel von hundert bis zweihundert Kilometern um Warschau bildet das historische Mazowsze [Masowien]. Entlang der *Weichsel,* Hauptader des Landes, liegen Auwälder, das Naturreservat Puszcza Kampinoska, alte Städte wie Płock, Burgruinen gleich Czersk, ein romanisches Kloster in Czerwińsk. An der *Narew* erstrecken sich feste Handelsplätze, so Pułtusk oder Łomża, deren jetzige Bausubstanz noch auf die Zeit der unabhängigen Herzöge des Mittelalters zurückgeht. Zur Verteidigung ihrer Grenzen gegen Pruzzen und Litauer ließen die Landesherren im Norden die Festung Ciechanów, im Osten Liw errichten, heute beides konservierte Ruinen. Nach dem Aussterben der masowischen Piasten wurde das Land 1529 wieder mit Polen vereinigt. Das bis zum 15. Jahrhundert nur schwach bevölkerte Randgebiet bekam erst spät die Wirkung der Gotik zu spüren und bildete dann einen trotz pommerscher Einflüsse bodenständigen, eher massiven, einfachen Stil aus. An einigen Wehrkirchen abseits moderner Hauptstraßen sind diese zur Renaissance überleitenden Formen noch gut zu erkennen. Von den zahlreichen Edelhöfen aus jüngerer Vergangenheit errang Chopins *Żelazowa Wola* Weltgeltung. Manch ein anderer kleiner «dworek» der niederen Szlachta wird dem wachen Reisenden begegnen, ebenso schmucke Magnatenpaläste – die barocken Nieborów und Otwock – sowie eine Reihe klassizistischer und romantisierender Residenzen. Ein Relikt bunter Volkskunst zeigen die Kurpie, südlich Ostrołęka und Łomża. Das wald- und sumpfreiche Gebiet zwischen *Narew* und *Bug* war zu alt- polnischer Zeit von freien Bauern besiedelt, die spezifische Trachten und Bräuche entwickelten. Hölzerne Gehöftformen trifft man heute noch an, ebenso wie farbenfrohe Stickereien, doch schwindet zunehmend die unverfälschte Urwüchsigkeit, die uns noch vor drei oder vier Generationen Oskar Kolberg, dann Zygmunt Gloger beschrieben. Flachpolens hübscheste Bauernkleidung stammt aus Łowicz westlich von Warschau.

Warschau–Łódź

Die Strecke von Warschau nach Łódź führt durch eine zwar flache, aber doch abwechslungsreiche Ebene, von grünen Hai- nen durchzogen; Weiden wachsen entlang der Wege. Es ist ein fruchtbares Ackerland, über dem an Sommerabenden leichte Dunstwolken schweben, während die blutrote Sonne am Horizont verschwindet. Nimmt man die Seitenstraße über Kampinos, bleibt rechter Hand der sumpfige *Naturpark,* wo bis heute noch einige Elche leben.

Fünfzig Kilometer von der Hauptstadt liegt ein Zielpunkt der Musikliebhaber aus aller Welt, der kleine Edelhof zu *Żelazowa Wola* mit typischer Säulenfassade, Geburtsort Fré- déric Chopins. Hier verbrachte der Komponist mehrmals die Sommerferien, bis er 1830 Polen für immer verließ. Unter dem Patronat zweier Männer, des Virtuosen und ersten polni- schen Ministerpräsidenten Ignacy Jan Paderewski sowie des Generals Sosnkowski, wurde 1931 der einstöckige «dworek»

85   Żelazowa Wola, Chopins Geburtshaus

zur Gedenkstätte ausgestaltet. Die Inneneinrichtung ist freilich nicht echt, doch stammt sie aus der Zeit des Biedermeier und versetzt den Besucher in die Atmosphäre von Chopins Jugend. Der romantische Park am Utrata-Flüßchen trägt zum Reiz des Ganzen bei, um so mehr wenn man Gelegenheit hat, an einem der von Meisterhand ausgeführten Klavierkonzerte teilzunehmen. In der nahen Wehrkirche zu *Brochów* aus der Mitte des 16.Jahrhunderts, zwei Rundtürme an der Vorderseite, einer an der Apsis, heirateten 1806 Fryceks Eltern; 1810 wurde hier der Neugeborene getauft.

Lowicz an der im September 1939 heißumkämpften Bzura war eine mittelalterliche Gründung der Gnesener Erzbischöfe, später ein wichtiger Marktplatz. Heute wird um das schmucke Aussehen des von Häusern des Rokoko und Klassizismus gesäumten Städtchens besondere Sorge getragen. Inmitten eines großen Platzes erhebt sich die ursprünglich gotische, nunmehr hochbarocke *Kollegiatskirche* mit drei Schiffen, zwei Türmen und einer Reihe kunstvoll ausgestalteter Seitenkapellen. Seit der Renovierung strahlt die Kirche leuchtendes Gold aus. Die Grabplatten von fünf Erzbischöfen geben den Stil der Renaissance, des Barock bzw. des Rokoko wieder. Das klassizistische *Rathaus* [1825–1828] erinnert an die Tage Kongreßpolens ebenso wie das Postgebäude auf dem Kościuszko-Platz. Die barocke Piaristenkirche, die gotische Heiligengeistkirche, die Komplexe der ehemaligen Bernhardiner- und Dominikanerklöster, Tylman van Gamerens Missionsbrüdergebäude, endlich das Regionalmuseum mit ethnographischen Exponaten, dahinter eine Freilichtausstellung der zentralpolnischen Bauernarchitektur runden das Bild des

87 *Barockschloß Nieborów*

meist verschlafenen, in der Hauptsaison von überwiegend inländischen Touristen überlaufenen Ortes ab. Insbesondere die farbenprächtige Fronleichnamsprozession führt jedes Jahr zahlreiche Besucher aus der Hauptstadt herbei.

Vom Feingefühl der alten polnischen Oberschicht zeugt der nahe Schloß- und Parkkomplex von *Nieborów*. Tylman van Gameren, Barockarchitekt holländischer Herkunft, errichtete hier 1690–1696 eine elegante, in die waldige Umgebung eingebettete Residenz für den Kardinalprimas Radziejowski, einen Verächter eitlen Tands ebenso wie übertriebener Großmannssucht. Mitte des 18. Jahrhunderts erwarb Fürst Oginski, Großhetman von Litauen, den Besitz. Als Barer Konföderierter und entschiedener Gegner Rußlands mußte der Kunstfreund jedoch Polen verlassen. Sein masowisches Gut kaufte ihm 1775 ein anderer litauischer Magnat ab, Michał Radziwiłł. Nun wurde die Einrichtung nach damaligen Begriffen modernisiert, man fügte Wirtschafts- und Verwaltungsgebäude, Brauerei und Orangerie hinzu. Szymon Bogumił Zug ließ hinter dem Schloß einen weiträumigen, von einem Kanal durchzogenen, englischen Landschaftspark erstehen, während sich an der Vorderseite bis heute ein französischer Garten im Stil Le Nôtres ausbreitet.

An den Säulen und Plastiken, die uns immer wieder während des Parkspaziergangs begegnen, tritt der Kult des klassischen Altertums stark zum Vorschein. Manche Stücke sind tatsächlich altrömisch, so der große, aus Italien hergeschaffte Sarkophag an der Hauptallee. Die Bäume, einige sogar indischer Provenienz, spenden auch an heißen Tagen angenehme Kühle.

Bis 1945 blieb Nieborów in Radziwiłłschem Besitz, dann wurde es verstaatlicht und dem Warschauer Nationalmuseum unterstellt. Die Schauräume bilden ein für Polen seltenes Beispiel intakt erhaltener Schloßeinrichtung; manche Objekte stammen allerdings aus zusammengetragenen Musealbeständen. Helene Radziwiłł erwarb vor zweihundert Jahren die Antikensammlung, deren bedeutendstes Objekt der vom Dichter Konstanty Ildefons Gałczyński lyrisch besungene Kopf Niobes bildet, der unglücklichen Mutter, Tochter des sprichwörtlich gequälten Tantalos. Polnische und englische Möbel aus Rokoko und Biedermeier, Magnatenporträts von Bacciarelli, Vigée-Lebrun, Lampi oder Pitschmann, Riberas Greisenkopf oder des älteren Brueghel Flußüberquerung sind dem Mäzenatentum der Schloßherren zu verdanken. Wedgwood-Keramik, Meißner und Sèvres-Porzellan zeugen ebenso vom Lebensstil wie die hervorragende Bibliothek.

Heute dient ein Flügel der Residenz dem Polnischen Schriftstellerverband als Ferienheim und Tagungszentrum; noch unlängst sorgten dort ehemalige Angestellte des Fürsten für das Wohlergehen der Gäste. Die Masse der Museumsbesucher mit ihren Gewerkschafts- und Jugendgruppen entspricht hingegen der heutigen Gesellschaftsstruktur. Aus Gründen der Muße wie der mittäglichen Verköstigung scheint es ratsam, für Nieborów einen Wochentag zu wählen. Dann läßt es sich auch im romantischen, vier Kilometer entfernten Park von Arkadia, zwischen Dianatempel, Gotischem Haus und Tempel des Hohenpriesters, gemütlich lustwandeln.

Nun geht es weiter in die Tuchmetropole Łódź oder zurück nach Warschau; so oder so kann man unterwegs, die Südroute wählend, über *Skierniewice* fahren, eine barock-klassizistisch anmutende Kleinstadt. Alte Bäume umrauschen das einst erzbischöfliche Palais; das Jagdschlößchen am Ende des Parks gehörte den russischen Zaren. Hier, an der historischen Zugstrecke Warschau–Wien, empfing Alexander III. die benachbarten Souveräne Franz Joseph I. und Wilhelm II. 1884 zum

Spätgotische Kirche in Zakroczym

Dreikaisertreffen. Der Wunsch Bismarcks, solcherart das
durch Balkanrivalitäten gefährdete osteuropäische Bündnis
zu zementieren, trug jedoch keinerlei Früchte. Von bleibender
Bedeutung für das Land war dafür die Eisenbahn. 1835 grün-
deten zwei wagemutige Adelige, die Brüder Łubieński, eine
Baugesellschaft. Überinvestitionen zu Anfang, dann plötzli-
cher Geldmangel verursachten 1840 einen Finanzkrach. Endlich konnte 1845 der erste, hundert Kilometer lange Schienen-
strang auf polnischem Boden zwischen Warschau und Rogów
dem Verkehr übergeben werden. Grundlegende soziologische
Veränderungen, dank dem rasch expandierenden Schienen-

netz, das Tausenden Arbeit und Brot gab, waren die natürliche Folge. Noch heute steht der klassizistische Bahnhof von Skierniewice, ein Erbe früher Pioniertage.

Warschau–Płock

Den hundertzwanzig Kilometer langen Weg an der Weichsel von der neueren zur älteren Hauptstadt Masowiens sollte man nur bei großer Eile ohne Halt durchmessen. Schon in *Jabłonna* gemahnt das anmutige Rokokoschlößchen an den jüngeren Bruder des letzten Polenkönigs, der als Płocker Oberhirte 1775–1779 von Domenico Merlini die kleine Sommerresidenz im Grünen errichten ließ. Dem Bischof und späteren Kardinalprimas Michał Jerzy Poniatowski verdankt nun die Polnische Akademie der Wissenschaften ihren beliebten Tagungsort.

Streng martialisch blickt an der Mündung der Narew in die Weichsel die Festung *Modlin* auf den Vorbeifahrenden herab. Die Grundstruktur rührt von den Tagen Napoleons her. Nach der Kapitulation des Jahres 1813 bauten die Russen das Werk aus, tauften es Novogeorgevsk, umgaben es dann 1870–1875, schließlich 1911–1915 mit einem dichten Ring von achtzehn vermeintlich uneinnehmbaren Forts. Trotzdem gelang es den Deutschen, 1915 die zaristische und 1939 die polnische Besatzung nach hartnäckigen Kämpfen zur Aufgabe zu zwingen. Vorbei an diesem Monument trauriger Zeiten, unterbrechen wir die Fahrt im nahen *Zakroczym,* einem der ältesten Orte Masowiens. Die Piastenherzöge hielten hier Versammlungen ab; 1387 erließ Janusz I. seine Gesetzessammlung. Noch erinnert die spätgotische, von der Renaissance teilweise geprägte Pfarrkirche an die einstige Herrlichkeit. Der ruhige, typisch mittelpolnische Provinzort verfügt auch über eine barocke Kapuzinerkirche. Die Uferpromenade eröffnet malerische Rundblicke des bedächtig-breiten Weichsellaufs und der weiten Auwälder jenseits des Flusses.

Etwas abseits der Hauptstraße, hoch über der Weichsel, die zwei romanischen Türme von weitem sichtbar, erhebt sich das Augustinerkloster *Czerwińsk.* Trotz gotischer, barocker und neugotischer Umgestaltungen behielt die dreischiffige Basilika im wesentlichen ihr ursprüngliches Antlitz. Die Apsis mit dem Kirchenschatz, das Hauptportal, einige Säulen, die Fresken der Gekreuzigtenkapelle legen ein beredtes Zeugnis von der Romanik im piastischen Polen ab. Die farbigen Wandmalereien wurden allerdings erst 1951 unter einer gotischen Oberschicht hervorgekehrt. Nun erkennt man deutlich die Arche Noahs, Leidensszenen des Neuen Testaments und Heiligengestalten. Der Kunstmäzen Masowiens, Alexander von Malonne, stützte sich auf die Vorbilder seiner wallonischen Heimat. Czerwińsk, Wirkungsstätte gelehrter Mönche, bekam später auch politische Bedeutung. 1422 gewährte hier König Władysław Jagiełło dem Adel Privilegien, die sich auf die Unantastbarkeit des Besitzes, auf die Gerichtsbarkeit und das Verbot der Gewaltenkumulierung bezogen.

Das angrenzende Klostergebäude rühmt sich dafür seiner spätgotischen Fresken, des Schmucks der Christophoruskapelle. Von den beiden steinernen Portalen wirkt das östliche noch gotisch, das westliche schon der Renaissance verhaftet. Die friedliche Umgebung, eine freundliche Ruhe, die so viele ehrwürdige Ordensbauten in Europa ausstrahlen, wird noch deutlicher empfunden, blickt man bei leichter Brise an späten

93   Der Dom zu Płock

Nachmittagsstunden über die kleinen Häuser des Orts hinweg zum Fluß, hie grüne Inselchen, dort ein Boot, ein paar Fischer oder fröhlich badende junge Menschen.

Die Piastenpfalz *Płock* hält uns nun für mehrere Stunden fest. Zur Übernachtung bieten sich einige Hotels an, es läßt sich leicht etwas länger bleiben, spazierengehen, die Atmosphäre genießen. Die Straßen- und Eisenbahnbrücke vermittelt ein Panorama des breiten Domhügels. Der imposante Kirchenkomplex, Mauern und Türme der einstigen Burg stellen eines der lagemäßig schönsten Architekturensembles von ganz Polen dar. Ausgrabungen bezeugen eine vorromanische Wehrsiedlung; auf dem Hügel befand sich vor der Christianisierung eine heidnische Kultstätte. Um 1075 wurde Płock Bischofssitz; von ihrer zentralen Lage als Handelsplatz an der Weichsel wie auch im Ost-West-Verkehr bezog die Stadt ihre damalige Schlüsselstellung innerhalb Polens. Vornehmlich zwischen 1079 und 1138, unter Władysław Herman und Bolesław Krzywousty, blühte Płock auf. Spätmittelalterlicher Wohlstand, in der regen Festungsbautätigkeit Kasimirs des Großen deutlich gemacht, erfuhr seinen Höhepunkt nach dem Zweiten Thorner Frieden, als Polen die Weichsel bis zur Ostsee ungehindert beschiffen konnte. 1495 wurde Płock Wojwodschaftshauptort; nach fast zweihundertjähriger Unterbrechung kehrte es nun 1975 zum gleichen Rang zurück. Mittels Handwerk und Zunftwesen, Mühlen, Brauereien wie Textilmanufakturen, durch die Kultur der Klosterschulen, behauptete sich der Binnenhafen bis zu den Schwedenkriegen. 1793 bedachten die Preußen Płock mit Kammeramts- und Regierungspräsidium. Departementssitz im Herzogtum Warschau, kam es 1815 an Kongreßpolen. Als mittlere Provinzstadt führte Płock zur Zarenzeit insgesamt beschauliche Tage. Während der Zwischenkriegsjahre einer seitlichen Bahnlinie angeschlossen, gewann es erst nach 1960 durch die Erstehung des petrochemischen Kombinats an landesweiter wirtschaftlicher Bedeutung. Im Kern unzerstört, ziemlich erfolgreich renoviert, erfreut sich Płock eines von barocken wie klassizistischen Kirchen, Amts- und Wohnhäusern gesäumten Zentrums sowie zweier wohlbestückter Museen, alles in reizvoller Umgebung.

Der Dom spiegelt mehrere Stilepochen wider; die ursprüngliche Kreuzform stammt aus der Romanik, doch deuten die gotischen Türme auf das 15. Jahrhundert hin, die Kuppel weist Renaissanceformen auf, während die Altäre barock sind. Das Hauptportal aus der Zeit vor dem Ersten Weltkrieg drückt wiedererweckte Bauformen der späten Jagellonenära aus, ebenso wie die Königskapelle.

Gegenüber, im Uhrturm, sind noch die Reste des romanischen Pallas von Władysław Herman sichtbar. Auch der Szlachta-Turm erinnert noch an den ehemaligen Herrschaftssitz. Die Räume des angrenzenden Benediktinerinnenklosters dienen seit 1971 musealen Zwecken; schon 1821 wurde in Płock die erste ständige Ausstellung eröffnet. Numismatik, historisches Glas, vor allem aber Malerei, Keramik und Möbel des polnischen, hier zumeist «secesja» genannten Jugendstils mit hervorragenden Werken etwa Mehoffers, Wyspiańskis und Witkacys sorgen für den guten Ruf des Museums. Romanische Evangeliare, wie der goldene Kodex von Pułtusk, Schmiedearbeiten der Volkskunst geben einen Überblick der reichen Kulturgeschichte Masowiens. Abgesehen von diesem staatlichen Museum bietet das kirchliche gute Plastiken des ausgehenden Mittelalters und der Neuzeit, liturgische Gewänder wie auch archäologische Funde; als Kuriosum gelten die bunten Gürtel, die zum einstigen Kostüm des Szlachcic gehörten.

Masowische Volksschnitzer

Vom Geist des Klassizismus ist der Bischofspalast am Plac Narutowicza ebenso geprägt wie das Rathaus auf dem Plac Nowotki, samt umliegenden Häusern, die farbenfrohe Grodzka, die Kolegialna oder die Józefa Kwiatka. Wesentlich barocke Züge tragen die steil den Fluß überragende Bartholomäuskirche und die zu beiden Enden der Altstadt etwas abseits befindlichen Klöster, das der Reformaten im Westen, das der Benediktiner im Osten. Originell mutet die 1810 errichtete Synagoge [Kwiatka 7] oder die Freimaurerloge aus den Tagen der Aufklärung [Kościuszki 28] an. Inmitten dieser baumreichen, von breiten Alleen durchzogenen Stadt, deren

Zentrum als Fußgängerzone mit Geschäften und Lokalen eingerichtet ist, befindet sich der Sitz der Mariawiten, einer kleinen, aber rührigen Religionsgemeinschaft. Die 1893 gegründete Vereinigung wurde infolge ihres schwärmerischen Muttergotteskults wie auch wegen anderer dogmatischer Abweichungen 1906 vom Papst exkommuniziert. Durch die russische Regierung eifrig unterstützt, betrieben die altkatholischen Sektenmitglieder Sozialarbeit, wobei Priester und Nonnen heiraten durften und als Vorbilder christlichen Familienlebens aufzutreten versuchten. Das blaugetünchte, längliche Gebäude der Mariawiten ist englischer Neugotik nachempfunden.

Am Platz des Sejmmarschalls Stanisław Małachowski gibt es in den Mauern des ehemaligen Jesuitenkollegiums die älteste Schule Polens, bereits 1180 bei der Michaelskirche entstanden, bis 1793 Eigentum der Kirche. Vorher führte die Gesellschaft Jesu hundert Jahre lang den Unterricht. 1773 gründete die Nationale Erziehungskommission hier ein weltliches Gymnasium, das bis heute, stolz auf seine Tradition, fortbesteht.

Vom Aussichtscafé des PTTK-Heims, zwischen Teatralna und Piekarska, reicht der Blick zum Amphitheater und zu den grünen Hängen hoch über dem Weichselufer. (PTTK-Heime sind staatliche Touristenherbergen.)

Nun könnte man südlich des Flusses über Sochaczew und Żelazowa Wola nach Warschau zurückkehren. Wird auf der Rückfahrt wieder die Nordstrecke benützt, betrete man die Hauptstadt vom rechten Ufer her über Nowy Dwór Mazowiecki. Unterwegs weist eine Tafel zur stillen Waldlichtung bei *Palmiry,* dem Friedhof für eintausendachthundert Opfer des Naziterrors, Angehöriger der geistigen und politischen Elite des Volkes aus allen weltanschaulichen Lagern.

Warschau–Czersk

Unter dem Schutz einer weiten, von uralten Laubbäumen und reichem Gestrüpp verschönten Aulandschaft liegt das barocke Bieliński-Schloß *Otwock.* Der Blick vom Gittertor am Parkeingang muß uns genügen, denn die friedlich dastehende Adelsresidenz dient nun als Besserungsanstalt für schwererziehbare Mädchen. Kein überzeugender Widmungszweck, doch wurde das halbverfallene Gemäuer wenigstens renoviert. Der nahe, von Fichten und Sanddünen umgebene Kurort wird wegen seines gesunden, trockenen Klimas von den Warschauern geschätzt. Kaum fünfzehn Kilometer südwestlich führt eine Brücke nach *Góra Kalwaria* und Czersk. Der «Monte Calvaria» aus der Zeit Sobieskis stellt selbst für Polen einen Rekord an Frömmigkeit dar. Entlang der kreuzförmig zusammentreffenden drei Straßen, der Kalwaryjska, der Dominikańska und der Pijarska, liegen fünfunddreißig Kapellen. Außerdem gibt es noch drei Sakralbauten größeren Ausmaßes, Pfarrkirche, Bernhardinerkirche und Antoniuskapelle.

Vor Hitler lebte neben den Christen eine bedeutende Judengemeinde in Góra Kalwaria. Sogar ein Wunderrabbi residierte hier früher; die Juden der mittelpolnischen Kleinstädte suchten bei ihm Rat und Hilfe.

An fernere Epochen erinnert uns, auf einem flachen Sockel stehend, die mächtige Burgruine *Czersk,* deren drei Wehrtürme noch heute Respekt vor dem ersten Sitz der Herzöge Masowiens einflößen. Die jetzige, seit den Schwedeneinfällen zerstörte Weichselfestung war das Werk Konrads, des Berufers der Deutschen Ordensritter, bald nach 1200. Das heutige

99   Kleinstädtische Beschaulichkeit in Pułtusk

Dorf läßt kaum den Verdacht aufkommen, daß hier vor sechshundert Jahren eine Stadt bestand, die noch während des Goldenen Zeitalters ob ihrer Textilmanufakturen und Bierbrauereien hoch geschätzt wurde.

Warschau–Ciechanów

Vielen Liebhabern der Vergangenheit gilt *Pułtusk,* wegen der malerisch den Altstadtkern umfassenden Narewarme, als Venedig Masowiens. Mag diese Bezeichnung lokalpatriotischer Überschwenglichkeit entspringen, die Lage wirkt lieblich; ein echter Venezianer namens Giovanni Battista hat die gotische Pfarrkirche geschickt zur Renaissance übergeleitet, in einer für ganz Masowien beispielgebenden Art. Um den weiten Marktplatz scharen sich alle Sehenswürdigkeiten. Am Süden-de steht das ursprünglich gotische, dem gegenwärtigen Aussehen nach klassizistische frühere Bischofspalais, heute Dom Polonii, Haus der Auslandspolen. Der Renaissanceturm des Rathauses beherbergt ein historisch-ethnographisches Regionalmuseum. Die barocke Jesuitenkirche samt Kolleg, die heterogene Reformatenkirche gehören ebenso zum Stadtbild wie die beiden übriggebliebenen gotischen Wachtürme.
Agrarprodukte, Holzwaren und Pferdehandel blühten hier schon vor einem halben Jahrtausend. Verdienstvoll für Polens Kultur erwies sich die 1440 entstandene höhere Lehranstalt, deren Führung 1566 von der Gesellschaft Jesu übernommen wurde. Der strenge Moralprediger Piotr Skarga, ein polnischer La Bruyère, trug vor, auch der Bibelübersetzer Jakub Wujek zählte zu den Pädagogen. Der Poeta Laureatus Maciej Sarbiewski verdankte seine Ausbildung den Pułtusker Patres, gleichermaßen Sigismund des Alten Kronhetman und Strate-

ge Jan Tarnowski, ein brillanter Verfechter prohabsburgischer, antitürkischer Politik. Zur Glanzzeit der späten Jagellonen und frühen Wasa erfreute sich noch die Narewstadt einer gutgehenden Druckerei, bis auch hier die große Sintflut eine lange Epoche ungewollten Dornröschenschlafs brachte.

Dem Nordwesten zusteuernd, gelangt man nach einer halben Stunde zum hübschen neugotischen Schlößchen *Opinogóra,* tief im wuchernden Grün des alten Parks versteckt, daneben ein hundertjähriges Kirchlein mit Gräbern der Grafen Krasiński. *Zygmunt,* einer der drei Nationaldichter der polnischen Romantik, erhielt die kleine Residenz als Hochzeitsgeschenk seines Vaters Wincenty, zunächst Napoleons, dann des Zaren Alexander treuen Dieners. Der meist in Paris lebende, kosmopolitische Sohn, durchdrungen vom konservativen Katholizismus eines Chateaubriand oder de Maistre, besuchte nur selten das Familiengut, mochte es auch sein stark «gotizisierendes» Schaffen nach Art Scotts oder Hugos erheblich beeinflußt haben. Zygmunt Krasiński war zeitlebens besessen von der Idee des Kampfes zwischen der christlichen alten und der antichristlichen neuen Welt. Die wahre Mission der Polen sah er darin, nach bester Tradition die Werke des Abendlands gegen die Sturmflut der Revolution zu verteidigen. Tragisch schien ihm dabei, daß gerade die Polen sich im November 1830 genötigt sahen, die Ordnungsmacht Rußland offen herauszufordern.

Das nahe *Ciechanów,* früher zentraler Roß- und Viehmarkt Masowiens, wird am Ortsrand von den Ruinen der Piastenburg, einer Flachlandfestung in morastigem Gelände, beherrscht. Von den großen Tagen des Erbauers, Herzog Janusz, oder von den häufigen Aufenthalten der Königin Buona Sforza geben nur mehr die zwei durch Mauern verbundenen Rundtürme ein schwaches Zeugnis ab.

Warschau–Białystok

Über die E 12 ist Białystok von Warschau aus binnen zweieinhalb Stunden leicht zu erreichen, legt man auf Abstecher keinen Wert. Wenigstens in Ostrów Mazowiecki, beim Hinweisschild Treblinka, sollte man jedoch nach rechts abbiegen. Neunzehn Kilometer entfernt liegt eines der bestialischsten Vernichtungslager des NS-Regimes. Achthunderttausend Juden aus ganz Europa wurden in *Treblinka* ermordet, nachdem die Schergen sie aller Habseligkeiten beraubt hatten. An diesem Ort der Massenvergasung brach im August 1943 ein Aufstand der Hoffnungslosen aus, die wenigstens mit Würde sterben wollten. Die Nationalsozialisten machten daraufhin das ganze Gebiet dem Erdboden gleich, um die Beweise ihrer Untaten verschwinden zu lassen. 1964 entstand auf dem einstigen Lagerbereich ein Mausoleum; Granitsäulen erinnern an die Getöteten aus neun Ländern.

Verfolgt man statt dessen die Nordwestroute über Pułtusk, stößt man in *Ostrołęka,* dem Ort einer blutigen Verteidigungsschlacht der Polen gegen die Russen 1831, auf das hochbarocke Wehrkloster der Bernhardiner. An die Waffentaten des Artillerieobersten Józef Bem, des späteren Helden von Wien und Ungarn während des Völkerfrühlings, gemahnt ein Denkmal am Narewufer. Bem deckte den polnischen Rückzug nach dem glücklosen Tag des 26. Mai 1831.

Łomża bedeckt stufenförmig einen Hügel über dem Mittellauf der Narew. Wahrzeichen der Stadt ist die hohe Gestalt des spätgotischen Domes. Den Häusern merkt man Empirestil und Klassizismus an, doch sind viele nach den schweren Kriegszerstörungen neu aufgebaut worden.

Liebhabern der Volkskunst bietet *Nowogród* ein Freilichtmuseum der hölzernen Kurpie-Architektur. Ein kleines Dorf, möblierte Chatas mit Speicher, Windmühle, Stall, Bienenzucht, landwirtschaftlichen Werkzeugen und Musikinstrumenten, gibt eine Vorstellung vom Leben der Bauern dieser wald- und morastreichen Region.

Warschau–Terespol

1. über Siedlce–Biała Podlaska

Wer der Sowjetgrenze in Terespol/Brest zusteuert, kann dies auf zwei verschiedenen Wegen tun. Die Hauptstrecke E8 erlaubt es, Siedlce und Biała Podlaska zu besichtigen, während die etwas weitere Seitenstraße über Liw, Węgrów und Drohiczyn führt.

Siedlce, eine Stadt des 18. und 19. Jahrhunderts, wird ein wenig vom Rokoko, hauptsächlich jedoch vom Klassizismus bestimmt. Seit langem erfüllt es die Rolle eines Verwaltungssitzes mittlerer Größe, woran Post, Gymnasium, Theater und Gericht erinnern. Hervorstechendes Merkmal ist das Rathaus aus der Ära Stanisław Augusts, von einem originellen Turm überragt. Wegen der Atlasfigur an der Turmspitze verlieh man dem Gebäude den scherzhaften Beinamen Jacek.

Die Hetmansgattin Alexandra Ogińska machte das schmucke Palais von Siedlce zum polnischen Chantilly. Die mondäne Gesellschaft traf sich vor zweihundert Jahren gerne bei den Ogiński, deren Geschmack und Freigebigkeit geistvolle Konversation, Spiele, Festmahle und Bälle zu verdanken waren. Der berühmte, englische Landschaftspark verfiel später zusehends; heute dient er den Einwohnern als angenehme Grünfläche; im Palais amtieren die Wojwodschaftsbehörden.

Biała Podlaska wiederum weist noch Fragmente des Radziwiłłschen Schlosses auf, die nur noch eine Teilvorstellung versunkener barocker Glorie geben. An den Kirchen erkennt man aber die großzügige Hand der fürstlichen Spender.

2. über Liw–Węgrów–Drohiczyn

Urwüchsiges Ostpolen, mitsamt dem galizischen Süden wohl das stimmungsmäßig Ansprechendste im ganzen Land, lächelt uns auf diesem Straßenstück entgegen. Eine Autoreise ist zwar am bequemsten, doch verliert viel, wer nie mit Personenzügen oder Bussen entlegene Winkel aufsucht. Gerade der breite Grenzsaum zwischen den Mooren Litauens bis hinunter zu den Schafweiden der Ostbeskiden läßt sich intensiver genießen, lebt man unmittelbar unter den Menschen. Moderner wird es überall, denn ein riesiger Sprung vorwärts gelang während der letzten zehn oder fünfzehn Jahre. Doch wird man dessenungeachtet dort, wo die Agrarstruktur noch den Ton angibt, traditionellen slawischen Bauerntypen und deren Lebensgewohnheiten begegnen. Die Leute sind freundlich, wenn auch grobkörnig, ältere Frauen tragen stets Kopftücher. Jüngere Leute kleiden sich, zumindest nach eigener Vorstellung, mondän, die Motorisierungswelle schreitet fort. Ein Jahrmarkt, der kleine Ortsplatz voll warenbeladener Pferdefuhrwerke, Bahnhofsbüffets oder verrauchte Gasthäuser mit laut bei Bigos, Bier und kräftigem Wodka debattierenden Männern, lassen das Herz höher schlagen. Welch herrlich frisches Brot zur Żurek-Suppe im bescheidensten Lokal! Auch das warme Essen, ohne jedes Raffinement natürlich, schmeckt echt und nahrhaft. Zu viel Kalorien flößen noch niemand Angst ein.

Die restaurierte Ruine der Burg *Liw,* nach den Worten des

105 Geiger in Biała Podlaska

Historikers Jan Długosz die stolzeste Feste Masowiens, hütete im Mittelalter die Grenze gegen Litauen. Jetzt befindet sich innerhalb der Mauern ein kleines Waffenmuseum. Viele Sagen von rastlosen Rittern und bösen Irrlichtern ranken sich um diesen Ort.

Das nahe *Węgrów* verdient mehr Beachtung. Die barocke Pfarrkirche Tylman van Gamerens mit Pallonis Polychromien, zwei Barockklöster, der alte evangelische Friedhof samt Holzkirche [1679] und die klassizistische Kirche der Evangelischen verraten eine bedeutsame Vergangenheit. Unter den Familien Kiszko, dann Radziwiłł, lebten zur Reformationszeit ungehindert Calviner und Arianer; lange durften sie Schule, Druckerei und Spital betreiben. Dem polnischen Faust Samuel Twardowski, der angeblich vor dem Teufel auf die Mondsichel flüchtete, gehörte der Überlieferung nach ein geheimnisvoller Spiegel, den wir heute noch in der Sakristei des Ortspfarrers vorfinden. Das Paradies der Protestanten, bis 1788 Tagungsort calvinischer Landessynoden, war auch ein wichtiger Umschlagplatz im Getreidehandel zwischen Kiew und Danzig.

Jeglichem Weltentrubel abhold, türmt sich über dem weichen Sandrücken des rechten Bugufers das uralte *Drohiczyn,* leicht erkennbar als Kreuzungspunkt zweier Kulturen, der lateinisch-polnischen und der orthodox-ostslawischen. Bis zum 13. Jahrhundert residierten hier reußische Fürsten, dann bemächtigten sich die Masowier des kleinen Binnenhafens, wurden aber bald vom Haliczer Daniel vertrieben, kehrten erneut zurück, gefolgt von den Litauern, nach denen die Krone Polen kam. Bis 1795 Sitz des podlachischen Wojwoden, 1795–1807 zwischen Österreich und Preußen geteilt, fiel dann Drohiczyn, ein weißrussisch-polnisch-jüdisches Sprachenbabel, unmittelbar an Rußland, das am Bug die Grenze zunächst zum Herzogtum Warschau, dann zu Kongreßpolen zog. Die neueren Stürme der Geschichte ließen die nichtpolnischen Elemente, das Judentum restlos, verschwinden, doch haftet die konfessionell-ethnische Synthese dem Stadtbild weiter an. Es gibt ein 1792 erbautes Gotteshaus der Orthodoxen, außerdem den typischen Barock polnischer Ostmarken, die Dreifaltigkeitskirche samt Jesuitenkolleg, die Marienkirche mit Franziskanerkloster, die Allerheiligenkirche neben der Ruine eines Schwesternhauses der Benediktinerinnen. Von der Góra Zamkowa, dem Burghügel, erstreckt sich ein weiter Rundblick über die Ebene, am Horizont feine Wellungen, hie und da Gehöfte, Baumgruppen, Kapellen, eine warmherzige, offene Landschaft.

In südöstlicher Richtung geht die Fahrt weiter, vor Siemiatycze nach rechts abzweigend, dann bis Konstantynów auf der Nr. 192, schließlich dem Lauf des Bug folgend bis zur Grenze. *Janów Podlaski,* in die hügelige Uferlandschaft eingebettet, bekam schon 1465 das Stadtrecht. Heute ein verschlafenes Dorf, sieht man doch an seiner schönen Dreifaltigkeitskirche mit dem Sarkophag des gelehrten Bischofs Adam Naruszewicz, daß ihm einst Höheres beschieden war. Sommerresidenz der lateinischen Oberhirten von Łuck, eines jetzt sowjetischen Ortes östlich des Flusses, verfügte Janów über ein Schloß mit Lindenallee. In der malerischen Grotte, so meint die Tradition, habe Naruszewicz seine Geschichte der polnischen Nation verfaßt. Jesuit und gemäßigter Staatsreformer, zählte der mit Deutschland, Frankreich und Italien wohlvertraute Historiker zum engsten Beraterkreis des letzten Königs. Beschwingt und witzig, schuf Naruszewicz aufklärerische Gedichte, antike, altpolnische wie westeuropäische Vorbilder ausnützend; er predigte Toleranz und soziales Bewußtsein.

Die berühmte Araberzucht am Ortsrand, von der Regierung 1817 gegründet, zieht Pferdeliebhaber aus vielen Teilen der Welt an. Das Gestüt kann frei besichtigt werden; für nahe Spazierfahrten gibt es auch Equipagen zu mieten.

Textilmetropole Łódź

Manch ein Reisender verbindet mit dem Begriff «Łódź» oder «Lodsch» höchstens den Namen einer großen Industriestadt, von etwas Häßlichem, das es zu meiden gilt. Wer möchte schon als Tourist zwischen rauchenden Schornsteinen und Textilfabriken lustwandeln? Dieses oberflächliche, auch unter Polen weitverbreitete Urteil beruht auf einem Mißverständnis. Wer sehenswert nur mit «jahrhundertealt» oder «herrlich gelegen» gleichsetzt, kann getrost um das polnische Manchester wie um das englische, falls er Großbritannien durchquert, einen weiten Bogen machen. Doch entgeht ihm dabei eines der aufregendsten und eigentümlichsten Schaustücke europäischer Architektur des Früh- und Hochkapitalismus. Dank einer Fügung der Geschichte blieb Łódź, sieht man von der barbarischen Zerstörung des Ghettos durch die Nationalsozialisten ab, im alten Bauzustand intakt erhalten. Klassizismus, Historismus und Sezession verleihen der Tuchmetropole ein Aussehen wie vor 1914. Zur Zarenzeit die Heimat vierer Nationalitäten und Konfessionen – Polen, Deutsche, Juden und Russen lebten hier neben-, manchmal auch gegeneinander – hat das heutige Łódź polnisch-katholischen Charakter. Anhänger des evangelischen, orthodoxen oder jüdischen

109 Fronleichnamsprozession im nordöstlichen Masowien

Glaubens bilden nur mehr eine winzige Minderheit, bleiben aber dem aufmerksamen Betrachter nicht verborgen.

Welch eigentümliche Kulturlandschaft! Bankpalais, Zinsburgen, neugotische Fabriken, großbürgerliche Prachtvillen, einstöckige Handwerkerhäuschen, wenige, jedoch protzige Kirchenbauten, kilometerlange kerzengerade Straßenzüge, Arbeitersiedlungen der Gründerzeit, hie und da sogar Parks und Grünflächen, über allem ein graugelber Himmel voller Ruß und Abgasen, den die Sonne aber zu durchscheinen vermag. Glücklicherweise liegt Łódź in der Flach- und Hügellandschaft Mittelpolens, wird häufig von Winden aufgefrischt, so daß die Luft viel erträglicher ist als im oberschlesischen Kohlenrevier.

Die «rote» Proletarierstadt, erst seit knapp einem Menschenalter Sitz mehrerer akademischer Lehranstalten, ermangelt trotz Opernhaus und Filmschule der intellektuellen oder künstlerischen Atmosphäre. Im Zentrum geht es zwar emsig zu, aber irgendwie freudlos. Die Arbeit diktiert alles, in den Kaffeehäusern trifft man kaum markante Gesichter. Auch das ausgezeichnete Restaurant des Grand Hôtels ließe sich nur schwer als Treffpunkt geistiger Eliten bezeichnen. Immerhin gibt es zwei hochinteressante Museen, das textilgeschichtliche und die Bildergalerie.

Die geheimnisvolle Romantik der Industriellen Revolution, deren Zeugen bereits Patina anhaftet, läßt uns auf Schritt und Tritt das Fieber von Spekulation, Gewinnsucht, Prahlerei, Ausbeutung, zugleich wagemutig großzügigen Unternehmergeistes und blutiger Streikbewegungen bis ins Mark verspüren. Die Wanderung durch eine nicht weit zurückliegende,

110   Romanisches Kirchenportal in Tum bei Łęczyca

dennoch so ferne Vergangenheit befriedigt unsere Nostalgie, wenn wir den Spuren Joseph Roths, Arthur Rubinsteins, Julian Tuwims und Władysław Stanisław Reymonts folgen. Trotz vergleichbarer Baureste in England, Belgien und Nordfrankreich steht doch Łódź europaweit in seiner Art einzig da. Vierhundert Jahre lang, bis nach dem Wiener Kongreß, war Łódź ein unbedeutendes Städtchen auf dem Landweg von Krakau nach Danzig. Liberale Reformer, Fürst Drucki-Lubecki und Stanisław Staszic, ergriffen die Initiative zur Entwicklung der jungen Textilindustrie in Mittelpolen, als deren Zentrum die Behörden des Kongreßkönigreichs Łódź auserkoren. Spinner und Weber aus dem preußischen Großpolen, aus Schlesien, Sachsen und den böhmischen Randgebieten wurden herbeigeholt. Neben diesen hochqualifizierten, meist deutschen Facharbeitern stellte man zahlreiche polnische Hilfskräfte aus der benachbarten Gegend ein. Während die Pläne zur Industrialisierung vom aufgeklärten polnischen Adel ausgegangen waren, lag das Finanzielle wesentlich in den Händen deutscher Unternehmer, die, durch gute Bedingungen und Kredite angelockt, nach Łódź kamen und es innerhalb eines Menschenalters zum wirtschaftlichen Mittelpunkt des Landes machten. Den zweiten starken Strom sozial äußerst differenzierter Einwanderer, vom Taglöhner bis zum Großkapitalisten, bildeten Juden aus den Kleinstädten Kongreßpolens, Litauens und Weißrußlands. Je gewaltiger die Massenproduktion zunahm, ab 1870–1880, um so größer wurde die Mehrheit der Polen in den unteren Schichten der Bevölkerung, mit einer stärkeren jüdischen und einer etwas schwächeren deutschen Minderheit. Die Oberschicht war überwiegend deutsch-jüdisch geprägt; die meisten Deutschen bekannten sich zum lutherischen Glauben. Polnische Unternehmer waren selten, hingegen bestand schon vor dem Ersten

Weltkrieg eine größere Schicht von Polen in den freien Berufen. Russen fand man vornehmlich bei der Beamtenschaft, bei Militär und Polizei. Die Einwohnerzahl stieg innerhalb eines Jahrhunderts um das Sechshundertfache.

Zunächst waren die Behörden bestrebt, eine planmäßige Stadtentwicklung zu sichern; das Zentrum, Łódź und Nowa Dzielnica [Neustadt] durchziehen regelmäßig lange Nord-Süd-Parallelstraßen mit kurzen Querverbindungen. Nach der Bauernbefreiung von 1864 strömten Tausende von Arbeitsuchenden heran, die vor allem im nördlich angrenzenden Dorf Bałuty hausten und dieses bald zu einem übelbeleumundeten, riesigen Elendsquartier machten.

Zu Beginn der industriellen Ära herrschten noch kleinere Manufakturen vor, Weißgerbereien, Baumwollspinnereien und Färbereien. Die Zukunft gehörte jedoch den mächtigen Fabriken, von denen manche seit vier Generationen ununterbrochen tätig sind. Erleben wir das berauschende Abenteuer dieses, um ironisch mit Reymont zu sprechen, «Gelobten Landes». Andrzej Wajda hat danach einen zwar kraß überzeichneten, aber packenden Film gedreht.

Da die Entfernungen ziemlich groß sind, empfiehlt sich eine Besichtigung in mehreren Etappen. Wer mit dem Auto kommt, erspart sich viel Mühe, wenngleich ein gründliches Kennenlernen der Sehenswürdigkeiten dieser eigenartigen Stadt nur zu Fuß gesichert ist. Am besten stellt man den Wagen hinter dem Grand Hôtel ab und spaziert nordwärts der Piotrkowska, Haupt- und Prachtstraße von Łódź, entlang über den Plac Wolności bis zur Ogrodowa, von dort zurück über die Gdańska bis zur Andrzeja Struga, der man nun nach

114/115   Alte Arbeitersiedlung in Łódź

Süden linker Hand bis zur Piotrkowska folgt. Von dort geht es wiederum nordwärts zurück zum Hotel. An der Piotrkowska nach rechts oder parallel zu ihr nach links, an der Wólczańska oder Tadeusza Kościuszki ebenso wie auf den West-Ost-Strassen Obrońców Stalingradu, Próchnika, Więckowskiego oder Zielona tun sich vor uns die typischen Lodzer Häuserzeilen auf, höher und stolzer auf der Piotrkowska, niedriger und bescheidener auf den übrigen Straßen.

Am kreisförmigen *Plac Wolności* [Freiheitsplatz] stehen klassizistische Gebäude aus der Zeit um 1830: zur rechten Hand die Garnisonskirche und das Archäologisch-Ethnographische Museum, zur linken das ehemalige Rathaus und jetzige Stadtarchiv. Auf dem Weg vom Hotel hierher gehen wir am neubarocken, reichverzierten Zinshaus Piotrkowska 51 vorbei, erblicken eine frühere Kreditanstalt mit Sezessionsfassade [Piotrkowska 43], ein typisches Wohnhaus von 1904 unter Nr. 37, das kuppelgekrönte Bankhaus mit Pflanzenschmuck [Piotrkowska 29], dann wieder das griechisch-klassizistische Bauwerk Nr. 13 oder das luxuriös eklektische Großbürgerhaus von Karl Scheibler Nr. 11, das zugleich Elemente der Gotik, der Renaissance und des Barock trägt. Die imposantesten Gebäude, der Fabrikantenpalast Izrael Poznańskis von 1888, nunmehr Stadtmuseum, daneben die riesige backsteinrote Zwingburg einer Poznańskischen Baumwollspinnerei, erstrecken sich an der Ogrodowa. Auch die Gdańska bietet viel Beachtenswertes. Das ehemalige Gefängnis der Zarenzeit [Nr. 13] ist der Sitz eines Museums der Arbeiterbewegung, mit Erinnerungen an die blutigen Unruhen von 1892 und 1905. Das kuriose Neurenaissancepalais der Poznański [1904] prunkt mit abwechslungsreicher, luxuriöser Einrichtung aus dem Jahr 1904 [Gdańska 32]. Das an seiner länglichen Form leicht erkennbare Gebäude bildet die Ecke zur 1 Maja-Straße, es ist heute allgemein zugänglich und dient der Musikakademie. Ein Stück weiter nach Süden erhebt sich schräg gegenüber [Więckowskiego 36] der an venezianische Canal-Grande-Residenzen gemahnende, glanzvoll ausgestattete Hauptpalast der Familie *Poznański*. Bereits 1931 öffneten die Eigentümer ihre herrlichen Sammlungen dem Publikum. Jetzt befindet sich hier das Kunstmuseum (Muzeum Sztuki), eines der reichhaltigsten in Polen. Außer häufigen Ausstellungen auf Zeit zeigt das Museum inmitten eleganter Salons eine ständige Galerie französischer, holländischer und italienischer Barockmaler, die bekanntesten polnischen Meister des Historismus und der Moderne, ebenfalls ausländische Expressionisten wie Léger, Ernst oder Nolde.

Auf einige weitere charakteristische Gebäude an der Piotrkowska sei noch hingewiesen. Die neubarocken Wohnhäuser Nr. 179 und Nr. 90, die Residenz des Industriellen Kindermann im Stil der Neurenaissance Nr. 151 [1910], das eklektische Fabrikantenpalais Heinzel [Nr. 104], nunmehr Sitz des Magistrats, das Handelskontor von 1909 [Nr. 100a], ein neugotisches Zinshaus [Nr. 99], das erste Lodzer Pressehaus Johann Petersilges von 1896, das außen wie innen stark überladene Bankhaus Maximilian Goldfeder [Nr. 77], sie alle besitzen Pendants in Wien oder Budapest, bilden aber hier als stolzes, homogenes Ganzes das Symbol eines selbstbewußten, arrivierten Patrizierstandes. Die Atmosphäre von Łódź verleiht ihnen einen neuromantischen Beigeschmack, der uns dort hinsehen läßt, wo wir anderswo achtlos vorbeigingen.

An *Julian Tuwim,* den vielleicht subtilsten polnischen Dichter unseres Jahrhunderts, Sohn armer jüdischer Eltern, erinnern die rechtwinklig zur Piotrkowska verlaufenden Gassen Nawrot und Tuwima, deren ärmlich-graue, zweistöckige Häuser aus der Jahrhundertwende doch schon mit ehrwürdiger Patina bedeckt sind. Ähnlich wirken die parallel zur lärmenden Piotrkowska unweit des Fabrikbahnhofs vorbeiführenden, ruhigen proletarisch-kleinbürgerlichen Straßen Henryka Sienkiewicza und Wschodnia.

In der Nähe des Grand Hôtels, das dank seiner alten Inneneinrichtung einem Museum gleicht, ziehen sich zwei stille Gassen hin, die Moniuszki und die Traugutta; hier stehen, etwas bescheidener als die Bauten der Piotrkowska, ehrbare Handels- und Wohnhäuser für weniger prominente Geschäftsleute. Die heutige Moniuszko-Straße war 1882–1905 Privateigentum Ludwig Mayers; das von griechischen Säulen und Statuen verzierte Haus an der beliebten Fußgängerpassage muß damals sehr elegant gewesen sein. In der Traugutta erinnert uns das Hotel Savoy an *Joseph Roth*; später, nach dem Besuch des Dichters, umgebaut, hat das Etablissement leider viel an Reiz eingebüßt. Eher nostalgisch sprechen uns die Kinos, Klubs oder Jugendzentren der Moniuszko-, Tuwim- oder Piotrkowska-Straße an, sei es nur wegen der schwerfälligen, intakt erhaltenen Goldstukkaturen, Samttapeten, Porzellanöfen oder Luster.

Am unteren Ende der Piotrkowska [Nr. 282], fast drei Kilometer weit in gerader Linie vom Plac Wolności, liegt am Reymont-Park das einzigartige, in den Räumen der ehemaligen Weißen Fabrik Ludwig Geyers [1839] untergebrachte Textilgeschichtliche Museum [*Muzeum Włókiennictwa*]. Die Entwicklung von Spinnerei und Weberei wird anhand von Werkzeugen, Maschinen und Geweben verschiedener Epochen gezeigt; Rohmaterialien werden ebenso vorgeführt wie Herstellungsverfahren.

Unweit des Museums, jenseits der Piotrkowska, steht die aus gelbem Ziegelstein errichtete, neugotische Kathedrale; dahin-

*Łódź. Prunkvoller Dachschmuck des Palais Poznański
in der Ogrodowa*

ter, am Stanisław-Worcell-Park, befinden sich zwei Prachtvillen im pseudoklassischen Stil der Jahrhundertwende. Weitere Industriedenkmäler erwarten uns in östlicher Richtung; über die 8 Marca gelangen wir zur Jana Kilińskiego, dort am gleichnamigen Park vorbei nach links, dann gleich nach rechts über die Targowa durch weitere Grünanlagen zum Plac Zwycięstwa, dem Siegesplatz, in die Nähe der bekannten Filmschule. Von da kommen wir südwärts, die Przędzalniana entlang, über Księży Młyn zur 8 Marca-Straße, die wir westwärts bis zur Weißen Fabrik zurückverfolgen.

Dieser Rundgang führt durch eine zugleich aktive – denn selbst die ältesten Fabriken arbeiten noch – und beschauliche Gegend. Hier gibt es wenig Wohnanlagen, dafür Industriebetriebe aus Backstein mit hohen, rauchenden Schloten und bizarren Eingangstoren. Dazwischen verstecken sich in teils noch gepflegten, teils wildverwachsenen Gärten die Residenzen der Unternehmer. Neben der eklektischen Prunkvilla Karl Scheiblers [Plac Zwycięstwa] erstreckt sich die Alte Fabrik [1855], 1861 Schauplatz eines wilden Maschinensturms aufgebrachter Arbeiter. In der Przędzalniana 72 [Wohnhaus mit angeschlossenen Wirtschaftsgebäuden] residierte der Scheiblersche Schwiegersohn und Betriebsdirektor Eduard Herbst. Auch hier kann man, wenn einmal die Renovierung abgeschlossen ist, das luxuriöse, goldtriefende Innere der Salons bestaunen.

Die Targowa und Tylna bildeten die Domäne der Familie Grohmann. An der Targowa beachte man die rötlich-neugotischen «Grohmann-Fässer» [Nr. 45], so genannt wegen der originellen Form des Fabrikportals; anfangs der Tylna erhebt sich die klassizistische [1851] Weiße Fabrik, dahinter die von Bäumen umgebene Villa Karl Grohmanns, heute ein Kinderheim.

Die älteste, fast ehrwürdig, aber klein wirkende Fabrik von Łódź ist die Kopischsche Weißgerberei aus der Zeit um 1825 [8 Marca Nr. 3]. Sie zeugt ebenso von Pioniergeist wie Księży Młyn, die Priestermühle, ein Beispiel Scheiblerschen Sozialwohnbaus von 1873. Im Anschluß an die strengen, schmucklos inmitten einer Allee angelegten, zweistöckigen Reihenhäuser befinden sich die alte Volksschule und das werkeigene Kaufhaus. Die Arbeiterfamilien konnten sich in der Siedlung selbst versorgen, so daß ihr Leben gänzlich im Schatten des Unternehmens verlief.

Haben wir uns am Anblick der ans alte Griechenland, ans Hochmittelalter oder an die italienischen Stadtrepubliken erinnernde Architektur von Landau-Gutenteger, Lande, Majewski und Chełmiński sattgesehen, erwarten uns noch andere Überraschungen: so die ersten Tuchmacherhäuschen an der oberen Piotrkowska oder die klassizistische, vom «Tuwim-Pferd» gekrönte Veterinärklinik in der Kopernika auf dem Weg zum alten Kalischer Bahnhof; die orthodoxe Kirche nahe dem Fabrikbahnhof, von einem zahnlosen russischen Weiblein bewacht, das kaum Polnisch radebricht; der Rynek Bałucki samt angrenzenden Gassen, die letzten Reste der ehemaligen, halb im Boden versinkenden Elendsviertel. All das gehört zu den charakteristischen Merkmalen der Stadt am Jasień-Flüßchen.

Das Gefühl von Melancholie und Vergänglichkeit, das einen hier nirgends verläßt, führt den Fremden auch zu den letzten Ruhestätten der «Lodzermenschen». An der Srebrzyńska, einer Verlängerung der Ogrodowa, liegen der protestantische und der orthodoxe Friedhof: hier deutsche und polnische, dort russische neben polnischen Grabinschriften. Kalt und streng blickt das mit Türmchen wie Spitzbogenfenstern versehene Mausoleum der Familie Scheibler; würdig, aber schwer beschädigt, soll es bald renoviert werden. Viele der Deutschen, die in Polen eine neue Heimat fanden und es hier zu Rang und Namen brachten, fühlten sich dem Gastland tief verbunden, dessen Sprache sie meist beherrschten. Der Sohn einer Fabrikantenfamilie betrachtete sich als Pole und wollte 1939 nicht die deutsche Volksliste unterzeichnen; er bezahlte dies mit dem Tod durch Erschießen.

Die kyrillischen Inschriften auf den Gräbern der Orthodoxen berichten von Offizieren und Beamten, die einstmals hier Dienst taten: Erinnerung an ferne Tage der Fremdherrschaft, denen niemand nachweint. Sanfte Schwermut herrscht hier wie stets im Schatten des Todes, doch packt uns nicht das Grauen wie im Osten der Stadt: dort, fern vom Trubel des Zentrums, zwischen Wojska Polskiego und Strykowska, dehnt sich ein anderer Friedhof aus, der das fürchterliche Schicksal Tausender im nationalsozialistischen Litzmannstadt symbolisch widerspiegelt, der jüdische. Wie jeder verfallene Friedhof wirkt auch dieser bedrückend. Die kuppelförmigen, neumaurischen Mausoleen der Poznański und Silberberg mit polnischen wie hebräischen Inschriften bröckeln langsam ab; der Blick des Besuchers muß sie erst wucherndem Gestrüpp entlocken. Hunderte kleiner Grabsteine, mit rituellen Zeichen versehen, lugen an vielen Stellen – häufig ungeordnet – aus dem Boden, inmitten der Bäume des alten Parks. Am Eingang und vereinzelt auch drinnen trifft man auf heutige, lebende Mitglieder der Lodzer Gemeinde; sie stehen da, als wären sie direkt von Joseph Roth geschaffen worden.

Wir sind wieder im Stadtzentrum; hier pulsiert das Leben, und was jung ist, wie die modernen Wohnviertel von Bałuty, wirkt fröhlich, energisch und zukunftsträchtig. Eine Abendvorstellung im neuen Opernhaus, dem Teatr Wielki am Plac Dąbrowskiego, unweit von Fabrikbahnhof und Grand Hôtel, lohnt sich durchaus. Die nach Warschau beste Oper Polens bietet gute Aufführungen und verfügt über ein kunstverständiges, kritisches Publikum.

Faszinierende Häßlichkeit? Industriemetropole mit unerwartet vielen Gesichtern? Oder gar versteckte Schönheit? Ohne bleibende Impressionen hat sicher niemand Łódź verlassen; Originalität läßt sich der Stadt jedenfalls nicht absprechen.

Schwach bevölkert, noch wenig industrialisiert, eine leicht wellige, weite Wald-, Seen- und Moorlandschaft, hölzerne Bauernhäuser, verfallene altpolnische Gutshöfe, etwas katholischer Kirchenbarock, hie und da die Zwiebeldächer orthodoxer Gotteshäuser, eine Handvoll erhaltener Synagogen, zwei Moscheen, russischer Provinzklassizismus, litauische, weißrussische, ja tatarische Minderheiten: die einstige Wojwodschaft Białystok bietet unverfälscht osteuropäische Impressionen. Den Polen erinnert das Land an heroische Aufstände und Partisanenkämpfe, sei es zur Zeit der Teilungen, sei es im Zweiten Weltkrieg, da die Natur stets reichlichen Schutz bot.

Vom sowjetischen Hinterland abgeschnitten, hat die Region bisher nur in der Hauptstadt Białystok stärkere wirtschaftliche, mithin auch bauliche Aktivität aufzuweisen. Der Litauen nahe Nordosten wurde dagegen zum Dorado für Anhänger des Wassersports, Ornithologen, Biberfreunde und naturverbundene Touristen ohne gehobene materielle Ansprüche. Es gibt nur wenige, oft weit voneinander entfernte Hotels; die neueren, wie etwa in Suwałki, sind freundlich und sauber, die Gaststätten bieten geschmackvolle Speisen. Gerade die Abgelegenheit macht den Reiz des Grenzgebiets aus; der alte Kolonisationsboden bietet eine originelle Kultursynthese, während die Natur uns das Wisentreservat im Urwald von Białowieża beschert hat.

Spät entstanden hier die ersten Siedlungen: Magnaten und Ordensbrüder organisierten das Land, bauten Augustów,

Sejny, Suwałki im Norden, Białystok, Tykocin und Supraśl im Süden. Zwischen dem 16. und dem 18. Jahrhundert erweiterten Bauern und Kleinadel polnischer Nationalität aus dem benachbarten Masowien stufenweise ihren Siedlungsraum. Um Sejny und Puńsk herum ließen sich Litauer nieder; bis heute sind beide Orte Mittelpunkte dieses baltischen, katholischen Volksstamms in Polen. Weiter südlich, der Grenze entlang, wohnen orthodoxe Weißrussen, die häufig einen von polnischen Ausdrücken stark durchsetzten Mischdialekt sprechen. Auch in Białystok selbst, das mit seinem prunkvollen Palast ganz im Schatten der Fürsten Branicki stand, gibt es noch Weißrussen. Eine seltene, verstreut in wenigen abgeschiedenen Regionen Osteuropas lebende Gruppe bilden die Altgläubigen großrussischer Herkunft, deren Vorfahren nach 1654 als Gegner der Nikonschen Staatskirche aus ihrer Heimat flüchteten. Hier sind sie auf ein halbes Dutzend kleiner Dörfer um Augustów und Suwałki verteilt, denen winzige Holzkirchlein mit rauchgeschwärzten Ikonen als Mittelpunkt dienen. Die Höfe, zu Schutzzwecken umfriedet, sind von hohen Toren verschlossen. Es gibt keine Geistlichkeit, dafür von der Gemeinde bestimmte Vorbeter; die Männer tragen Bärte und enthalten sich traditionell des Tabakgenusses.

Moslems begegnet man eine knappe Autostunde östlich von Białystok in zwei Dörfern unweit der Staatsgrenze. Es sind polonisierte Tataren, die zum Dank für ihre treuen Waffendienste von König Jan Sobieski Boden und Privilegien erhielten. Auch der letzte örtliche Mullah ist schon gestorben, so daß die winzigen Gemeinden nunmehr auf seltene Besuche des Warschauer Imams angewiesen sind. Ihrer Eigenart voll bewußt, fühlen sie sich als Polen islamischen Glaubens; von Zeit zu Zeit erhalten sie sogar den Besuch hoher polnischer und ausländischer Gäste.

Zwei historische Bevölkerungselemente wird man allerdings erfolglos suchen: die einst zahlreichen Juden und die wenigen, meist protestantischen Deutschen. Der nationalsozialistischen Ausrottungspolitik fielen nicht nur Tausende unschuldiger Menschen zum Opfer, sondern auch unersetzliche Kulturgüter. Die hölzernen, für Ostpolen so typischen Synagogen und die Ghettos wurden allesamt dem Erdboden gleichgemacht. Steinerne Bethäuser, so in der jahrhundertealten Judengemeinde Tykocin, zeitweise der bedeutendsten nach Krakau, oder in Sejny, sind der Zerstörung entronnen.

Die Trennungslinie zwischen den beiden Teilen des Jagellonenreichs, der Krone Polen und dem Großfürstentum Litauen, verlief einst quer durch das Land. 1795 bis 1807 war es preußisch, kam dann 1807 an das Herzogtum Warschau. 1815 verblieb Suwałki beim königlichen Rumpfpolen, während Białystok unmittelbar Rußland zugeschlagen wurde. Gleich nordwestlich befand sich Ostpreußen. 1918 gelangte das gesamte Gebiet an die neue polnische Republik, 1920 bildete sich dort unter dem Schutz der Roten Armee eine kurzlebige Rätediktatur. Im September 1939 nahmen die Deutschen Suwałki und überließen Stalin Białystok, das sie aber 1941 dem Generalgouvernement anschlossen. 1944/45 beließ die abermalige Grenzziehung die beiden Städte bei Polen, doch fiel das weitere Hinterland samt Grodno und Mariampol an die Sowjetunion, wofür das mittlere und südliche Ostpreußen mit Polen vereinigt wurden.

126/127   Flußlandschaft am Bug

Białystok

Ein langgezogener, niedriger Bahnhof aus der Zarenzeit empfängt den Ankömmling. Beleibte, korbbeladene Bäuerinnen mit Kopftüchern, alte Weißrussen mit Pelzmütze und hohen Stiefeln, unverändert seit anno dazumal, fehlen ebensowenig wie die ganz dem Heutigen verhaftete polnische Jugend. Ist einmal vor dem Bahnhofsgebäude das gutmütige Pfeifen der Dampflokomotive verklungen, so sehen wir uns einer modern expandierenden Stadt gegenüber, deren gleichförmige Hochhäuser überall in Polen stehen könnten. An der Stelle des Ghettos, eines der größten in Osteuropa, erheben sich Siedlungen aus den fünfziger und sechziger Jahren: nach dem Aufstand der verzweifelten Juden während dreier Augusttage von 1943 wurde das meist aus bescheidenen Holzbauten bestehende Viertel durch die SS systematisch zerstört.

Im Zentrum blieben etliche Zeugen der Vergangenheit erhalten, so inmitten der christlichen Altstadt das stolze *Barockpalais Klemens Branickis,* unter den Zaren ein adeliges Mädcheninstitut mit russischer Unterrichtssprache, samt seinen stilechten französischen Gärten. 1944 vernichtete ein Brand alle Innenräume, doch ließ die Restaurierung zumindest nach außen hin das «podlachische Versailles» in alter Pracht wiedererstehen. Perspektiven, Pavillons, Atlanten über dem Tympanon und Stiegenhaus gestalten den Komplex zur schönsten Residenz Polens aus den Tagen der Wettiner. Nunmehr beherbergen die Räume eine Medizinische Akademie; im einstigen Ballsaal finden standesamtliche Trauungen statt. Ähnlich wie im Berliner Reichstag Scheidemanns berühmten Balkon aus den Novembertagen von 1918 erblickt man hier den Balkon, von dem aus 1920 Julian Marchlewski die polnische Räterepublik ausrief.

Unweit vom Schloß bildet der geräumige Rynek Kościuszki das belebte Herz Białystoks, sauber, lauter frischgetünchte Häuser aus der späten Neuzeit, mitunter grell bemalt, gemäß der leider in Polen vorherrschenden Mode. Das *Regionalmuseum* im ehemaligen Rathaus [1745–1761] zeigt eine hervorragende, kleine Sammlung polnischer Malerei, die archäologischen, historischen und ethnographischen Abteilungen lassen die Vielfalt der Gegend erahnen. Die berühmten ostkirchlichen Fresken von Supraśl kann man hier bewundern, samt einem Modell der 1944 zerstörten Basilika. Dem Erfinder des Esperanto Ludwik Zamenhof sind mehrere Vitrinen gewidmet.

Die Architektur der umliegenden Gassen entstammt hauptsächlich dem Barock, dem Rokoko und dem Klassizismus, wie das Zeughaus, nunmehr Wojwodschaftsarchiv, das Spital, heute ein Kino, oder die Freimaurerloge, Sitz der Stadtbibliothek; die Backsteinkathedrale ist neugotisch. Das Museum der Arbeiterbewegung fand in einem kleinen Palais Platz. Das einstige Industriezentrum Westrußlands wies vor 1914 ein überwiegend jüdisches, etwas weißrussisches und ein wenig polnisches Fabrikproletariat auf, das sich während der Revolution von 1905 erhob. Der auf das Konto russischer Rechtsradikaler zurückgehende Pogrom verursachte 1906 einen Sturm in den Spalten der internationalen Presse.

Die mächtige orthodoxe Kirche [1846] erhielt 1910 eine reiche, ältere Kiewer Vorbilder kopierende Innenausstattung; heute bleibt sie meist geschlossen. Das gegenüberliegende Hotel Cristal empfiehlt sich als Etappe zur bescheidenen Nächtigung und zu durchaus schmackhaftem Essen. Insge-

130/131   Białystok, Palais Branicki

samt hinterläßt Białystok den Eindruck einer ruhigen, freundlichen, mit viel Grün gesegneten Provinzstadt, in der man nur mehr sporadisch alte Holzbehausungen antrifft.

Tykocin

Achtundzwanzig Kilometer westlich von Białystok, zwischen den weiten Auen des träge dahinfließenden Narew, liegt ein 1950 zum Dorf degradiertes Städtchen mit Kulmer Landrecht seit 1425. Es vereinigt heute die Vorzüge eines gemütlichen Touristentreffpunkts mit großen historischen Traditionen im alten masowisch-litauischen Grenzsaum. Von den Gasztołd ging *Tykocin* nach 1542 an Zygmunt August über, der hier eine große Wehrburg samt Hauptarsenal der Krone, Bibliothek und Schatzkammer errichten ließ. Zum ersten Starosten ernannte er den feinsinnigen Humanisten Łukasz Górnicki. Rasch kam Tykocin auch eine wichtige Rolle als Handelsplatz zwischen Ost und West zu. Brände und Belagerungen richteten viel Unheil an, so 1657 während des Beschusses der eingeschlossenen Schweden und deren polnischer Parteigänger unter Janusz Radziwiłł durch die Truppen des Hetmans Czarniecki.

Bereits vor jenen Tagen der «Sintflut» erhielt Tykocin zum Zeichen seiner Geltung Bauten, die heute noch den Geschichtsbeflissenen anziehen, doch gehen die meisten Monumente auf das spätbarocke Mäzenatentum Jan Klemens Branickis zurück. Von der Burg sind nichts als die Grundmauern erhalten, dafür weht die Luft Altpolens vom Marktplatz und

132   Orthodoxe Kirche im byzantinisch-eklektischen Stil

den angrenzenden, nur kopfsteingepflasterten Gäßchen, auf denen Gänse und Hühner umherspazieren. Munter gackert es einem um die Ohren; die einstöckigen Häuser sind aus Holz, der Lebensstil bäuerlich. Die breite Front der Pfarrkirche zur Heiligen Dreifaltigkeit [1742–1749], verbunden mit dem Friedhof, wird von nachdenklichen Figuren der Evangelisten bewacht. Das reichgeschmückte Kircheninnere zeigt auch veredelte Porträts des Spenderehepaars Branicki. Etwas abseits wirkt das Bernhardinerkloster mit Kirche schon ärmlicher. Dafür ist das Alumnat [1634–1637], Pensionistenheim für ausgediente Krieger, in Polen ein Unikum, ebenso das zweihundertjährige Standbild des stolz, aber gerecht dreinblickenden Heerführers Stefan Czarniecki in der Mitte des Hauptplatzes.

Von den wenigen alten Steinbauten – auch der Klassizismus ist hier vertreten – sticht westlich des Platzes die frühbarocke Synagoge [1642] hervor, einst Symbol des Reichtums der weithin bekannten Judengemeinde. Von den deutschen Okkupanten verwüstet, bildet das in Renovierung begriffene mosaische Gotteshaus mit seinem Turm, dem Rabbinatsgericht, durch seine gedrungene Form einen charakteristischen Blickfang. Almemor, Thoraschrein und Pflanzenpolychromien werden wiederhergestellt und dem Publikum zugänglich gemacht.

Am breiten Narew stehend, inmitten üppiger Vegetation, prägen wir uns das beste Bild dieses stillen Fleckens ein, sofern uns nicht die spätsommerliche Mückenplage schleunigst von den Schilfrohren verjagt.

135   Muselmanischer Friedhof in Kruszyniany

الله اكبر يارب

اعوذ بالله من الشيطان الرجيم
بسم الله الرحمن الرحيم
لا اله الا الله محمد رسول الله

Ś. p.

**POŁTORZYCKI
IBRAHIM**
syn CHALILA
z. 1. 32, zm. 23 VIII 1914.
Porucznik 69 p. p.
Padł w czasie
wojny światowej.
Stroskane rodzeństwo

Supraśl

Eine für Polens unierte Christen weitreichende Bedeutung erlangte nordöstlich Białystok das von hügeligen Wäldern umgebene *Supraśl*. In der Bibliothek des Basilianerordens befand sich ein altslawischer Kodex aus dem 11. Jahrhundert, für jeden Slawisten ein Begriff. Die kunstvollen Fresken der zunächst orthodoxen, dann Rom unterstellten Renaissancekirche im Białystoker Museum sind das einzige, was von der Monumentalbasilika den Krieg überdauert hat. Der festungsartige Klosterkomplex selbst, abgeschlossen von einem pompös barocken Einfahrtstor, besteht noch. Bereits 1824 wurden die Basilianer von den russischen Behörden enteignet, 1833 holte man den ersten Lodzer Tuchfabrikanten her. Die Familien Zachert, Reich, Buchholz und Auert ließen sich in Supraśl nieder und siedelten deutsche Arbeiter an, deren Spuren wir heute am evangelischen Friedhof und an einigen Häusern der frühkapitalistischen Gründerzeit entdecken.
Von diesem Erholungsort ist es nicht mehr weit zu einem kulturhistorischen Kuriosum, den Tatarensiedlungen.

Polnischer Orient

Fern von jeder Hauptstrecke, im ländlichen Idyll östlich von Białystok, stehen zwei Dörfer unter dem Zeichen des Propheten: *Bohoniki* bei Sokółka und *Kruszyniany* bei Krynki. Kein Liebhaber seltener Folklore, schon gar nicht ein motorisierter, sollte auf den Besuch dieser Orte, insbesondere des zweitgenannten, verzichten.
Von Krynki, einem lieblich ostpolnischen Städtchen mit Synagoge, orthodoxer Kirche, kleinen Holzgehöften sowie kotig-

breiten, von Gänsen und Truthähnen bevölkerten Gehwegen, gelangt man bald ins malerische *Kruszyniany.* Zwei leichte Erhebungen, von denen aus der Blick zu den wenige Kilometer entfernten Hügelketten auf sowjetischem Gebiet schweift, symbolisieren die beiden Religionsbekenntnisse: Orthodoxie und Islam. In einigen hundert Metern Abstand befinden sich hier das Kirchlein der Weißrussen mit Doppelkreuz und Friedhof, dort die Moschee mit zwei Kuppeltürmchen, einem unscheinbaren Minarett, ja drei Halbmonden, auf der Hinterseite den nach Mekka gerichteten Mihrab; drei Minuten zu Fuß, und wir betreten den Friedhof frommer Anhänger Mohammeds. Das Dorf weist wenig Modernes auf; hier nimmt der Alltag seit Jahrhunderten friedlich seinen Lauf. Nichthölzerne Bauten sind Ausnahme; die Mehrzahl der Christen spricht Weißrussisch. Träger des Polentums sind, außer wenigen zugereisten Katholiken, paradoxerweise die Tataren, deren ursprüngliches Idiom längst in Vergessenheit geriet. Die schadhaft gepflasterte Hauptstraße endet hier und bildet die einzige Verbindung zur Außenwelt, die alle paar Stunden mittels holpriger, längst überalterter Autobusse erreicht werden kann. Hat es geregnet, wird der Fußmarsch mühevoll, obzwar die Atmosphäre und die langsame, nicht unfreundliche Behäbigkeit der Menschen einen sofort in ihren Bann schlägt.

Eine ältere Frau, mit riesigem Schlüsselbund als Waffe, öffnet für Geld und gute Worte die zweihundert Jahre alte, von ostslawischer Architektur stark geprägte Moschee. Drinnen der kleine Mimbar, eine Art Kanzel, die Teppiche und Wände freundlich grün, erneuert dank der Freigebigkeit des polnischen Staates; der Männer- und der Frauenteil sind säuberlich getrennt. Rein und hell ist es hier, an der Wand prangt ein vergilbtes Foto von Mekka. Wir sehen arabische Sprüche aus dem Koran, auch etwas Spenden islamischer Länder. Leider, so klagt die Führerin, nimmt die Gläubigkeit stark ab, die Jugend zieht in die Stadt. Inmitten der abseits unter den Bäumen liegenden Gräber verharren wir länger. Die Inschriften, stets arabisch, wurden früher auch ins Russische, seit 1915 ins Polnische übertragen. Ajscha, Murza, Selim, Murad, Ahmed gelten als übliche Vornamen. Mehrere Träger dienten in der Zwischenkriegszeit bei der Kavallerie als überzeugte Polen, ähnlich dem Obersten Samuel Murza-Krzeczowski, der seinem König vor fast dreihundert Jahren in der Schlacht bei Párkany das Leben rettete.

Um Suwałki und Augustów

Tiefe Au- und Urwälder, Seen, Sümpfe, dahinfließende Wasserläufe wie Biebrza und Czarna Hańcza, ein Werk des Menschen wie der eineinhalb Jahrhunderte alte Augustów-Kanal, bilden den Rahmen für das Naturparadies Nordostpolens. Der Kanał Augustowski entstand auf die Initiative geschäftstüchtiger Magnaten hin, des Fürsten Drucki-Lubecki sowie der Grafen Pac und Brzostowski. Das Schleusensystem funktioniert heute noch, es dient dem Holztransport und dem Wassersport. Augustów selbst hat freilich nur als Bootshafen etwas zu bieten und entbehrt der Sehenswürdigkeiten. Dafür lernt man in *Suwałki* die typische Architektur russischer Garnisonstädtchen der nachnapoleonischen Zeit kennen: eine schnurgerade, endlose Straße mit niedrigen Häusern des Spätklassizismus, auf dem riesigen Hauptplatz je eine katholische und eine orthodoxe Kirche, Rathaus, Gymnasium und

139 Holztransport auf dem Necko-See

Gericht. Kaum zweigt man in eine der Seitengassen ab, fängt sofort das Ländliche an, Geflügel watschelt zwischen Gemüsegärten umher, der Boden ist je nach Wetter steinhart oder schlammig. Zwei interessante Museen, die Regionalsammlung mit Numismatik, Archäologie, Ethnographie, Lokalgeschichte und Mineralogie, dann die biographischen Schauräume im Geburtshaus der Dichterin Maria Konopnicka, geben Aufschluß über die heterogene Kultur, die hier entstanden ist.

Östlich von Suwałki fahren wir durch das Landschaftsschutzgebiet des *Wigry*-Sees; den grüngewellten Horizont beherrscht das barocke Kamaldulenserkloster auf einer kleinen Insel, zu der jetzt ein schmaler Damm hinführt. In der Oberstadt von *Sejny* beeindruckt uns das hochbarocke Dominikanerkloster, dessen Kirche leuchtenden Rokokoschmuck trägt; die Unterstadt bietet die verfallenen Gebäude von jüdischem Tempel und Talmudschule, daneben auch ein klassizistisches Rathaus. Der litauische Verein zeugt von der Anwesenheit nichtpolnischer Bevölkerungsteile, doch dominiert zweifellos das Polnische.

Selbst entdecken, auf sich einwirken lassen, gemächlich herumschweifen, so lautet der vernünftigste Rat für die Besichtigung dieses kargen, nordisch strengen Gebiets voll herber Schönheit.

Betont kontinentales Klima, dünngesäte Bevölkerung, endlos wellige Äcker, Kreide- und Lößerhebungen, zuweilen etwas Morast, dazu viele strohgedeckte, lehmige Bauernhäuser, hie und da ein kleiner Wald, denkmalgeschützte Kolonisten- städte, Adelspaläste wie Burgruinen, Gotteshäuser vieler Konfessionen prägen diese uralte Kulturlandschaft eines la- teinischen, bereits zum Griechischen hinneigenden Fleck- chens Zwischeneuropa, an der Grenze Polens zur Sowjet- union. Grob gesprochen, zählt man den Norden der Gegend zu Podlachien [Podlasie], einer ungefähr zwischen Białystok und Lublin befindlichen Region, während der Süden und der Osten dem Lubliner Hochplateau bzw. dem Roztocze zuzu- rechnen sind.

Lublin

Auf zwei milden Hügeln erhebt sich *Lublin,* hier die Altstadt, dort die Burg. Heute fast dreihunderttausend Einwohner zäh- lend, Sitz der Katholischen Universität seit 1919, seit 1945 auch der staatlichen Marie-Curie-Skłodowska-Universität, vermittelt Lublin durch die vielen aus dem Boden schießen- den neuen Industrie- und Wohnviertel den Eindruck einer großen, dabei aber freundlich provinziellen Stadt. Die warm- herzige Offenheit und verträumte Beschaulichkeit des Ostens läßt trotz der vielen Menschen auf der Hauptverkehrsader, dem *Krakowskie Przedmieście,* keinerlei Hektik aufkommen.

Hier kennt noch jeder jeden, und es ist ebenso ein Genuß, mit Vertretern der an Zahl kleinen, aber wachen Intelligenz Gedanken auszutauschen als dem Treiben der Marktweiber an ihren fliegenden Verkaufsständen zuzusehen. Manch würziger Ausspruch fällt, ansonsten aber sind die Bewohner auf ihren Ruf stolz, das schönste Polnisch zu sprechen.

Seit 1317 mit dem Magdeburger Stadtrecht ausgestattet, lag Lublin günstig auf den Handelswegen zwischen Ukraine und Großpolen einerseits, Litauen und Kleinpolen anderseits. Zwei Tore, die Brama Krakowska und die Brama Grodzka, gewährten Eintritt in die befestigte Siedlung, deren historische Mauern zum Teil noch erhalten sind. Die alten, krummen Gäßchen, auch der unregelmäßige Hauptplatz, sind etwas abschüssig angelegt. 1474 wurde Lublin Wojwodschaftssitz, das 16. und das beginnende 17. Jahrhundert brachten den Höhepunkt der Entwicklung. Ein reiches, polnisch-armenisch-griechisch-italienisch-jüdisches Bürgertum errichtete stattliche Häuser mit Attiken, Renaissancesgraffiti und Polychromien. Baumeister aus der Apenninenhalbinsel gaben den Ton an. 1578 begann hier das Krontribunal für Süd- und Ostpolen zu amtieren, nachdem es in Lublin 1569 zum Abschluß der Realunion zwischen Polen und Litauen gekommen war. Das Zeitalter der Reformation brachte auch eifrige religiöse Dispute. Bedeutende Schriftsteller des polnischen Humanismus, so Biernat von Lublin, Sebastian Klonowic und Jan Kochanowski, wirkten an der Bystrzyca. Doch versetzten die Kriege und Wirren nach 1648 auch Lublin einen schweren Schlag. Erst die Ära Stanisław Augusts, dann die des Kongreßkönigreichs brachten eine merkbare Wiederbelebung.

143   Lubliner Altstadt

Von der einst stolzen Burg ist zwar nur wenig Echtes, dafür aber um so Wertvolleres erhalten; die heutige Gestalt stammt aus der Zarenzeit. Die Altstadt selbst, reich an historischen, freilich stark restaurierten Sehenswürdigkeiten – Kirchen, Amts- und Bürgerhäusern – bietet sich zu ruhigen Spaziergängen an. Der Autoverkehr wurde aus dem Zentrum verbannt.

Den Mittelpunkt des jetzigen Lebens bildet die Krakauer Vorstadt bis zum Krakauer Tor und zur Kathedrale samt einigen Nebengassen. Die Straßenzüge sind vom Klassizismus und Historismus der russischen Ära geprägt; wenngleich diesseits des Bug gelegen, trägt Lublin starken «charakter kresowy», den Hauch der Grenzmarken, wie er die östlichen Gefilde des alten Polen kennzeichnete.

Die Besichtigung nimmt mindestens einen Tag in Anspruch, höchstens zwei. Man kann auch länger in Lublin nächtigen, wenn man Rundfahrten durch das mittlere Ostpolen unternehmen will. Leider liegt kein Hotel in Bahnhofsnähe; für den Autofahrer ist das *Unia* wegen des geräumigen Parkplatzes zu empfehlen, außerdem verfügt das Restaurant über die beste Küche der Stadt. Das *Lublinianka* liegt allerdings dem Zentrum am allernächsten. Von beiden Hotels führen Trolleybusse in zwei bis fünf Minuten an den Rand der Altstadt.

Der *Plac Litewski*, ein kleiner Park mit zwei Denkmälern, das eine 1826 der Union mit Litauen gewidmet, das andere der Roten Armee, ist von klassizistischen Gebäuden der kongreßpolnischen Zeit umgeben: im Hintergrund das einst barocke, um 1830 dem damaligen Stil angepaßte Palais Radziwiłł, heute Rektorat der staatlichen Universität, wenige Schritte davon das Stadtpalais Czartoryski [1726], nunmehr Sitz der Lubliner Wissenschaftlichen Gesellschaft, daneben das Collegium Juridicum, einst Palais Lubomirski. Der Zeit des letzten Polenkönigs entstammt das evangelische Gotteshaus. Außerhalb der ehemaligen Stadtmauern, vorwiegend an stillen Seitengassen mit niedrigen Häusern des vorigen Jahrhunderts, liegen schlichte Renaissance- und Barockkirchen. Die meisten gehören zu bestehenden Klöstern oder zu längst aufgelassenen, so die der Karmeliter, Kapuziner, Bernhardiner oder Brigidinnen.

Das mächtige Krakauer Tor mit Regionalmuseum öffnet sich auf den *Rynek*. Das mehrfach umgebaute, jetzt wesentlich klassizistische Rathaus diente dem Krontribunal als Tagungsort. In einem der historischen Häuser ist aufgrund alter Überlieferung das Café «Pod Czarcią Łapą» [Zur Teufelskralle] untergebracht. Eine arme Witwe, der das hohe Gericht die letzte Habe wegnehmen wollte, flehte in ihrer Not verzweifelt den Teufel um Beistand an. Zu nächtlicher Stunde fanden sich schwarzgekleidete Männer im Tribunal ein, die tatsächlich der Frau Recht gaben, das Urteil mit einem Krallenzeichen an der Holztäfelung besiegelnd...

Von den ursprünglich spätgotischen Gebäuden sticht das manieristisch verzierte Lubomelski-Haus ab und das klassizistische der Klonowic. Zweifellos ist die *Dominikanerkirche* dank ihrer feinen, an der Schwelle zum Frühbarock entstandenen Inneneinrichtung der wertvollste Bau des Stadtkerns. Zumal die Kapelle des Magnaten Piotr Firlej im rechten Seitenschiff verdient Beachtung. Hinter der Kirche ergibt sich ein Panorama weiter Teile von Lublin und dessen Umgebung. Die Grodzka, die man durch das gleichnamige Tor betritt, führt zur *Burg*. In deren Mauern befand sich ein berüchtigtes Gestapogefängnis; nun hat der neugotische Bau seinen Schrecken verloren, da er ein Museum der polnischen Malerei, Volkskunst und Archäologie birgt. Die Kapelle zur Hl. Dreifaltigkeit, nebst dem Wehrturm, einziges Überbleibsel der Piastenfestung, wurde unter Władysław Jagiełło von ostslawi-

Mahnmal im KZ Majdanek

schen Meistern mit byzantinisch beeinflußten Polychromien geschmückt, die gut erhalten sind. Der ovale Plac Zebrań Ludowych [Platz der Volksversammlungen] unterhalb des Burghügels ist größtenteils von sozrealistischen Wohnbauten der fünfziger Jahre umgeben. Bis 1943 war hier das Ghetto, dem die deutschen Besatzer ein grausiges Ende bereiteten.

Die *Kathedrale,* ein kraftvoller, heller Bau, stammt wie die meisten Sehenswürdigkeiten Lublins aus der Zeit glücklicher Entfaltung der Stadt um 1600. Nach einem Brand wurde die ursprünglich zum Jesuitenkollegium gehörende Kirche spätbarock umgestaltet; im Inneren wirkt sie feierlich, fast schwerfällig. Unterhalb von ihr am Hang des Hügels, steht neben dem Bischöflichen Ordinariat eine schöne Kirche aus der Ära Augusts des Starken. Oberhalb überragt der neugotische Turm der Trinitarier [Wieża Trynitarska, 1819] die umliegenden Häuser.

Nordöstlich des Burghügels liegt Kalinowszczyzna, eine völlig neue, ausgedehnte Wohnsiedlung. Die halb in die Erde versunkenen, alten Häuser der Armen wurden abgetragen, doch gibt es hier immer noch bemerkenswerte Zeugnisse der Vergangenheit: den jüdischen Friedhof mit jahrhundertealten hebräischen Inschriften auf den Grabsteinen, die orthodoxe Kirche aus der Wasazeit, endlich den kleinen Gutshof, in dem der Dichter *Wincenty Pol* das Licht der Welt erblickte. Pol, Sohn eines österreichischen Offiziers unter Kaiser Franz I., war ein typisches Beispiel für die starke Assimilationskraft, die das Polentum stets auf Fremdstämmige ausübte. Die romantisch zwischen Laubbäumen gebettete Ruhestätte der Orthodoxen in der Nähe des Hotels Unia zeigt einmal mehr, zu welch einem Tummelplatz von Völkern und Religionen die polnische Erde im Lauf der Geschichte geworden ist. Wenige Minuten von hier erstreckt sich der äußerlich unansehnliche Gebäudekomplex der Katholischen Universität Lublin [KUL], der einzigen konfessionnellen, privaten Hochschule Osteuropas. Auch hier finden sich Theologen und Studenten aus vielen Ländern zusammmen.

Doch wer könnte das gemütliche Lublin guten Gewissens verlassen, hätte er nicht den jede menschliche Fassungskraft sprengenden, fürchterlichen Widerpart dazu gesehen, das Konzentrationslager Majdanek? Mindestens dreihundert-

148/149   Chełm, Burg- und Domhügel

sechzigtausend Menschen – Juden, Polen und Russen – wurden hier zwischen 1941 und 1944 entwürdigt, gequält und ermordet. Die weite Fläche am südöstlichen Stadtrand wurde in ein schauerliches Freilichtmuseum verwandelt, dessen unheimliche Stille, die Sachlichkeit der Baracken, Gaskammern, Erschießungsgräben und Wachtürme kaum einen Begriff von der namenlosen Tragödie vermittelt, die sich hier abgespielt hat. Eine in kurzen Intervallen stattfindende Filmvorführung und ein großes, vom Staat 1969 errichtetes Mahnmal sollen den Toten zur Ehre, den Mördern zur Schmach und den Lebenden zur Warnung dienen. Unfaßbar der Anblick dieser von mildem Herbstwind unter freundlicher Sonne leicht durchwehten Wiesen, gesäumt von kleinen Alleebäumen, die ihre welken Blätter fallen lassen.

Ein Hauch des Ostens: Chełm und Włodawa

Zu Füßen eines hochaufgeschütteten Kreidehügels liegt am Uherka-Fluß das tausendjährige, von Ostslawen gegründete *Chełm,* seit 1387 integrierender Bestandteil der polnischen Krone; in den neuen Vororten wurde nach 1945 Industrie angesiedelt. Vor 1939 gab es an diesem Scheideweg der Kulturen neben den Polen auch einen starken Prozentsatz von Juden und etliche Ukrainer. Die einstige griechisch-katholische, nunmehr von den Lateinern übernommene *Barockkathedrale* auf der *Góra Chełmska* ist bereits von fernher sichtbar und verleiht dem Stadtbild entschieden östliches Gepräge, gleich den angrenzenden Gebäuden des Basilianerklosters und des Bischofspalastes. Den Weg zum Burghügel säumt saftiges Grün; er führt durch ein breites Barocktor, die Brama Uściłuska. Als 1875 die Petersburger Regierung im Chelmer Land die Loslösung der Unierten von Rom anbefahl, mußten die Basilianermönche das Feld räumen. Bis zum Ersten Weltkrieg war der nichtpolnische Klerus ausschließlich orthodox. 1912 trennten die Russen das Chełmer Gouvernement vom Kongreßkönigreich ab; 1918 versprach Österreich-Ungarns Außenminister Czernin die Gegend der Ukrainischen Rada, um Brot für Wien zu bekommen. Das Brot blieb aus, die Polen waren empört, die Ukrainer gaben sich Illusionen hin. Im Juli 1944 wurde Chełm noch vor Lublin zum ersten Sitz der volkspolnischen Behörden.

Auf dem Rundgang durch die liebenswert provinzielle Altstadt mit ihren niedrigen Häusern begegnet man dem barocken einstigen Priesterseminar der Unierten, heute ein Gymnasium, daneben der geschlossenen Nikolauskirche des östlichen Ritus und weiter einer noch aktiven orthodoxen Kirche im klassizistischen Baustil. Schönstes römisch-katholisches Gotteshaus ist die von Paolo Fontana entworfene Piaristenkirche [1753–1763] an der Lubelska, deren glitzernde Innenausstattung den Besuch lohnt. Im früheren Klostergebäude wurde ein kleines Regionalmuseum eingerichtet; an der nahen Dzierżyńskiego steht der barocke Klosterkomplex der Reformaten. Etwas schaurig wird dem Fremden beim Abstieg ins unterirdische, mittelalterliche Labyrinth unter der Stadtmitte, dessen weitverzweigte Gänge noch während der Bombardierungen des Zweiten Weltkriegs als Unterschlupf dienten.

Nicht einmal Ruinen zeugen noch vom schildbürgerhaften Chełm der ostjüdischen Anekdote; es verschwand in einem Meer des Schreckens und der Tränen. Viele Opfer starben im nahen Todeslager Sobibór.

Weiter nordwärts empfängt uns *Włodawa,* ein stiller, traurig und geheimnisvoll auf Hügeln den Bug beherrschender

Grenzort. Jenseits des schmalen Flusses, an dessen polnischen Uferbäumen Kinder Verstecken spielen, liegt die Ukrainische Sowjetrepublik. Drüben Wachtürme, Stacheldraht; ein bewaffneter Soldat geht auf und ab; dahinter ein Wald, völlige Stille. Diesseits braucht man keine Wächter, es genügen diskret warnende Inschriften. Wir nähern uns dem Ende eines grauen, leicht nebeligen Herbsttages. Die Architektur, großenteils noch aus Holz, hat sich seit Menschengedenken nicht verändert. Klar getrennt liegen die drei traditionellen Ortsteile nebeneinander. Eine goldverzierte, zweitürmige Pfarrkirche Fontanas, der Innenraum von der anmutigen Leichtigkeit des Rokoko erfüllt, steht auf der einen Seite des ausgedehnten Marktplatzes, gegenüber die klassizistische Kirche der Orthodoxen. Unweit davon bildet die geräumige Synagoge mit Kahal, Cheder und Rabbinatsschule den größten in Polen außerhalb Krakaus erhaltenen Baukomplex der Israeliten. Nach Abschluß der Renovierungsarbeiten soll das Zeugnis jüdischer Kultur des 18. Jahrhunderts als Museum der Öffentlichkeit zugänglich gemacht werden. Jetzt, wo es noch keinerlei Fremdenverkehr gibt, dünkt einem, als sei die Zeit in Włodawa irgendwann stillgestanden, vor all den gewaltigen Kataklysmen, Umbrüchen und Wiedergeburten.

Magnatenprunk und Armenierfleiß in Zamość

Es wäre ein bedauernswertes Versäumnis, *Zamość,* Paradebeispiel europäischer Städtebaukunst der Spätrenaissance, achtlos beiseite zu lassen; der drohende Verfall wird nun durch eine umfassende Sanierung gestoppt.

Polens führender Staatsmann unter Stefan Báthory, der Großkanzler und Kronhetman Jan Zamoyski, beauftragte den Architekten Bernardo Morando, auf seinen Besitzungen eine Musterstadt aus dem Boden zu stampfen. Von einer gewaltigen, nur noch in Fragmenten existierenden Festung umringt, entstanden die Residenz des Majoratsherren, Akademie, Druckerei, Tribunal, Kirchen mehrerer Konfessionen, Synagoge und Bürgerhäuser. Siedler von überall her zogen nach Zamość. Den Einheimischen gesellten sich Armenier, Griechen, Sepharden zu, ferner Italiener, Deutsche und Ruthenen. Hier blühten die Wissenschaften, das Theaterleben, die panegyrische Dichtung. Während des großen Krieges vor über dreihundert Jahren gelang es weder Kosaken noch Schweden, Zamość einzunehmen. Freilich, der Niedergang der Adelsrepublik schadete der Stadt. Die fremden Kaufleute begannen Ende des 17. Jahrhunderts wieder abzuziehen. Dafür wuchsen barocke Klöster empor, die Besitzstruktur veränderte sich. Szlachta, Klerus und Aschkenasim nahmen den Platz der Levantiner ein. Die Festung verlor ihren einstigen Glanz. Unter der vorübergehenden österreichischen Herrschaft wurden die kirchlichen Institutionen 1784 zu Opfern des Josephinismus. Eine gewisse Belebung erfolgte zur napoleonischen Zeit, dank dem Mäzenatentum zweier Zamoyski. Die Regierung Kongreßpolens, der die Besitzer 1821 Zamość verkauften, verwandelte es in eine Provinzgarnison. Reizloser, einförmiger Neuklassizismus veränderte das Straßenbild; manch schönes Barockgebäude wurde abgetragen. Vor dem Ersten Weltkrieg nahm Zamość einen neuerlichen Aufschwung durch den Bau der Bahnlinie. Nach 1918 entfaltete sich ein gewisses Kulturleben, man begann auch mit der Altstadtsanierung. In der heute als Gedenkmuseum eingerichte-

154/155   Arkadenhäuser in Zamość

ten Rotunde fielen zwischen 1939 und 1944 an die achttausend Menschen dem Terror der Besatzer zum Opfer.

Seinem weiten, einem römischen Forum nachempfundenen *Marktplatz* verdankt Zamość den Beinamen «Padua des Nordens». Über den charkteristischen Arkaden der Bürgerhäuser ziehen sich Fenstergesimse mit pflanzenartigem oder geometrischem Schmuck dahin. Die Fassaden werden an mehreren Stellen von Figuren heiliger Schutzpatrone aufgehellt; feine Muster verzieren die alten Steinportale. Am nördlichen Teil des Platzes lebten Armenier, worauf die orientalische Vielfalt des Dekors hinweist. Die Kamienica Pod Aniołem [Haus zum Engel, Nr. 26] beherbergt das Heimatmuseum. Auch die östliche Häuserzeile gehörte größtenteils Armeniern, wie wir der fremd anmutenden Inschrift auf Nr. 12 entnehmen. Auch Professoren der Akademie wohnten hier [Nr. 6], ferner Apotheker [Nr. 2]. Die niedrigen Häuser der Südseite dienten Italienern als Unterkunft, so der Familie des Stadtarchitekten Morando. Drei Jahrhunderte später kam im Haus Nr. 37 die linksradikale Revolutionärin *Rosa Luxemburg* zur Welt, Tochter wohlhabender jüdischer Kaufleute. Zunächst in Rußland und Polen tätig, ging sie dann nach Berlin, wo sie 1919 mitsamt Karl Liebknecht einem Mordanschlag erlag.

An der Westseite des Platzes wohnten Griechen und Polen aus der Umgebung des Majoratsherren. Die Barockfassade an der Kamienica Linkowska [Nr. 5] trägt ionische Pilaster und Brustbilder von Herkules und Minerva. Das Rathaus, dessen Vorderfront am besten von der Rasenfläche in der Mitte des Rynek aus zur Geltung kommt, wurde nach 1590 von Morando errichtet, dann 1650 von Jaroszewicz und Wolff in spätmanieristischem Stil ausgebaut. Die zur Zarenzeit verschandelte Attika stellte man 1938 wieder her, ebenso den abgewetzten Fassadenschmuck.

Dem ehemaligen Zamoyski-Palais merkt man leider die frühere Eleganz kaum noch an; nach 1831 befand sich dort das Garnisonsspital. Die herrliche manieristische *Kollegienkirche* hingegen, eine hohe dreischiffige Basilika, zählt durch ihr Äußeres wie auch dank der Ausstattung der frühbarocken Kapellen zu Polens bedeutendsten Kunstdenkmälern. In der Krypta liegen die einstigen Stifter und Schirmherren begraben. Interessant ist das Epitaphium des späthumanistischen Dichters Szymonowicz. Die klassizistischen Veränderungen aus der Zeit um 1825 wirken kaum störend.

Die nach 1820 umfunktionierten Stadttore, Schanzen und das Arsenal machen freilich viel weniger den Eindruck, als wären sie noch im Originalzustand erhalten. Wieviel an Zamość unwiederbringlich gesündigt wurde, ersehen wir etwa an den vor 1914 weltlichen Zwecken zugeführten Kirchen der Franziskaner und der Klarissinnen, an der umgebauten Katharinenkirche oder am spätbarocken Johanniterkloster. Besonders schädlich für die trotz allem noch ansehnlichen Sakralbauten erwies sich die Säkularisierung, zunächst josephinischer, später zaristischer Abart.

Näheres Augenmerk erheischen die nichtkatholischen Gotteshäuser. Die achteckige, ursprünglich orthodoxe, dann unierte Michaelskirche mit breiter Kuppel vereinigt in sich moldauische und mittelpolnische, manieristische und frühbarocke Stilelemente. Heute wird die Kirche von den lateinischen Redemptoristen betreut. Ein Meisterwerk der Renaissance [der mit Akribie auf Hochglanz gebrachte Betsaal dient nunmehr als Bibliothek] bleibt die Synagoge, deren fein gefertigter Außen- und Innenschmuck vom Reichtum der einstigen jüdischen Gemeinde zeugt.

Die ehemalige Akademie, ein mehrfach umgestalteter, geräumiger Barockbau, wurde nach 1918 seinem ursprünglichen

Bildungszweck wieder zugeführt: jetzt befindet sich darin ein Lyzeum. Der Name des von historischen Häusern umgebenen Rynek Solny weist auf einen früheren Salzmarkt hin. Unweit davon steht das barocke Priesterseminar der Lateiner.

Es sind weniger die Einzelbauten, es ist mehr das Gesamtbild der hübschen Plätze und Gassen, der harmonisch aneinandergereihten Häuser, des zugleich fröhlich südländischen und malerisch östlichen Treibens, wenn auch heute ohne nationale und religiöse Minderheiten, wodurch Zamość seine schlicht bezaubernde Atmosphäre erhält.

Krasnystaw und Szczebrzeszyn
oder Jesuiten, Juden und Orthodoxe

Nicht die beiden Weltkriege sind es, sondern einmal mehr die Auswüchse des unseligen Rationalismus des vorigen Jahrhunderts, die für das Verschwinden historischer Bauten in *Krasnystaw* die Verantwortung tragen. Das nette Städtchen wäre völlig vom drittrangigen Klassizismus der kaiserlich-russischen Provinz beherrscht, gäbe es nicht das umfangreiche, spätbarocke Jesuitenkollegium samt Kirche. Im Kolleg entstand nun ein Volkskundemuseum. Schloß, Wälle und mehrere Kirchen des westlichen wie des östlichen Ritus wurden abgetragen. Immerhin erinnern wir uns, daß Erzherzog Maximilian, erfolgloser Anwärter auf den polnischen Thron, von Jan Zamoyski 1588 nach der Schlacht bei Bietschen hier gefangengehalten wurde.

Zwischen hügeligen Äckern liegt das bäuerlich-kleinbürgerliche *Szczebrzeszyn* eingebettet. Die Familie Górka stiftete den Einwohnern vor vierhundert Jahren eine orthodoxe und eine reformierte Kirche; bis etwa 1840 umgaben den Marktplatz nur bescheidene Holzbauten. Die frühbarocke Pfarrkirche wurde ihrer Stilelemente beraubt. Allerdings gibt es noch die spätbarocke Kirche der Unierten, eine lateinische Katharinenkirche und den als Kulturheim verwendeten jüdischen Tempel aus der Zeit um 1600. Das gänzlich abgelegene einstmalige «Städtel» armer Ghettobewohner, mit polnischem, dann russischem, dann wieder polnischem Lyzeum, atmet die idyllische Luft des Ostens.

Beide Orte lassen sich mühelos im Rahmen eines Ausflugs von Lublin nach Zamość besichtigen. Krasnystaw liegt ohnedies unterwegs, so daß der Photoamateur auf der Suche nach originellen Motiven gleich die romantisch verwilderte Ruine des Renaissanceschlosses von *Krupe* mitknipsen kann. Wer noch nicht gesättigt ist, dem sei ein Abstecher nach *Hrubieszów* vorgeschlagen, in der Lößebene nahe dem Bug. Dieser früher polnisch-jüdisch-ruthenische Ort besitzt noch viele einstöckige Häuser aus dem 18. und 19. Jahrhundert, eine barocke römisch-katholische Kirche, ein klassizistisches Gotteshaus der Unierten und ein historisierendes der Orthodoxen. Man erahnt noch den Hauch einer traditionellen Lebensweise, die Dörfliches mit Urbanem zu verbinden wußte.

Potockischer Stolz im Schloß zu Radzyń Podlaski

Nördlich von Lublin, in Richtung auf Siedlce oder Biała Podlaska, stößt man unterwegs auf die nach Plänen der besten Architekten Polens 1750–1759 errichtete Residenz Eustachy Potockis mit Schloß, Orangerie und Park. Immer noch vermag die Großzügigkeit der im Louis XV-Stil gehaltenen Anlage zu beeindrucken, obzwar die reich dekorierte Inneneinrichtung den Kriegsereignissen zum Opfer fiel. Die heutigen, Verwaltungszwecken dienenden Räume sind modern büromäßig ausgestattet, ähnlich wie im Schloß zu Białystok. Die manieristische Pfarrkirche wurde gegen 1640 von den Mniszech gestiftet; die feingemeißelten Grabplatten sind gut erhalten.

In *Kock,* südlich von Radzyń, liegt ein Held des Kościuszko-Aufstands begraben, Oberst Berek Joselewicz, Jude und glühender polnischer Patriot.

Bürgerrenaissance im Künstlertreffpunkt Kazimierz Dolny

Als sprichwörtliches Schmuckkästchen Polens gilt das anmutig zwischen Kreidehügeln über der Weichsel liegende Renaissancestädtchen *Kazimierz Dolny.* Maler, Bildhauer, erholungsbedürftige Kunstliebhaber geben sich hier ein Stelldichein, wodurch der Ort während der Hochsaison ziemlich überlaufen wirkt. Trotzdem sollte man hinfahren, denn Kazimierz ist geradezu postkartenhaft schön, ein kompaktes Architekturdenkmal, dem nach innerpolnischen Maßstäben etwa die Rolle zukommt, die Rothenburg für die Bundesrepublik spielt. Der Name des Ortes geht auf Kasimir den Gerechten zurück, einen Herzog des 12. Jahrhunderts. 1406 verlieh Władysław Jagiełło der Siedlung Kazimierz das Stadtrecht; durch die günstige Lage an Polens Hauptverkehrsader entstand hier bald ein blühender Umschlagplatz im Getreidehandel. Der Anschluß Pommerellens an Polen 1454, der die Weichselstädte von den drückenden Zöllen des Deutschen Ordens befreite, wirkte sich besonders vorteilhaft aus. Unter den letzten Jagel-

161   Kazimierz, Haus der Patrizierfamilie Celej

Herbststimmung in Mittelpolen

lonen wurde der Zenit erreicht, Kaufleute von überall her,
Orientalen, Engländer, Niederländer gehörten an Markttagen
zum gewohnten Bild. Die Ansiedler waren Polen, Italiener,
einige Deutsche. Nach den Rückschlägen der Schwedenkriege
holte Jan Sobieski Juden und Armenier herbei. Der Zweite
Weltkrieg bewirkte schwere Schäden, die jedoch längst besei-
tigt sind.
Die von weitem sichtbare, über dem Ort thronende Burgruine
bietet einen panoramischen Aussichtspunkt auf Kazimierz.
Die *Pfarrkirche* am Abhang stammt aus der Spätrenaissance.
In den Seitenkapellen befinden sich minutiös geschnitzte

Grabplatten der vornehmsten Bürger aus den Jahren 1615–1630. Die imposante Orgel, eine der klangvollsten Polens, stammt aus einer Warschauer Werkstatt. Den Außenschmuck bilden Gesimse und Pilaster. Noch weit bunter leuchten uns die phantastisch geformten Fassaden und Attiken, die überwuchernden Figuraldarstellungen von Bibelgestalten und Tieren an den Häusern des Marktes entgegen. Die beiden schönsten gehörten der Familie Przybyła. Allen voran rangiert das Haus des Ratsherrn Celej in der nahen Senatorska-Gasse. Höhe und schier unglaublicher Reichtum der Attika stehen in Polen einzig da.

An einem Hügel der Oberstadt trägt das barocke Reformatenkloster ebenso zur achitektonischen Harmonie bei wie die etwas niedriger liegende Synagoge und das St.-Annenspital samt Kirche, alles stilistisch aufeinander abgestimmte Bauwerke. Unweit der Weichsel stehen alte Speicher; jenseits des Flusses, nur mittels Fähre erreichbar, wacht die strenge Burgruine von *Janowiec* über die Sicherheit der Stadt. Wenn die Hänge an Frühlingstagen von den blühenden Obstbäumen in ein weißes Meer verwandelt werden, bevor die Fremdeninvasion in die Villen und Ferienheime beginnt, offenbart sich am reinsten die heitere Stimmung von Kazimierz.

Griechische Tempel, gotische Ruinen, ein Pantheon der Schriftsteller zwischen Puławy und Nałęczów

An der Eisenbahn- und Autostrecke von Warschau nach Lublin liegt *Puławy,* traditioneller Wallfahrtsort polnischer Nationalkultur. Fürst Adam Kazimierz Czartoryski, ein Vorkämpfer der Aufklärung in Polen, wählte zusammen mit seiner Gemahlin, der geistreichen und lebenslustigen Izabela aus dem Hause Fleming, das hiesige *Schloß* 1785 zur ständigen Residenz. Die Freigebigkeit der beiden zog die hervorragendsten Schriftsteller, Künstler und Gelehrten des Landes nach Puławy. Der Hofarchitekt Aigner leitete in Napoleons Tagen den Umbau des Besitzes nach klassizistischen Richtlinien. 1809 wurde in zwei kleinen Gebäuden des englischen Parks Polens erstes Museum eröffnet, dessen Sammlungen Adam Jerzy Czartoryski 1831 nach Paris verbrachte. Der Bruch mit Rußland war vollkommen, die Niederlage des Novemberaufstands zwang die Schloßherren zum Exil. Die Russen konfiszierten Puławy und machten es zu einem Institut für adelige Fräulein. 1862 verwandelte man das Schloß in eine polnischsprachige landwirtschaftliche Akademie, 1869 wurde die Anstalt russifiziert, der Ort in Novaja Alexandria umbenannt. Auch heute dient das unversehrte Gebäude der Ausbildung von Agronomen.

Als Sinnbild des dreißig Hektar großen Parks erhebt sich auf einer steilen Anhöhe der runde *Sibyllen-Tempel* [Świątynia Sybilli], der Vorlage im fernen Tivoli nachempfunden. Hinter diesen Säulen – das Motto «Przeszłość Przyszłości», die Vergangenheit der Zukunft, am Eingang verkündet es – befanden sich einst Erinnerungen an Könige und Feldherren. Werke berühmter europäischer Maler, Leonardos, Raffaels und Rembrandts, hingen an den Wänden. Das *Gotische Haus* [Domek Gotycki], ein 1809 entstandener Gartenpavillon, war ursprünglich für fremdländische Ausstellungsstücke bestimmt; auf beide Gebäude verteilt sich heute ein Regionalmuseum. Das Griechische Häuschen, eine Orangerie aus dem 18. Jahrhundert, dient nunmehr als Bibliothek. Ein Chinesischer Pavillon, marmorne Grabmäler unter Bäumen, das anmutige Schlößchen Marias von Württemberg [Pałac Marynki] und die Pfarrkirche in römischer Rotundenform mit Säulenportikus runden den Komplex dieser Denkmäler klassizistischen Lebensgefühls ab.

Während das Aussehen des Ortes Puławy schon mehr vom riesigen Chemiekombinat geprägt wird als von der historischen Parkanlage, atmet man in *Nałęczów* die beschauliche Luft eines Kurorts, dessen erholsame Villen schon vor hundert Jahren von Pensionsgästen aufgesucht wurden. Unter Lindenbäumen promenierten wohlhabende Warschauer, die Romandichter Prus und Żeromski ließen sich gerne blicken. Beiden vielgelesenen Autoren sind auch Gedenkmuseen und Büsten gewidmet. Das vornehm zarte *Palais Małachowski* entstand zur Zeit der ersten Teilung, um 1772. Außer dem Muzeum Bolesława Prusa sehen wir hier einen festlichen Ballsaal mit hübscher Stuckdekoration. Spazierwege, Heilanstalten und Pensionen tragen die Merkmale von Historismus und Jugendstil, so daß man sich in die Belle Epoque zurückversetzt dünkt.

Unschwer vermag ein flotter Autofahrer die fast dreihundert Kilometer der E7 zwischen Warschau und Krakau binnen vier Stunden zurückzulegen. Will man nur rasch vorwärtskommen, so fährt man noch günstiger auf der Schnellstraße über Olkusz. Doch hieße dies, die großenteils verborgenen, jedoch unbezweifelbaren Schätze des kleinpolnischen Hochlandes beiseite lassen. Mit Miechów, Jędrzejów, Chęciny, Kielce, Szydłowiec und Radom bietet schon die klassische Hauptroute Sehenswertes. Bewegt man sich auf kleinen Nebenstraßen ostwärts von Kielce durch das uralte, bewaldete Mittelgebirgsmassiv der *Góry Świętokrzyskie* [ca. 600 Meter Meereshöhe], stößt man alsbald auf Burgruinen und romanisch-gotische Kirchen. Auch der Weg aus Krakau oder Jędrzejów zum Rennaissancejuwel Sandomierz will genossen werden. Durchaus praktikable Seitenpfade führen zu untergegangenen Residenzen, frühpiastischen Klöstern, moosbewachsenen Synagogen. Wanderern sei das Naturreservat *Świętokrzyski Park Narodowy* [Heiligenkreuzer Nationalpark] empfohlen; eine Attraktion stellt darin Polens betagteste und größte Eiche dar, «Bartek», die angeblich schon sieben Jahrhunderte überdauert hat.

Mit dem Marienwallfahrtsort Częstochowa verbindet Krakau eine merkwürdige Juralandschaft, gesäumt von kleinpolnischen Grenzburgen, meist kahlen, windgepeitschten Gemäuern, die des Panoramas wegen den Aufstieg lohnen. Am Unterlauf der Pilica liegen, von Łódź im Rahmen einer Halbtagestour erreichbar, in Sulejów und Inowłódz Kirchen des 11. Jahrhunderts.

Vor dem Ersten Weltkrieg verlief etwas nördlich von Krakau, dann weiter entlang der Weichsel, die Grenze zwischen Österreich und Rußland. Nach polnischer Geschichtstradition bildete aber das Land beiderseits der künstlichen Trennungslinie die historische, schon zu Beginn des Jahrtausends bestehende Region Kleinpolen.

Krakau–Warschau über Kielce–Radom

Ein massiges, gotisches Chorherrenstift mit barockem Kirchenschmuck beherrscht das Ortsbild von *Miechów*. Bevor noch das Ackerbürgerstädtchen aus einem Talkessel unvermutet auftaucht, hat uns die romanische Pfarrkirche von *Prandocin* zum Stehen veranlaßt, eine Gründung der Adelsfamilie Odrowąż. Wer Romanik sucht, folge von Wesoła aus einem Seitenweg bis *Wysocice;* dort trifft er einen stilreinen, wehrhaften Sakralbau [1186] mit Basreliefs und Schatzkammer.

Rechter Hand der E7, nördlich von Miechów, biege man in *Książ Wielki* zum manieristischen, auf Geheiß des Bischofs Myszkowski errichteten Schloß Mirów ab, einem Werk Santi Guccis, von einem Barockpark mit Fischteichen umgeben. Alte Bürgerhäuser empfangen uns auf dem Marktplatz zu *Jędrzejów,* das zweierlei Originelles bietet: Ingenieur Przypkowskis Muzeum Gnomoniczne, Europas umfangreichstes Uhrenmuseum, dann die hinter Bäumen versteckte Zi-

168/169   Eingangstor zum Benediktinerkloster Święty Krzyż

sterzienserabtei. Der Abteikirche merkt man die romanische, gotisch und barock überbaute Grundform an. Der mittelalterliche Chronist Wincenty Kadłubek wirkte hier schon um 1220.

Die imposanten Ruinen einer Piastenfestung machen *Chęciny*, unter den Jagellonen ein Zentrum des Kupferbergbaus, zum Wahrzeichen der Gegend. Aus jenen Tagen stammt auch das Netz steiler, von kleinen Häuschen eingefaßter Gäßchen. Die spätgotische Pfarrkirche ziert ein eleganter manieristischer Altar. Frühbarock prägt das Antlitz von Klarissinnenkloster und jüdischem Tempel. Das gotische Franziskanerkloster dient heute als Touristenherberge, deren Restaurant, ein spitzbögiges Refektorium, mit guten Speisen aufwartet.

Die Großstadt *Kielce* liegt zwischen vulkanisch anmutenden Kreidefelsen in der Nähe großer Wälder; wie so mancher Gegend des zentralpolnischen Hochplateaus haftet der bizarren Landschaft etwas Verblüffendes, für Mitteleuropa Untypisches an. Die Krakauer Bischöfe hatten bereits ab 1354 durch die Einrichtung ihrer Sommerresidenz für Kielces Bedeutung gesorgt. Im 16. Jahrhundert nahm dann die Metallgewinnung stark zu; 1815 entstand hier Polens erste Bergbauschule. Viel Grünanlagen, wellige, freundliche Straßen, umrahmt von neuzeitlicher Architektur verschiedener Stilepochen, über allem der wuchtige Komplex des Bischofspalais [1637–1641] samt angrenzendem Dom, gegenüber die hochbarocke Dreifaltigkeitskirche, das verbleibt als Gesamteindruck. Nach gründlicher Renovierung glitzert nun außen wie innen der Prachtbau der Residenz, als polnisches Barockmuseum der Allgemeinheit zugänglich. Man beachte Möbel und Stuckdekorationen, so Dolabellas «Gericht über die Arianer». Slawisten mag das im alten Gymnasium untergebrachte Żeromski-Museum interessieren. Es erläutert die Jugendjahre des

Schriftstellers, der hier vor rund hundert Jahren die Schule besuchte.

An der E 7 nordwärts, hinter Skarżysko-Kamienna, bietet die hübsche Renaissancestadt *Szydłowiec* ihr attikageschmücktes Rathaus, eine spätgotische Pfarrkirche, und in einem anmutigen Wasserschloß ein Museum volkstümlicher Musikinstrumente. Auf dem alten Judenfriedhof stehen noch etliche Grabsteine mit hebräischen Inschriften.

Auch das Zentrum von *Radom* hat sein geschichtliches Aussehen bewahrt: Altstadthäuser am Markt, das barocke Piaristenkollegium, Pfarrkirche und Bernhardinerkloster im Stil der Spätgotik sowie, als klassizistische Gebäude, die Kirche der Lutheraner, das Rathaus und der Magistrat.

Sakralbauten der Heiligenkreuzer Berge

Wer in Kielce übernachtet, sollte einen mehrstündigen Ausflug durch die Góry Świętokrzyskie nicht scheuen. Dazu braucht man eine detaillierte Autokarte, mit Angabe auch der kleinsten Straßen. Am besten fährt man auf der E 7 bis Suchedniów oder Skarżysko-Kamienna und biegt dort ostwärts zum alten Hüttenort *Wąchock* ab, mit schöner, 1179 gegründeter Zisterzienserabtei. Die spätromanische Kirche birgt einen Kapitelsaal, dessen Kreuzgewölbe und geschmückte Säulen stilrein erhalten sind, gleich dem Refektorium mit deutlich erkennbaren Wandmalereien. Die gotischen und barocken Zutaten der Kirche fügen sich ziemlich gut ins Gesamtbild ein.

Mitten in den Bergen weist *Bodzentyn* neben der stattlichen Burgruine und Resten der Stadtmauer eine spätgotische Pfarrkirche auf, in der Madonna, Triptychon und Taufbecken

aus dem 15., auch der Renaissancealtar aus dem 16. Jahrhundert, Beachtung erheischen. Auf einer Waldeslichtung erhebt sich das zierliche, spätgotisch-barocke Bernhardinerinnenkloster *Święta Katarzyna,* ein beliebtes Ziel von Fußwanderungen. Im Feriendorf *Święty Krzyż* besucht man die einstige Benediktinerabtei: romanischer Unterbau, gotischer Kreuzgang, barocke und klassizistische Innenausstattung der Kirche bezeugen die jahrhundertelange Rolle des Stiftes. Zur Zarenzeit dienten die Gebäude als berüchtigtes Gefängnis; 1863 schlug hier Marian Langiewicz, Befehlshaber der Aufständischen, sein Quartier auf. Die herbe Wildheit der waldigen Höhenrücken erklärt es, daß sie mehrmals in der polnischen Vergangenheit von Widerstandskämpfern als schwer zu durchkämmender Unterschlupf gewählt wurden. Die vielen Kreuze aus dem Zweiten Weltkrieg, die uns ständig begegnen, erinnern an lebhafte Partisanentätigkeit und an erbarmungslose deutsche Vergeltung.

Gotik, Renaissance und Barock
zwischen Krakau und Sandomierz

Achtundzwanzig Kilometer südöstlich von *Jędrzejów* taucht an der Nida, zwischen milden Kreidefelsen und fruchtbaren Feldern eingebettet, das kulturhistorisch bedeutsame Städtchen *Pińczów* auf. Der fromme Kardinal Zbigniew Oleśnicki erwirkte für den Ort um 1430 Magdeburger Recht, gründete ein Paulinerkloster mit Kollegiatskirche und eine Burg als Mittelpunkt seines Besitztums. Zbigniews ganz andersgesinnter Großneffe Mikołaj rief zur Reformationszeit Polnische Brüder, eine radikale Wiedertäufersekte, nach Pińczów, verjagte die Mönche und überließ den Dissidenten – so nannte man damals die Akatholiken – das Kloster als Glaubensschule. Erstaunlich schnell hielten angesehene protestantische Theologen Einzug als Lehrer für Söhne des Adels aus dem ganzen Land, auch Ausländer ließen sich blicken. Evangelische Synoden wurden in Pińczów abgehalten, eine Druckerei vervielfältigte die Werke von Nichtkatholiken wie Kromer und Frycz-Modrzewski; 1576 siedelten sich Juden an, die Stadt bekam immer mehr Steinbauten, damals ein Zeichen von Wohlstand. Bald schlug allerdings die Stunde der Gegenreformation. Pauliner zogen wieder ein, die Häretiker mußten das Weite suchen; der Ort nahm jetzt unter dem streng papistischen Zygmunt Myszkowski weiteren Aufschwung. Der Hofarchitekt Santi Gucci erweiterte Stadt und Burg, polnische und fremde Handwerker zogen ein, der Handel blühte. Im 18. und 19. Jahrhundert drückten dann die typischen Verfallserscheinungen Pińczów zu einem armseligen Provinznest herab; Burg und Mauern verschwanden. Heute geht es wieder aufwärts. Gerne durchstreift man den hübschen Rynek, die schmalen Gäßlein, besucht die barocke Pfarrkirche, das Museum im Paulinerkloster, die manieristischen Stiftsgebäude der Reformaten, gar die stilechte, vierhundert Jahre alte Synagoge, an deren Sanierung gearbeitet wird. Von einem Hügel blickt Santi Guccis Annakapelle auf Pińczów hinab; auf einem anderen Hügel sind Fragmente der Burg zu erkennen. Nicht minder originell wirkt vierzig Kilometer östlich das kleine, von stolzen Wällen umgebene *Szydłów*. Heute nur

mehr ein Dorf, besaß es einst das Stadtrecht, noch von Kasimir dem Großen verliehen. Die Festung steht zum Großteil noch da, ebenso schwere Steintore, die gotische Kirche, eine Synagoge aus der Frührenaissance. Der wahrhaft idyllische Ort, auf dessen staubigem Platz häusliches Federvieh neben dem Ziehbrunnen einherspaziert, bietet von seiner Anhöhe aus einen weiten Ausblick auf eine unberührte Agrarlandschaft.

Jetzt heißt es noch kleinere Seitenstraßen als bisher gen Osten zu befahren. Auf schmaler, aber doch – wie in fast ganz Polen – asphaltierter Straße gelangen wir ohne Hast ins hügelige *Klimontów*. Die Geduld wird belohnt, denn das Dominikanerkloster ist Polens ausgereiftester Sakralbau des Frühbarocks, in das Landschhaftsbild vollendet hineinkomponiert. Noch verdient die reich ausgestattete, spätbarocke Pfarrkirche einen Blick, ebenso der verfallene klassizistische Tempel oder das baumgeschützte Ledóchowski-Schlößchen. Nach Nordwesten hin abbiegend, stoßen wir in *Ujazd* wieder auf etwas Unerwartetes. Diesmal ist es Polens gewaltigste Ruine, die des Magnatenschlosses Krzyżtopór. Nur Dächer, Fenster und Stockwerke fehlen. Sonst kann man genau die manieristische Struktur des denkmalgeschützten Bauwerks erkennen, jeden Raum erkunden, vor Ossolińskischer Herrlichkeit den Hut ziehen.

An der Kreuzung mehrerer Hauptstraßen empfängt uns die im 12. Jahrhundert von Benediktinern gegründete Handelsstadt *Opatów*. Die Martinskirche, romanisch im Wesen, mit spätmittelalterlichen und neuzeitlichen Zusätzen, ist vor allem durch Krzysztof Szydłowieckis bronzene, feingravierte Renaissancegrabplatte bekannt, die Beweinung Christi. Wer Grillparzers «Kloster bei Sendomir» gelesen hat, wird erkennen, daß der Dichter die Gegend nie sah, die er als Tal- und

Hügellandschaft flüchtig beschreibt. Sonst hätte er wohl das Weichbild des majestätisch über der Weichsel thronenden *Sandomierz* erwähnt. Die alte Piastengründung, herzogliche Residenz, dann Wojwodschaftssitz, zeigt eine von Polens schönsten Symbiosen zwischen Kunst und Landschaft. Die drei Tatareneinfälle des 13. Jahrhunderts blieben in der Lokaltradition tief verankert, ebenso die Verheerung durch schwedische Truppen 1656. Unter den Jagellonen leuchtete aber auch hier das goldene Zeitalter: Holz- und Getreidehandel auf dem Flußweg, prächtige Entfaltung weltlicher wie geistliche Architektur. Die Protestanten schlossen 1570 den Consensus Sandomirensis ab, der den allgemeinen Toleranzgrundsätzen der Warschauer Adelskonföderation von 1573 voranging.

Lächelt uns der Wettergott zu, werden wir nur ungern weiterreisen und lieber spazierend ausspannen. Das Renaissance-Rathaus regiert von der Mitte des Marktplatzes aus die bürgerliche Gemeinschaft. Nördlich davon liegen die barocken Kirchen der heiligen Nikolaus und Joseph sowie das Heiliggeisthospital mit spätgotischer Kirche, vom Opatower Tor gegen Feinde geschützt. Das Laubenhaus der Oleśnicki am Markt birgt lokalhistorische Sammlungen; lange Kellergewölbe ziehen sich unter der Erde hin. Südlich des Rynek Bischofspalast und jesuitisches Collegium Gostomianum aus der Renaissance; die formvollendete Attika des ersten polnischen Gymnasiums für Söhne der Szlachta ähnelt der des Rathauses. Im Haus des Długosz [Dom Długosza] lebte der Geschichtsschreiber der Jagellonen, dessen Werke als wesentliche Quelle zum Verständnis des polnischen Mittelalters gelten; jetzt ist dort das Diözesanmuseum untergebracht. Wir gelangen zur gotischen, barock ausgestatteten Paulskirche, wo man uns eine eingemauerte österreichische Kugel aus

der Belagerung von 1809 zeigt. Nun wird es überhaupt kriegerischer. Die lindenbeschirmte Jakobskirche, ein großzügiger spätromanischer Ziegelbau, enthält eine Barockkapelle, die dem Andenken der neunundvierzig von Tataren 1260 umgebrachten Dominikaner gewidmet ist. Besondere Aufmerksamkeit verdienen auch das rundbögige Hauptportal und die alte Glocke. Vom Kirchenhügel geht es nun abwärts, dann gleich wieder aufwärts zum Burghügel. Die früheren Teile der Burg wurden von den Schweden arg beschädigt, die Russen errichteten im 19. Jahrhundert – wie vielerorts – ein Gefängnis. Heute versuchen Archäologen und Denkmalschützer, ältere Schichten ans Tageslicht zu bringen.

Zur Frühlingszeit blühen Obstbäume an den Hängen; bei schneereichem Winter, wenn alles von einer weißen Decke umhüllt ist, unten Eisblöcke auf der Weichsel schwimmen, streift man gern ziellos zwischen den alten Bürgerhäusern umher, mal hier, mal dorthin; ständig umfängt uns ein neuer, überraschender Anblick. Doch ist Sandomierz von geologischen Bewegungen bedroht. Schon 1967 fand ein schwerer Erdrutsch statt, der Teile der Böschung mitriß. Man kann nur hoffen, daß die Sicherungsmaßnahmen genügen, um ein Absinken der Oberstadt endgültig zu verhindern.

Kaum eine Viertelstunde südwestlich, an der Staatsstraße 217, halten wir an der im Kern spätromanischen Zisterzienserabtei *Koprzywnica* an. Die barocken Zubauten gehören zum üblichen Bild; unserem Spürsinn entgehen jedoch weder die gotischen Polychromien des Kircheninneren noch der spätromanische Kapitelsaal am Ostflügel des Klostergebäudes.

Im nahen Łoniów fahren wir linker Hand über die Weichsel nach *Baranów Sandomierski;* von dort geht es auf Tarnów und Rzeszów zu, auch auf der Südroute nach Krakau oder zurück über Łaniów, zu Sehenswürdigkeiten entlang der Krakauer Nordroute. Die Leszczyńskische Residenz von Baranów, um 1580 möglicherweise nach Plänen Santi Guccis im Renaissancestil erbaut, wurde 1695 durch Tylman van Gameren geringfügig dem Barockgeschmack angeglichen. Mit seinem Wassergraben, den vier Wehrtürmen, der viereckigen Gestalt, erinnert das Schloß an oberitalienische Kastelle. Den Innenhof umgeben von drei Seiten Arkadenabgänge, die Portale sind reich verziert. Die Säle im Erdgeschoß sind manieristisch geformt, während die Decken des ersten Stockwerks hochbarocken Stuck tragen. Den sogenannten Thronsaal schmücken mythologische Szenen.

Erst nach langwierigen Retaurierungsarbeiten konnte Baranów im alten Glanz wiedererstehen; der Arkadenhof ist zweifellos Polens zweitschönster, gleich nach dem des Wawel. Etwas merkwürdig mutet es an, daß ausgerechnet in Baranów ein Museum der Schwefelindustrie eingerichtet wurde. Doch keine Angst, es stammt nicht von Luzifer, sondern von Tarnobrzegs Großkombinat, dem heutigen Mäzen des Schlosses.

In *Nowy Korczyn,* vor Jahrhunderten ein wohlhabendes Zentrum des Getreidehandels, tagten zur Jagellonenzeit mehrmals die Landbotenkammern. 1465 verkündete hier der König das Rechtsstatut für Kleinpolen. Zwei Sakralbauten stehen einander gegenüber: die spätgotische Pfarrkirche und die zwar hochgotische, aber stark barockisierte Franziskanerkirche. Etwas abseits erhebt sich eine klassizistische Synagoge. Der ganze, an den Nida-Auen gelegene Ort ist freilich schon lange zu einem unbedeutenden Straßendorf herabgesunken, so daß die Bauten im Verhältnis zur Umgebung disproportioniert wirken, keine Seltenheit in Polens kleineren historischen Stätten.

Ein künstlerischer Höhepunkt wird wiederum von Nowy Korczyn aus über eine Nebensraße erreicht. Die altslawische Siedlung *Wiślica* hatte im Mittelalter größte Bedeutung; die Statuten von 1347, hier von König Kasimir verkündet, waren Polens erste Kodifizierung gewohnheitsrechtlicher Normen. Der mächtige Innenraum der spätgotischen Kollegienkirche am Rynek wird von einem hochgeschwungenen Kreuzgewölbe überspannt. Die Gründungstafel am Südportal zeigt Kasimir, wie er der Muttergottes ein Modell der Kirche darbringt. 1959 fanden Archäologen die romanische Krypta, deren freigelegte Figuralzeichnungen aus roter Gipsmasse ein hervorragendes Beispiel polnischer Plastik des 12. Jahrhunderts bilden. Weitere Ausgrabungen in der Kirche, am Długosz-Haus und im Ort brachten ältere, frühromanische Baureste zutage, wohl die eines Baptisteriums, eines Palas und einer Rotunde. Über Nowy Korczyn und die Hauptstraße 217, oder auf der Nebenstrecke direkt über Kazimierza Wielka, führt der Weg nach Krakau.

Burgruinen und Schlösser im Krakau-Czenstochauer Jura

«Strecke der Adlerhorste»-Trasa Orlich Gniazd – dieser Begriff des polnischen Fremdenverkehrsjargons mag hochtrabend klingen, doch wird ihn der Reisende weitgehend bestätigt finden inmitten der Kalkkegel und kleinen Schluchten, vorbei an Grotten und imposanten Ruinen. Der waldreichste Abschnitt, eine halbe Stunde nordwestlich Krakaus, wurde 1956 zum Naturreservat Ojcowski Park Narodowy. Die merkwürdigsten Felsformationen, gleich riesigen Dreschflegeln,

Nadeln oder Türmen, erheben sich über den Tälern. Paläontologen fanden dort Tierreste aus dem Pleistozän. Im nahen *Pieskowa Skała* steht gebieterisch auf einer Spitze die einzige erhaltene Burg des Jura, ein massiver Renaissancebau mit Loggia und Arkadenhof; die Räume dienen heute als Schloßmuseum. Die Burg, lange im Besitz der Krakauer Patrizierfamilie Boner, wurde 1587 für kurze Zeit von den Truppen des Thronprätendenten Erzherzog Maximilian erobert. Endlose Besucherströme werden hier an Feiertagen durchgeschleust, an Wochentagen kann man hingegen das Ausflugsziel ungestört genießen.

Eine Viertelstunde von *Pieskowa Skała* bietet schon *Modlnica* mit seinem niedlichen Adelshof, einem früheren «dworek» der Freiherren von Konopka und heutigem Gästehaus der Jagellonischen Universität nebst altem Park, die Reize eines typisch kleinpolnischen Ortes. Der Bildhauer, Maler und Schriftsteller Włodzimierz Tetmajer stattete die bäuerliche Holzkirche von 1553 mit modernistischen Polychromien aus. Es lohnt sich, anläßlich der Kirchweih beim bunten Treiben der Bevölkerung mitzufeiern.

Die mittelalterliche Bergstadt *Olkusz* hat ihren historischen Häuserkern behalten. In der hohen gotischen Hallenkirche sind insbesondere ausgezeichnete Wandmalereien und eine frühbarocke Orgel zu besichtigen. Unweit von Olkusz treffen wir auf eine Laune der Natur, die *Pustynia Błędowska,* als echte Miniaturwüste trotz der zweiunddreißig Quadratkilometer Oberfläche voller Treibsand und niedriger, ausgedörrter Grashalme. Mittendrein zieht sich eine Art Oase hin, rundherum wachsen Fichten. Bei großer Hitze kann es zu Fata-Morgana-Erscheinungen kommen, als befände man sich irgendwo in der Sahara! Weiter nordwärts, in Richtung Częstochowa, lockt eine Kette romantischer Burgruinen wie

Rabsztyn, Ogrodzieniec, Smoleń, Siewierz oder *Olsztyn* zu ausgedehnten Spaziergängen. Die stattlichste von ihnen, Ogrodzieniec, sollte man zu Fuß besteigen, um sich am Panorama dieser seltenen Landschaft länger zu erfreuen. Nüchtern umfängt uns bei der Durchreise die Eisenhüttenstadt Zawiercie, deren äußerst prosaischer Charakter glücklicherweise der Umgebung keinen Abbruch tut.

Am Heiligtum der Schwarzen Madonna

Am Ende der Fahrt steht Polens Nationalheiligtum, das Paulinerkloster von *Częstochowa,* dessen wundertätige Schwarze Madonna seit über fünfhundert Jahren nachweisbar hier aufbewahrt, von den Gläubigen mit wachsender Inbrunst verehrt wurde. Laut Legende soll der Evangelist Lukas Autor des Bildes sein. Wenn wir auch nicht in so frühchristliche Ferne zurückblicken können: die Muttergottes scheint ostkirchlicher, ja byzantinischer Herkunft zu sein, teilweise übermalt; die beiden Scharten auf der Wange stammen vielleicht von tatarischen Säbelhieben. Die Stadt an der Warthe, mit mehreren Barockkirchen und alten Häusern ausgestattet, ist nicht nur religiöses Symbol, denn Bierut schenkte ihr ein großes Hüttenkombinat. Dessen ungeachtet herrscht die Wallfahrtsstimmung an Marienfesten vor, und sie erfüllt auch an normalen Tagen die Luft. Devisenträchtige Besucher, darunter manch ausländischer Pilger, steigen im neuen Orbis-Hotel Patria ab. Die breite Allee der heiligen Jungfrau Maria, auch unter dem

*184/185 Częstochowa, Gläubige vor dem Marienheiligtum
Jasna Góra*

Sozialismus so benannt, führt vom Zentrum zum leicht ansteigenden Klosterhügel. Devotionalienhändler machen einträgliche Geschäfte, doch gehört der Kitsch hier wie in Lourdes oder Fatima zum untrennbaren Bestandteil echter Volksgläubigkeit. Nach der erfolgreichen Verteidigung der *Jasna Góra* gegen eine schwedische Übermacht 1655, unter der Leitung des kampfesmutigen Paters Augustyn Kordecki, wurde das Kloster erst recht zum Symbol des freien Vaterlandes und die Schwarze Madonna zur Königin der Krone Polens erkoren. Wenn wir die unverfälschte Frömmigkeit der Menschen bei der Enthüllung des sonst hinter dem funkelnden Barockaltar verteckten Bildes sehen, können wir nicht umhin, selbst ergriffen zu sein. Auch ein Nichtkatholik müßte dann verstehen, wieviel tiefe Gläubigkeit in der Anbetung der Tausende steckt, die mit der Bahn, dem Autobus, dem Privatwagen, dem Traktor oder dem Handkarren, auf dem Fahrrad oder zu Fuß kilometerweit hierherziehen, Bauern, Arbeiter, Studenten, Greise, Männer, Frauen und Kinder, Krüppel und Kranke. Die Lebenskraft einer leidgeprüften, prophetischen Nation, die im festen Glauben stets den letzten Halt gegen Tod und Unterjochung gefunden hat, drückt sich mit spontaner Ursprünglichkeit aus.

Die gotische Kirche, 1460 erbaut, 1690 zu einer triumphalen Barockbasilika erweitert, diente seit jeher den 1382 nach Polen gerufenen Paulinern als Gotteshaus. Vom schwungvollen Turm erstreckt sich der Blick über Bastionen, vier Eingangstore, Kirche, Kloster, Pilgerwiese zur Stadt und benachbarten Hügellandschaft. Durch den geräumigen Vorhof kommt man zur Basilika, ihren gold- und silberbesetzten Altären aus dem 17. und 18. Jahrhundert, der Alten Schatzkammer. Das Kloster birgt Barockbibliothek, Druckerei und ein reichhaltiges Arsenal, das unter anderem Beutestücke Sobieskis zeigt. Im

Schatz sind unermeßliche Reichtümer versammelt, Dankes- und Bittgaben hoher Herren, Könige wie Magnaten, für die mildtätige Gottesmutter und Anerkennungen für deren treue Beschützer, die Paulinermönche.

Nach Warschau, Lodz und dem Norden auf der einen, nach Schlesien auf der anderen Seite führen von Częstochowa viele Straßen weg. Doch wohin wir auch weiterreisen, hier haben wir wohl die stärksten Eindrücke von Polens Volksseele empfangen, die nirgends auf der Fahrt übertroffen werden.

«Gelernten» Altösterreichern ist Galizien ein Begriff. Das südliche Kleinpolen mit Rotrußland führte von 1772 bis 1918 als habsburgisches Kronland und Königreich diesen Namen. Der Osten gehört heute zur Sowjetunion; einige siebzig Kilometer vor Lemberg, gleich bei Przemyśl, verläuft die Grenze. Im Gebirge ein schmaler Wildbach, im Flachland ein breiter Fluß, bildet der San, hinter den ukrainische Nationalisten einst ihre polnischen Mitbewohner verbannen wollten, den natürlichen Abschluß der Region nach Osten hin. Nach Westen hin sind es die schlesischen Beskiden. Dem langen Karpatenkamm kommt von jeher die Rolle der Scheidewand gegen Oberungarn, die jetzige Slowakei, zu, während im Norden zunächst die Weichsel, dann das Lubliner Hochplateau Galizien vom ehemals russischen Teil Kleinpolens trennen. Für Polen bedeutet «Galicja» zwar nationale Freizügigkeit, Hort kultureller Errungenschaften und korrekte Verwaltung zu Franz Josephs Zeiten, aber auch die Unterdrückungen aus der Metternich-Ära, Germanisierungsversuche des Josephinismus oder des Neoabsolutismus, die Not landarmer Bauern, trostloser Ghettos und wirtschaftliche Rückständigkeit. «Małopolska» aber gemahnt an keine, noch so milde, Fremdherrschaft. Die Gegend, eine der schönsten und abwechslungsreichsten Polens, meist hügeliges Ackerland, von vielen kleinen Wäldern durchbrochen, erinnert oft an Mähren oder Oberösterreich. Die seltsamen Juraformationen der Krakauer Umgebung, mitunter deutlich als vulkanische Reste hervortretend, stellen etwas für Mitteleuropa Einzigartiges dar. Das wellenförmige, von einer Unzahl langgezogener Kleinbauernfelder geprägte Karpatenvorland durchziehen viele schmälere Wasserläufe. Das Gebirge zerfällt, von West nach Ost, in mehrere Massive: die Hohen Beskiden [Beskid Wysoki], ein wald- und pistenreiches Ski- und Wandergebiet, von der grenznahen Babia Góra [1725 Meter] überragt; nördlich davon die milderen Inselbeskiden [Beskid Wyspowy]; östlich von Krynica, bis zum Łupków-Paß, die grünen Hügel der menschenarmen Niederen Beskiden [Beskid Niski], der westlichsten Ausläufer früheren ruthenisch-walachischen Siedlungsbodens; zur sowjetischen Grenze hin reichen die wildromantischen Bieszczady, teilweise urwaldähnliche, von breiten Hochebenen [Połoniny] durchzogene, bis über 1300 Meter Meereshöhe zählende Berge. Unterhalb der Beskiden erstreckt sich, Zakopane in einem Halbkreis umschließend, die Hohe Tatra, das einzige alpine Gebiet Polens; etwas niedriger, aber von tiefen Felsschluchten zerklüftet, die Pieniny; leichter zugänglich verläuft das weite Perspektiven öffnende Podhale, eine der Tatra vorgelagerte Ackerbau- und Weidelandschaft.

Am Fuße dieser Erhebungen liegt Krakau. Von da nach Osten, entlang der einstigen Karl Ludwigs-Bahn und der Fernverkehrsstraße E22, dehnt sich, reich an alten Städten, die dichtbesiedelte Ebene aus, Südpolens freundliche Kornkammer.

Königliche wie herrschaftliche Burgen, Renaissance- und Barockschlösser, altpolnische Adelshöfe, Kirchen und Klöster aus Mittelalter und Neuzeit, geschlossene historische Stadtkerne, dann die traditionelle, jedem Bezirk eigene Bauernarchitektur, die kleinen Holzkirchen der Karpatentäler, all das findet man auf der geringen Fläche Kleinpolens. Mitteleuropa geht hier sanft in östliche Gefilde über. Kriegszerstörungen gab es kaum, die Bevölkerung ist von jeher eingesessen, so daß mancherorts die Zeit stillzustehen scheint. Der Bau einiger moderner Industrie- und Siedlungskomplexe tut der Urtümlichkeit keinen Abbruch. Freilich vermißt man die von den Nazis hingemordeten Juden, doch erinnert noch hie und da ein umgewidmeter Tempel an frühere Tage. Armenische wie italienische Kaufleute errichteten stattliche Bürgerhäuser; vielen Amtsgebäuden haften traulich franzisko-josephinische Merkmale an, wie wir sie überall in habsburgischen Landen vorfinden. All das bildet den Grund zur urpolnischen Gemütlichkeit Galiziens, die im alten Siedlungsraum der Ebene von Szlachta, Magnaten, Geistlichen und Kleinbauern, im Bergland von freien Hirten geprägt wurde.

Eine Rundfahrt folgt am besten der historischen Magistrale Kraków–Wieliczka–Tarnów–Rzeszów–Łańcut, von dort leicht nördlich nach Leżajsk abzweigend, dann südlich über Jarosław nach Przemyśl. Von da geht es über Krasiczyn zu den Bieszczady, weiter über Sanok nach Biecz, Nowy und Stary Sącz, vielleicht zum Poprad-Tal, endlich zurück zur alten Königsstadt Krakau. Die besten Übernachtungsmöglichkeiten bestehen unterwegs in Rzeszów und Nowy Sącz; in den kleineren Städten bleibt die Bettenzahl äußerst beschränkt, die Unterkünfte sind eher bescheiden. Andere Ausflugsziele sind das Tatra- und Pieniny-Gebiet, das einstige Österreichisch-Schlesien, die Burgenkette nordwestlich Krakaus, das KZ Auschwitz. Krakau eignet sich auch vorzüglich für Touren in nördlicher oder nordöstlicher Richtung durch den früher russisch beherrschten Teil Kleinpolens.

191   Renaissance-Rathaus in Tarnów

An San und Wisłoka

Der erste Ort östlich von Krakau, mit hübschem, für polnische Kleinstädte typischem Marktplatz, ist *Wieliczka,* den Monarchen und Gelehrte seines berühmten Salzbergwerks wegen schon vor Jahrhunderten besuchten. Die Könige von Polen verdankten der Mine bis zu einem Drittel ihrer Einkünfte. Auch Goethe wagte sich in die merkwürdigen Stollen, in deren Tiefe aus Salz originale Gebilde geformt wurden, so Kapellen mit Altären und Kruzifixen. Die Kristallgrotte wiederum weist Wunder der Natur auf; ein Museum gibt Auskunft über die Bergbaugeschichte. Wer erkältet ist, dem genügt oft ein zweistündiger Besuch unter der Erde: Schnupfen und Husten sind dann wie weggeblasen.

Die Straßennamen des abschüssig gebauten *Bochnia* entstammen noch den Tagen des mittelalterlichen Bergbaus. Eine Stadt auf zwei Ebenen, reizvoll durch die kaum berührte Renaissance- und Barockarchitektur ihres historischen Zentrums, ist das heute stark erweiterte *Tarnów,* ein galizisches Hermannstadt. Inmitten des von niedrigen Arkadenhäusern stilvoll umrahmten Rynek erhebt sich seit vierhundert Jahren das Rathaus, von einer Ziegelattika überdacht. Die Räume beherbergen das Historische Museum, mit Exponaten zur Lokalgeschichte, Waffen, Porträtgemälden, Keramik und Glas. Der gotische Dom enthält schön gemeißelte Grabmäler von Magnaten, so des Kronhetmans Jan Tarnowski, ein Werk Padovanos. Auch das Diözesanmuseum lohnt wegen der reichen Sammlung von Altarkunst den Besuch. Beim Plac Rybny, dem Fischmarkt, sieht man die traurigen Reste der einst weithin bekannten Synagoge. In der Unterstadt, zu der steile Treppen hinabführen, zwei Klosterkomplexe der Bernhardiner; an mehreren Stellen ragen Überbleibsel der Wälle hervor. Eine «Ringstraße» umgibt den Stadtkern, dessen altväterische Atmosphäre noch durch das Fehlen jeglichen Fließverkehrs gehoben wird.

An der Wisłoka liegt das einst seines großen Ghettos halber sprichwörtliche *Rzeszów*. Kriegszerstörungen und moderne Industrieanlagen haben das Aussehen der Stadt stark verändert. Trotz einiger Kulturdenkmäler kann sich Rzeszów mit Tarnów nicht messen. Außer der barocken Pfarrkirche gibt es stilverwandte Gotteshäuser der Bernhardiner und Piaristen, ein festungsmäßig angelegtes Lubomirski-Schloß sowie, nahe zum historistisch verzierten Empire-Rathaus, zwei nach 1945 restaurierte Synagogen, die nunmehr als Kino bzw. Bibliothek dienen. Von den im Boden versinkenden, gedrungenen Behausungen armer Juden haben nur ganz wenige die Greuel der Kriegszeit überstanden.

Etwa fünfzehn Kilometer östlich liegt in einem sympathischen Städtchen die schönste Sehenswürdigkeit der Gegend, hinter den hohen Bäumen eines englischen Parks versteckt: das frühbarocke Schloß *Łańcut*. Um 1600 gehörte es einem erlauchten, doch mehr als Räuber denn als edler Ritter bekannten Herrn, dem «Teufel Stadnicki». Seine Erben, die Fürsten Lubomirski, ließen das jetzige Gebäude errichten; um 1800 wurden sie von den Grafen Potocki abgelöst, die ihrerseits klassizistische Umgestaltungen vornahmen. Am Eingangstor gemahnen uns nach 1945 in Stein gemeißelte Worte an die «feudale Unterdrückung», dank deren allein hochherrschaftliche Pracht auf Kosten des Volkes entstehen konnte. Die Führerinnen zahlreicher Gruppen von Gewerkschaftern, Betriebsangehörigen, Lehrlingen und Schulkindern haben ihren Text gut gelernt. Dem letzten Majoratsherren auf Łańcut, Alfred Potocki, werfen sie die Flucht nach Westen vor, mit sechs Waggons Inneneinrichtung und Andenken nationaler Kultur

Schafhirten in den östlichen Waldkarpaten

aus Familienbesitz, die der Graf während der heißen Julitage des Jahres 1944 vornahm. Ohne Führung gelangt man nicht ins Innere. Erfahrenen Besuchern gelingt es dennoch, zwischen zwei Gruppen verbleibend, individuell zu besichtigen.
Das zweigeschossige, rötlich schimmernde Gebäude, von sternförmigen Bastionen umgeben, besitzt einen großen Innenhof und Seitentürme. Im Parterre liegen die Gästesuiten aus dem 19. Jahrhundert; der erste Stock enthält die Ahnengalerie und gute Bilder französischer und niederländischer Meister, das Winterspeisezimmer, Herren-, dann Damenappartements, eingerichtet im Rokokostil. Auch große Salons

und Ballsäle sind hier oben, mit zum Teil prachtvollen Stuck-dekorationen und Holzintarsien. Die Repräsentationsräume weisen stark klassizistische Züge mit antiken Motiven auf; den Amor meißelte Canova. Möbel, Gobelins und Porzellan zeugen vom Reichtum und Geschmack eines der führenden Magnatenhäuser. Bibliotheks- wie Arbeitsräume erinnern an die Tüchtigkeit einer Familie, aus der bedeutende Politiker, Heerführer, Schriftsteller sowie Mäzene im Dienste Polens und Österreichs hervorgegangen sind.

Im Muzeum Powozów sind über fünfzig Karossen, Kaleschen und Jagdwagen ausgestellt. Der Rundgang durch den Park hält manche Überraschung bereit, wie Orangerie, Gloriette und Stallungen. Will der Reisende noch länger dem Lebens-gefühl «wie Gott in Polen» verbunden bleiben, kann er in den Offizinen die freilich mehr volkstümlichen Dienste von Hotel oder Restaurant in Anspruch nehmen; an Sommerabenden bietet sich ihm auch geistige Nahrung, durch Schloßkonzerte klassischer Musik.

Nun heißt es kurz vom Hauptweg abbiegen, um in der Bern-hardinerkirche zu *Leżajsk* die formvollendetste, eindrucksam-ste Barockorgel Polens zu bestaunen. Nach knapp einer hal-ben Stunde gelangt man ins hoch über den Windungen des San, malerisch zwischen drei Hügeln liegende *Jarosław*. Die einst nahe polnisch-ruthenische Sprachengrenze, die Land-schaft wie die Architektur verleihen der in Spätmittelalter und früher Neuzeit als internationaler Handelsplatz weithin be-rühmten Stadt geheimnisvoll östliche, die Weite ukrainischer Steppen ankündigenden Charakter. Durch die Warenmessen wurden armenische, griechische, walachische und italienische Kaufleute angezogen, von denen manche sich hier niederlie-ßen. Das hochbarocke Kloster auf dem westlichen Hügel ge-hört den Dominikanern, die hier das Erbe der Jesuiten antra-

ten. Der langgezogene, frühbarocke Wehrbau des östlichen, höchsten Hügels diente den Benediktinerinnen. Die Nationalsozialisten richteten hier ein Gefängnis samt Exekutionsstätte ein, in dessen Mauern mehrere tausend Menschen, Juden wie Polen, umgebracht wurden. Zwischen Dominikanerkirche und Altstadt erheben sich das spätbarocke Reformatenkloster und die spätgotische Heiliggeistkirche.

Von den Wehrmauern ist nicht viel erhalten geblieben, doch spürt man, besonders von der Grodzka, genau die Grenzen des historischen Stadtkerns. Die gedrungenen, alten Häuser stammen aus dem 16., 17., 18. und beginnenden 19. Jahrhundert. Den etwas unebenen Hauptplatz beherrscht der mächtige Renaissancebau des Rathauses, der jedoch wegen barocker und historistischer Elemente eine Stilmischung darstellt. Das Arkadenhaus der Familie Orsetti [1570] enthält das Bezirksmuseum; die umliegenden Markthäuser mit Attika stammen aus der gleichen Epoche. Im Eckhaus Nr. 12 wohnte zeitweise Königin Marysieńka Sobieska; unterirdisch ziehen sich weite Kellergewölbe unter den stimmungsvollen Altstadtgassen hin. Die Pfarrkirche ist ein Werk der Renaissance und des Barock; die nunmehr orthodoxe, früher unierte Kirche hält, gleich der Ormiańska [Armeniergasse], das Andenken an die nichtpolnischen Bevölkerungsgruppen wach. Gesamtbild und Atmosphäre machen aus Jarosław einen der am besten erhaltenen Orte des Landes. Die Nachkriegsbauten von heute beschränken sich auf die Außenbezirke und tasten das eigentliche Gefüge des autofreien Zentrums nicht an. Man sollte dabei sein, wenn die Bauern der Umgebung mit ihren Pferdefuhrwerken wie eh und je zum Markttag kommen.

196   Einstiges Kirchlein der Unierten in Lutowiska

Im breiten Santal erstreckt sich, entlang der Hänge und am Fluß, die Bischofs- und Festungsstadt *Przemyśl,* etwa zwölf Kilometer von der Sowjetunion entfernt. Bahnreisende nach Lemberg, Kiew und Bukarest steigen hier auf die Breitspurzüge um. Dem nostalgisch Angehauchten tut sich ein Dorado auf, das er erst nach längerer Besichtigung verlassen wird. Schon von der Lage her, ob man selbst unten am Ufer oder oben auf dem Schloßberg steht, sprechen die vielen barocken Kirchtürme, Bürgerhäuser sowie die Amtsgebäude der franzisko-josephinischen Zeit eine beredt kakanische Sprache. Diese Stadt ist altpolnisch, gehörte früher zugleich Ruthenen, Juden und nebenbei manch anderer Nationalität, doch für ihre harmonische Prägung erscheint eindeutig die Habsburgermonarchie verantwortlich. Man könnte ebensogut an der Mur in Graz, an der Ljubljanica in Laibach oder an der Donau in Preßburg stehen; die Silhouette böhmisch-mährischer Städte wie Olmütz drängt sich nicht minder auf. Dieses liebenswert Übernationale, Mitteleuropäische tritt an schönen Tagen doppelt hervor. Bei Altweibersommer und fallendem Laub, an verschneiten Winternachmittagen, während der Obstblüte im Frühling, oder bei hochkontinentaler Gluthitze und prallem Sonnenschein durchschreite man die verschlungenen Gassen und Gäßchen, den Park hinter der Burg oder den Festungsweg, der die österreichischen Forts, Bastionen und Gräben miteinander verbindet.

Als ein typischer Grenzort wechselte Przemyśl während des Mittelalters mehrfach den Besitzer, war im 11. und 12. Jahrhundert die Residenz ostslawischer Fürsten, bis es unter Kasimir dem Großen 1344 endgültig an Polen kam. Die strategische wie kommerzielle Bedeutung der Stadt sicherte ihr Privilegien der Könige, stattliche Wälle, Warenmessen und den Zuzug tüchtiger Handwerker. In der Neuzeit residierten hier

Ein altbewährtes Transportmittel

zwei Bischöfe, ein lateinischer und ein griechisch-unierter, es gab mehrere Klöster, jedoch ebenso etliche Protestanten sowie eine große jüdische Gemeinde. Moldauer, Tataren, Kosaken, Schweden und Ungarn haben Przemyśl meist erfolglos belagert. Als 1772 die Österreicher kamen, befand es sich in einem wirtschaftlichen Niedergang, der erst dank Bahnbau, Industrie und Handel nach 1848 ein Ende nahm. Zur napoleonischen Zeit war Przemyśl, gleich Jarosław, Privateigentum örtlicher Großgrundbesitzer. Unter den Habsburgern Sitz einer Garnison, öffnete sich das Tor zu Ostgalizien nun auch deutschen, tschechischen, ungarischen und südslawischen Einflüssen. 1873 begann der Bau von Österreichs mächtigster Festung, der bis zum Vorabend des Ersten Weltkriegs dauerte. Es gab auch ein reges Kulturleben, Presseorgane in vier Sprachen, polnisch, ukrainisch, jiddisch und deutsch, freilich auch wachsende nationale wie soziale Spannungen. Nach monatelanger Belagerung durch die Russen kapitulierten die Österreicher im März 1915, doch Anfang Juni wurde die Festung zurückerobert. Nach Kämpfen mit den Ukrainern kam Przemyśl 1919 in den Besitz der polnischen Mehrheit und blieb bis 1939 Teil der Rzeczpospolita. Nach Polens Septemberkatastrophe teilten sich Deutsche und Russen auf Grund des Ribbentrop-Molotov-Abkommens die Stadt entlang des Flusses. 1941–1944 Teil des Generalgouvernements, erlebte Przemyśl die Ausrottung seiner Juden, aus deren Reihen führende Köpfe des Sozialismus und Zionismus hervorgegangen waren. Nach Kriegsende wechselten die Untergrundbewegungen im näheren und weiteren Umland: die Polen wurden von militanten Ukrainern abgelöst, die das Land bis 1948 unsicher machten. Erst nach einer militärischen Befriedungsaktion kehrte Ruhe ein. Unter Gomułka setzte dann eine langsame Belebung der Konjunktur ein. Die ganze Zeit hindurch gab es eine rührige Intelligenzschicht; heute wirken in Przemyśl achtundzwanzig wissenschaftliche und kulturelle Vereinigungen, eine beachtliche Errungenschaft bei nur 60 000 Einwohnern.

Der westliche Vorort Zasanie besitzt ein spätbarockes Benediktinerinnenkloster. Die Grünanlagen des nördlichen Teils der Altstadt haben einen traurigen Ursprung: hier drängten sich einst auf kleiner Fläche die Behausungen des jüdischen Proletariats, auch stand dort die Renaissance-Synagoge. Der Liquidierung des Ghettos fielen diese Straßenzüge zum Opfer. Die steil bergauf steigenden Gäßchen der östlichen Altstadt, so Władycze, waren von unierten Ruthenen bewohnt; hier überdauerten Reste der Stadtmauer. Der Hauptbahnhof könnte ebenso in Budweis oder St. Pölten stehen, er bleibt ein echtes Kind der Karl Ludwigs-Bahn. Am barocken Reformatenkloster vorbei gelangt man durch eine der malerischen Gassen, vorbei am Uhrturm und an einem als Bibliothek restaurierten Tempel zum Hauptplatz voller historischer Häuser aus dem 16. bis 19. Jahrhundert. Das Offizierskasino, seitlich oberhalb des Platzes, hat als solches seit Franz Joseph alle Zeiten überdauert. Im Hintergrund des Rynek [Plac Wielkiego Proletariatu] steht die schöne Franziskanerkirche, außen gotisch und barockisiert, innen aus dem Rokoko. Etwas höher – die Besichtigung von Przemyśl gleicht zuweilen einer gesunden Bergtour – die zweitürmige Jesuitenkirche samt barockem Konvikt. In westlicher Richtung ansteigend, erhebt sich der massivste Kirchenbau der Stadt, der ursprünglich spätgotische, im Barockstil umgebaute Dom mit breiter Fassade. Den Seitenschiffen sind Kapellen führender örtlicher Geschlechter, der Drohojowski und der Fredro, angegliedert. Im 1731 umgestalteten Domherrenhaus wohnte ein bekannter polnischer Humanist, der katholische Zölibatsgegner Stanisław Orzechowski, ein typischer «Gente Ruthenus, natione Polonus».

Im Zuge unserer reizvollen Höhenwanderung gelangen wir leicht ostwärts zur barocken, von einer Rundkuppel überdachten Karmeliterkirche, der unierten Kathedrale zwischen 1785 und 1945. Der Ausblick umfaßt von hier die gesamte Altstadt. Zwei sehenswerte Sammlungen befinden sich in der Nähe: das staatliche Muzeum Regionalne und das kirchliche

202/203   *Stary Sącz*

Muzeum Diecezjalne. Hier gibt es eine lokalhistorische, archäologische, ethnographische [erstklassige Ikonen] und parteigeschichtliche Abteilung, dort gotische und barocke Plastik.

Einzelne Fragmente der Burg, die man am besten vom Dom her erreicht, sind noch romanisch. Das heutige Aussehen des eher bescheidenen, teilweise verfallenen Gebäudes entstammt der Renaissance und dem Frühbarock. Ein Teil der Festungswerke kann besichtigt werden; an mehreren Stellen sind noch deutsche Inschriften aus österreichischer Zeit zu lesen. Man lasse sich von einem sach- und sprachkundigen Führer geleiten, der erst dem Laien die Bedeutung der Anlagen verständlich macht. Am südlichen Stadtrand ruhen auf dem geräumigen Friedhof die Toten vieler Völker und Konfessionen. Sie lassen uns am besten die Vielfalt einer von Przemyśl verkörperten, unwiederholbaren Zivilisationsform erkennen.

Fünfzehn Minuten mit dem Auto, dem Santal entlang nach Süden fahrend, gelangen wir zum schönsten Renaissanceschloß Polens, *Krasiczyn,* einem Besitz zunächst der Krasicki, dann bis zuletzt der Sapieha. Ein Arkadenhof, vier attikageschmückte Bastionen an den Ecken, eine davon als Kapelle mit Kuppel ausgestaltet, die Außenwände durch Sgraffiti verziert, so präsentiert sich der Prachtbau. Er liegt inmitten eines großen, englischen Parks und wird derzeit noch renoviert. Wir müssen uns daher mit einem allerdings lohnenden, oberflächlichen Augenschein begnügen.

Wer über mehr Zeit verfügt, etwa in Przemyśl übernachtet, kann ohne Visum mit dem Korridorzug Przemyśl–Ustrzyki Dolne–Zagórz einen Bahnausflug durch die Sowjetunion unternehmen. Ohne Paßkontrolle rollt man fast eine Stunde lang durchs Gebiet der Ukrainischen Sowjetrepublik, sieht anmutige Landstriche und historische Sehenswürdigkeiten, wie das Jesuitenkolleg von Chyrów. Mit dem Autobus [nur über Polen] oder mit der Bahn [wieder über die UdSSR] kehrt man abends nach Przemyśl zurück.

Krasiczyn kann auch der Beginn einer Fahrt in die Bieszczady bilden, denen noch weitgehend Urwaldcharakter anhaftet. Die grünen Hochebenen und ausgedehnten Schafweiden steigen bis 1333 Meter an. Entlang der Strecke Ustrzyki Dolne–Ustrzyki Górne–Lesko gibt es nur wenige Siedlungen, am Ende einer Seitenstraße den schön in die Landschaft eingebetteten Stausee Solina; stößt man aber wandernd ins Innere der Wälder vor, begegnet man höchstens verwegenen Touristen, sonst jedoch keiner Menschenseele. Dafür gedeihen hier Flora und Fauna, auch Bären, Wölfe und Luchse. Wer mit Rucksack und Zelt unterwegs ist und keine Anzeichen von Zivilisation erwartet, kann unvergeßliche Stunden erleben. Dem Bequemeren sei die Autoroute empfohlen, an der es auch bescheidene Möglichkeiten der Verköstigung und Übernachtung gibt. Hier und da erheben sich kleine, ehemals den Unierten gehörende Holzkirchen. Noch häufiger wird man mit Gedenktafeln an die Bandenkämpfe der Jahre 1944 bis 1948 erinnert, so bei Cisna an den hier 1947 gefallenen General Świerczewski-Walter, einen ehemaligen Interbrigadisten des spanischen Bürgerkriegs. Die Gegend war bis 1947 größtenteils von ostslawischen Lemken bewohnt, die dann nach Schlesien und Pommern umgesiedelt wurden. Die polnischen Behörden konnten der Untergrundtätigkeit radikaler ukrainischer Wehrverbände erst durch Entvölkerung weiter Landstriche Herr werden. Terror wie Gegenterror waren rücksichtslos geübt worden und hatten zahlreiche unschuldige Opfer gekostet. Die Reste der Ukrainischen Aufstandsarmee UPA entkamen auf abenteuerlichen Wegen quer durch die nahe Tschechoslowakei nach Bayern. Seither ist die urtümliche Region zur Normalität zurückgekehrt. Zentralpolnische Ansiedler, auch kommunistische Emigranten aus Griechenland, machen das Land urbar. Noch spürt man einen an Wildwest gemahnenden Pioniergeist, der dem Geheimnisvollen der Natur am Dreiländereck eine besondere Note verleiht. Nordwestlich von Lesko lockt die freundliche Kleinstadt *Sanok,* der alte Marktplatz mit Laubengängen, das gotische Franziskanerkloster und die frühklassizistische, unter Joseph II. für die Unierten erbaute Kirche. Das Burgmuseum zeigt die größte Ikonensammlung Polens, während im Ethnographischen Park ein Skansen ostbeskidischer Volksarchitektur eingerichtet wurde.

Die Gegend weiter nach Westen führt durch Mittelgebirge, Kurorte und Marktflecken mit gotischen und barocken Sehenswürdigkeiten wie Rymanów, Brzozów, Iwonicz oder Krosno. Das Jesuitenkolleg in *Stara Wieś* bei Brzozów, die mittelalterliche Holzkirche zu *Haczów* bei Krościenko, die Felsen von *Prządki* oder die von Seweryn Goszczyński und Aleksander Fredro in die Literatur eingeführte Burgruine *Odrzykoń* verdienen Beachtung. Das historische *Biecz,* malerisch über dem Ropa-Bach gelegen, war zur Glanzzeit der Adelsrepublik ein renommierter Handelsplatz auf der Straße nach Ungarn. Das spätgotische Rathaus, alte Sgraffitohäuschen, Wehrbauten, das barocke Reformatenkloster, vor allem aber die Pfarrkirche aus dem frühen 16. Jahrhundert zieren den Ortskern.

Noch vor Krosno gelangt man nach Süden über den 1944 heißumkämpften Dukla-Paß in die Slowakei; der letzte Krieg hat hier überall schwere Wunden geschlagen.

207   Auschwitz

206

Jenseits von Biecz kommt man bei Gorlice ins große Schlachtengebiet von 1915. Entlang des Karpatenkamms reichten bis hierher ostslawische Dörfer; im südlichen Umland stechen hölzerne Kirchlein des griechischen Ritus ins Auge. Unbestrittenes Zentrum der Region ist *Nowy Sącz* [Neu-Sandez], eine Wojwodschaftsstadt, die ein geradezu perfekt altösterreichisches Antlitz bewahrt hat. Gotik, Renaissance, Barock und der Historismus des franzisko-josephinischen Zeitalters lassen uns einen Spaziergang durch die Fußgängerzone genießen. *Stary Sącz* [Alt-Sandez], näher dem Gebirge zu, besticht schon von weitem durch seine hübsche Lage. Den Marktplatz mit nostalgischen Gaslaternen umgeben kleine spätbarocke Häuser, Wahrzeichen bleibt das teils gotische, teils barocke Klarissinnenkloster, um 1280 von der seligen Kinga, der legendären Landesmutter Kleinpolens, gegründet.

Auch wer nicht zur Kur will, sollte südwärts eine Schleife schlagen, die ihn durch das romantische Popradtal, an den Erholungsorten Piwniczna [Grenzübergang in die ČSSR], Żegiestów und Muszyna vorbei, nach *Krynica* bringt. Selbst Königin Juliana der Niederlande verbrachte hier ihre Flitterwochen. Aus dem alten Heilzentrum wurde jeder Autoverkehr verbannt. Hier gilt es, mit Rekonvaleszentenschritt an den klassisch-würdigen Kuranlagen aus fernen galizischen Zeiten vorbeizuwandeln. Seitlich der Promenade locken Terrassencafés, hinter denen siebzigjährige Holzvillen im Stil der Vorkarpaten an Wildwesthotels aus Hollywoodfilmen gemahnen. Den neueren Ortsteil kennzeichnen Pensionen und Sanatorien aus der Zwischenkriegszeit, heute überwiegend Erholungsheime staatlicher Großunternehmen. Wer die weiten

208   Tatralandschaft bei Zakopane

Hänge des Hochwalds panoramisch betrachten will, der fahre mit der Standseilbahn auf die Góra Parkowa; über markierte Wege gelangt man zurück ins Tal.

Nowy Sącz, der romantische Stausee Rożnów, die Brauereistadt *Brzesko* samt Schloßpark der Barone Goetz-Okocimski bilden Etappen auf dem Weg nach Krakau. Besinnlicher könnte man sich über *Limanowa*, Schauplatz einer blutigen österreichisch-russischen Schlacht des Frühjahrs 1915 [der Soldatenfriedhof zeigt Gräber der Angehörigen vieler Völker des Donauraums], an die Weichsel begeben. Die kleinen Laubenhäuser und die spätmittelalterliche Holzkapelle eines Theologen, des seligen Simon, schmücken den idyllischen Marktflecken *Lipnica Murowana*. Die Silhouette der frühbarocken Lubomirski-Festung in *Wiśnicz* am Nordrand der Beskiden sticht schon aus beträchtlicher Entfernung ins Auge. Mühevoll wird an der Sanierung dieses Kulturdenkmals gearbeitet.

Auschwitz

Nichts im Aussehen des einst habsburgisch-schlesischen Städtchens *Oświęcim,* etwas Gotik, Barock und Historismus zwischen Marktplatz, Schloß und drei alten Kirchen, läßt das Grauen erahnen, das Millionen Menschen wenige Minuten von hier erleiden mußten. Unweit des Soła-Flusses, der etwas nördlich in die Weichsel mündet, erblicken wir hinter hohen Mauern und Stacheldrahtzäunen steinerne Baracken, die in regelmäßigen Abständen von Wachtürmen überragt werden. Zunächst sieht die Anlage schmucklos, nüchtern, völlig normal aus, nur die Befestigungen passen nicht recht in dieses Alltagsbild irgendeiner Arbeitersiedlung. Biegen wir um die Ecke zum Großparkplatz, wo Autobusse und Privatwagen aus ganz Europa anzutreffen sind, polnische Schuljugend, belgische Gewerkschafter oder deutsche Studenten, merken wir das Ziel: Konzentrationslager Auschwitz.

Es wäre vermessen, zu diesem furcherregenden Kapitel noch Neues sagen zu wollen. Autoren verschiedener Nationen, so der Österreicher Hermann Langbein oder die Polin Seweryna Szmaglewska, haben Ergreifendes geschildert, Dinge, die jedes Fassungsvermögen übersteigen. Die kalte Systematik, mit der manch braver Familienvater als willfähriger Vollstrecker eines diabolischen, absurden Vernichtungsapparates handelte, entzieht sich wissenschaftlicher Erklärung.

Im Mai 1940 wurde das Stammlager gegründet, im Januar 1942 das weiter auswärts liegende, mit eigener Bahnlinie versehene Lager Birkenau [Brzezinka]; in Monowice befand sich das Außenlager, in dem Häftlinge für die IG Farbenindustrie Sklavenarbeit verrichteten.

Die Mehrheit der angelieferten Opfer kam unmittelbar von den Zügen zu den Krematorien, die bis zu zehntausend Menschen am Tag verschlangen, insgesamt über vier Millionen aus achtundzwanzig Nationen, davon zweieinhalb Millionen Juden. Infolge des raschen Vorstoßes der Roten Armee im Winter 1945 gelang es den nationalsozialistischen Schergen nicht, trotz einiger Sprengungen die Spuren ihrer Verbrechen unkenntlich zu machen. So konnte hier bereits 1947 ein düsteres Gedenkmuseum errichtet werden, das jeder bewußte Europäer sehen sollte.

Das Stammlager betritt man durch einen Rundbogen, der das berüchtigte Schlagwort «Arbeit macht frei» verkündet. Block 15 schildert die historischen Zusammenhänge, Block 4 zeigt

212/213   Zakopane, typische Villa im Tatra-Stil

den Ausrottungsmechanismus, Unmengen von Frauenhaaren, Block 5 Zahnprothesen, Brillen, Geräte, Koffer, Schuhe, Block 6 Leben und Arbeit der Häftlinge, Block 7 sanitäre Bedingungen, Block 10 Sterilisierungsexperimente an Frauen. Zwischen Block 10 und 11, die Hinrichtungsmauer, an der zwanzigtausend Personen durch Schüsse in den Hinterkopf ermordet wurden. Der Todesblock Nr. 11 erschüttert besonders. Das Obergeschoß stellt Folter- und Strafvorgänge dar, aber auch das Unglaubliche: die Widerstandsbewegung auf Lagergebiet. Im Untergeschoß erblickt man den Gerichtssaal, im Keller die fürchterliche Stehzelle, Dunkelhaft und Hungerbunker, wo auch Pater Maximilian Kolbe den Märtyrertod starb. Zum ersten Mal wurde in dieser Hölle das Giftgas Zyklon B 1941 an sowjetischen Kriegsgefangenen und unheilbar Kranken ausprobiert. Das Alte Krematorium legte man 1943 still, als die Massenvernichtungsstätte Birkenau in Betrieb genommen wurde.

Vor dem Verlassen des Stammlagers sollte man auch die Gedenkpavillons der Länder, denen die Opfer entstammten, besuchen. Die meisten Staaten Europas sind vertreten; eine Sonderausstellung ist dem Martyrium der Juden gewidmet. Auf dem Appellplatz erhebt sich der Galgen, der 1947 zum letzten Mal als Richtstätte diente, damals für den Lagerkommandanten Rudolf Hoess. Der Schuldige, den ein Krakauer Gericht zum Tod durch den Strang verurteilt hatte, bereute öffentlich seine namenlosen Untaten.

Noch unheimlicher wirkt das eigentliche Vernichtungslager Birkenau, der größte Massenfriedhof der Welt, ein weites Feld unter freiem Himmel. Durch das Hauptportal fuhren auf Güterzügen die Gefangenentransporte ein, rechts die Quarantänebaracken, das Wächterhaus, die Selektionsrampe für Männer. Links erstrecken sich die gleichen Einrichtungen für

Frauen. In den fürchterlich engen Unterkünften mußten die Unglücklichen auf Holzpritschen zusammengepfercht leben. Obgleich sichtbar, lassen die vier Krematorien das Ausmaß des Holocaust kaum erahnen. 1967 errichteten Polen und Italiener gemeinsam das Internationale Denkmal der Auschwitzopfer als Abschluß der Gleisstrecke. Doch nichts, kein Museum und kein Mahnmal könnte auch nur annähernd das wiedergeben, was an Millionen hier verübt wurde, die durch Gas, Kälte, Hunger, Seuchen und Erschöpfung, durch die Brutalität der Bewacher und den Sadismus der SS-Ärzte entsetzliche Tode starben. Die Überlebenden sind noch da, um das Unfaßliche der Nachwelt zu bezeugen. Jeder dieses Namens würdige Mensch wird sich der Meinung des Papstes Johannes Paul II. anschließen, der von Oświęcim aus, wo er den Gottesdienst zum Gedenken an die Opfer aus allen Nationen, Rassen und Religionen feierte, und dann nochmals in seiner Rede vor der UNO die Welt beschwor: nie und nirgends dürfe sich Auschwitz wiederholen!

Hohe Tatra und Podhale

Die vollausgebaute, stark frequentierte Schnellstraße von Krakau bis hinter Myślenice führt in Polens einzige Hochgebirgslandschaft. Waldiges Mittelgebirge, langgezogene Ackerstreifen auf gewelltem Boden, blaugetünchte, strohbedeckte Hütten, hie und da eine Holzkirche, ein Erholungsort mit Pensionen und Spazierwegen wie Rabka, eine niedliche Kleinstadt wie Nowy Targ, eine Bevölkerung von Góralen, darunter manche in echten Volkstrachten, so zeigt sich uns das Podhale, die Region Polens mit der reichsten Folklore, bis hinunter zum Skizentrum Zakopane. In *Poronin* kann auch das Lenin-Museum den Westtouristen interessieren, eine bequeme Villa, darin der Revolutionär unter den Augen der toleranten österreichischen Verwaltung ein paar Monate lang geruhsam Bergluft atmen durfte. 1914 mußte Vladimir Iljitsch auf die galizische Gastlichkeit verzichten, da ihn die k.k. Behörden pikanterweise als Agenten des zaristischen Geheimdienstes ansahen... Doch genügte die Fürsprache polnischer Sozialdemokraten, und er durfte unbehelligt in die Schweiz übersiedeln.

Zakopane, ein von Urlaubern überfluteter Erholungsort, weist viele Bauten der charakteristischen Tatra-Architektur auf, schmucke Holzvillen, Pensionen und Sanatorien, die vielfach bereits vor 1914 entstanden. Das «Tout-Varsovie», Leute mit Rang und Namen, noch häufiger solche, die gerne einen hätten oder über zuviel Geld verfügen, trifft man auf der innerstädtischen Kurpromenade, den Krupówki, oder in einem der Kaffeehäuser. Manche Gebäude kamen seit Kriegsende hinzu, so das herrliche Ausblicke eröffnende Hotel Kasprowy über der Stadt. Die malerischen Seitentäler, wie Chochołów und Czarny Dunajec, sind mit dem Auto erreichbar, die meisten Ziele jedoch nur zu Fuß. Das schönste Gebirgspanorama genießt man von der Straße nach Bukowina, vom Głodówka-Plateau aus. In Łysa Polana kann man die slowakische Grenze überschreiten, aber auch auf polnischem Gebiet bis zu einem Parkplatz fahren, von dem aus man nach zwanzig Minuten Fußmarsch zum romantischen Morskie Oko [Meerauge] gelangt, einem klirrend kalten Bergsee.

Die Gräber verdienter Förderer von Zakopane befinden sich auf dem alten Friedhof neben einem lieblichen Holzkirchlein.

217 Fünfhundertjähriges Holzkirchlein in Dębno

Gegen Ende des vorigen Jahrhunderts begeisterte sich eine ganze Literaturschule für die wilde Tatralandschaft, die blutig-heldenhaften Legenden der Góralen, die Flora und Fauna des Nationalparks, dessen höchster Gipfel auf polnischem Boden 2499 Meter erreicht.

Von Nowy Targ aus lohnt ein Ausflug in die Zips, deren nordwestliche Spitze seit 1919 zu Polen gehört. Unterwegs halten wir in *Dębno,* dessen berühmte Holzkirche seit fünfhundert Jahren unberührt dasteht. Die Ruine *Czorsztyn* über dem Dunajec war einst Polens Grenzfeste; jenseits des Flusses erhebt sich die unzerstörte Burg *Niedzica,* altes ungarisches Gegenstück, bis 1945 von der Familie Páloczy-Horváth bewohnt, heute ein Ferienheim für Kunsthistoriker. In Rauhnächten wird Niedzica angeblich von der Weißen Frau heimgesucht, derer man allerdings nur nach einem tiefen Blick ins Glas gewahr wird. Den großartigen Cañon des Dunajec, der mitten durch das Pieniny-Massiv Polen von der Slowakei trennt, können wir auf einem Góralenfloß bewundern. Zu Recht gilt ein solcher Ausflug von Czorsztyn bis Szczawnica als eine von Polens wichtigsten Fremdenverkehrsattraktionen. Dieser Teil des Landes, den traditionell freie Bauern und Hirten bewohnten, unterscheidet sich wesentlich von der Ebene; wir treffen hier auf eine geographisch beschränkte, aber urwüchsige, charakteristische Variante Altpolens.

Zu den schlesischen Beskiden

An der barocken Wallfahrtskirche *Kalwaria Zebrzydowska* und dem schmucken Geburtsort Papst Johannes Pauls II., *Wadowice,* vorbei gelangen wir über die E 7 nach *Bielsko-Biała* am Fuße der Beskiden. Ärarische Gebäude der Kaiserzeit säumen die Straßen des einst national und konfessionell gemischten, katholisch-protestantischen, polnisch-deutschen Ortes. Das vornehme Bielsko [Bielitz] war bis 1918 schlesisch, das mehr proletarische Biała galizisch. Von hier aus lassen sich Ausflüge in die Gegend unternehmen, so zum Habsburgerschloß *Żywiec* [Saybusch] oder den heilklimatischen Beskidenorten Wisła und Szczyrk sowie zum Naturpark Babia Góra.

Der Olza-Fluß teilt seit 1919 das historische Teschen ins polnische *Cieszyn* und ins tschechische Český Těšín; die Grenzbrücke zwischen beiden Stadtteilen liegt an einer von Osteuropas wichtigsten Durchzugsstrecken. Einst Piastenresidenz, ging Cieszyn 1653 an die Habsburger über, deren Schloß [1837] die Stadt überragt. Noch ist ein gotischer Turm erhalten, daneben die romanische Rotundenkapelle aus dem 11. Jahrhundert. Das hügelig ansteigende Zentrum gehört zu Polen, die Tschechoslowakei bekam die Bahnhofsvorstadt. Beschauliche Spaziergänge führen durch winkelige Gassen mit Bürgerhäusern aus Barock und Klassizismus; die gotische Pfarrkirche und die Jesuitenkirche der Katholiken, daneben die barocke protestantische Kirche weisen auf die alte konfessionelle Vielfalt hin. Im früheren Palais Larisch wurde ein reichhaltiges Regionalmuseum mit historischen, volkskundlichen und kunstgeschichtlichen Schaustücken untergebracht.

Von Bielsko aus empfiehlt sich auch ein Abstecher zum neubarocken, inmitten eines großen Parks gelegenen Schloß *Pszczyna*. Es lohnt ein Besuch des Möbelmuseums, da die Inneneinrichtung der Herzöge von Pless im Originalzustand erhalten blieb. Auch in diesem Städtchen, das bis 1919 preußisch war, gibt es je eine katholische und eine protestantische Kirche; der nahe Wald beherbergt eines der wenigen alten Wisentreservate Europas.

KRAKÓW [KRAKAU], DAS SLAWISCHE ROM

Krakau ist eine Welt für sich. Mit dem hektischen, lärmenden, ständig veränderungssüchtigen Warschau verglichen, wirkt es wie eine Oase der Ruhe des teils wehmütig, teils heiter das Gestrige Bewahrenden. Freilich, die alten Gassen sind an Wochentagen voll von Menschen, die einkaufen, schnell einen Mokka trinken, Bekannte treffen oder ohne erkennbares Ziel dahineilen. Doch dahinter versteckt sich ein besonderes, beschauliches Lebensgefühl. Etwas überheblich ob der kulturellen und historischen Werte, als deren Wächter man sich betrachtet, blickt man mit geheimem Neid auf die neureiche Hauptstadt, die moderner, sauberer, zielstrebiger an der Spitze des Fortschritts steht. Der Krakauer wähnt sich mitunter vergessen, beiseite geschoben; er nörgelt und sinniert gerne in den Mauern seines lebendigen Freilichtmuseums. Dieses

1 Annakirche [K. św. Anny]
2 Marienkirche [K. Mariacki]
3 Peter-Pauls-Kirche [K. św. Piotra i Pawła]
4 Augustinerkirche
5 Wawelschloß
6 Florianitor [Brama Floriańska], Barbakane
7 Rathausturm [Wieża Ratuszowa]
8 Tuchhallen [Sukiennice]
9 Collegium Maius

10 Bernhardinerkirche
11 Dominikanerkirche
12 Franziskanerkirche
13 Remuh-Synagoge [Bożnica Remuh]
14 Alte Synagoge [Bożnica Stara]
15 Fronleichnamskirche [K. Bożego Ciała]
16 Słowacki-Theater
17 Adalbertkapelle [K. św. Wojciecha]

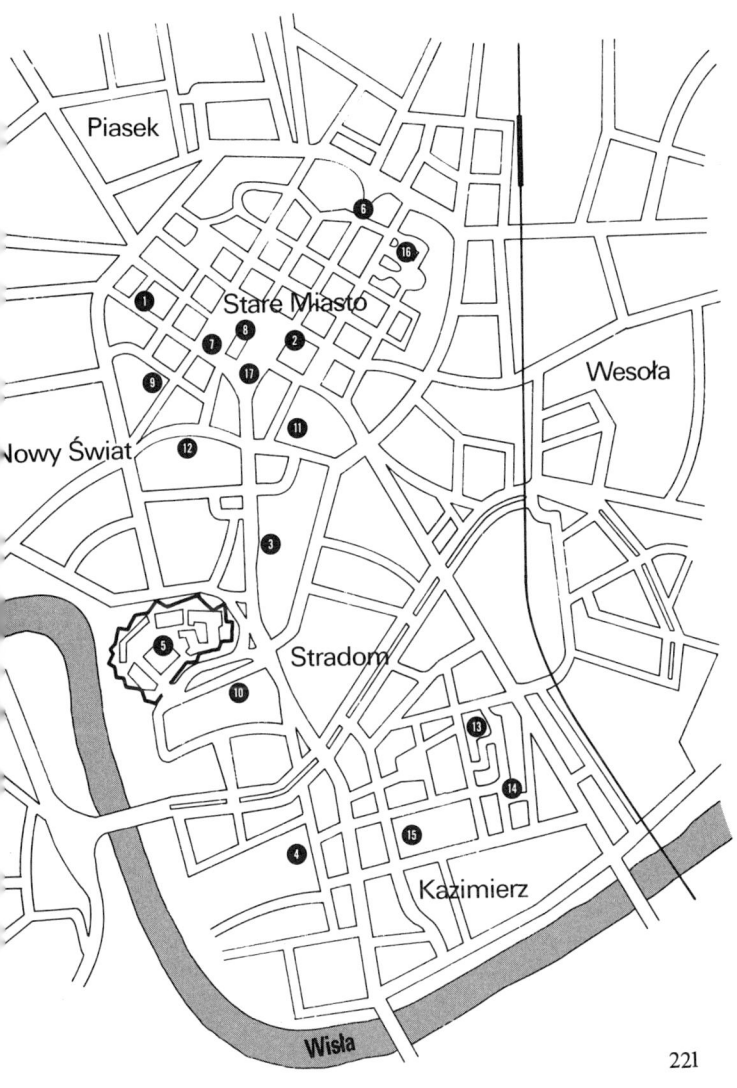

Piasek

Stare Miasto

Wesoła

Nowy Świat

Stradom

Kazimierz

Wisła

221

«slawische Rom» – seiner vielen Kirchen und Klöster wegen
so bezeichnet – läßt sich durch nichts und niemand jemals
von seiner Eigenart abbringen. Immer noch das führende Bil-
dungszentrum des Landes – nirgends in Polen beherrschen
Studenten, Künstler und Intellektuelle so sehr das Bild der
Innenstadt – , blickt das humanistische Krakau in verflossene
Tage zurück. Zumal dem Österreicher wird mit betonter
Herzlichkeit begegnet – war doch Wien Residenz des guten
Kaisers Franz Joseph, dem das polnische Volk so viel zu verdanken hat und dessen Tage bei den Senioren noch Gegenstand nostalgischen Schwelgens sind. Mitunter schreiten noch
Herren und Damen der guten Gesellschaft von anno dazu-
mal, in Pelze und Hüte der dreißiger Jahre gekleidet, würdig
und weltabwesend über die grünen Parkanlagen der Planty,
an ihnen vorbei eine Gruppe Veteranen in polnischer Vor-
kriegsuniform. Man reibt sich die Augen, aber es ist kein
Traum, sondern Wirklichkeit.

Hitlers Schergen haben dafür gesorgt, daß die Stadt nach
sechs Jahrhunderten ihrer Juden beraubt wurde, die ein mit-
prägendes Element darstellten. Trotzdem vermag ein Bummel
durch das Ghetto von Kazimierz Erinnerungen an die unter-
gegangene hebräische Kultur wachzurufen.

Krakau, mit seinen Tauben, Blumenverkäuferinnen, Teras-
senkaffees und der sommerlichen Pferdestraßenbahn auf dem
Marktplatz fasziniert jeden feinfühligen Menschen durch die
Geschlossenheit seiner historischen Bauwerke.

Lage und Geschichte

Krakau, inmitten eines Talkessels gelegen, bietet nicht den
weithin sichtbaren Mittelpunkt einer Landschaft. Erst wenn

222

er die Stadt betritt, erblickt der staunende Besucher plötzlich ein Meer von Kirchtürmen, am Rande überragt von der stolzen, rötlich schimmernden Masse des königlichen Wawelschlosses auf dem gleichnamigen Hügel über der Weichsel. Das beste Panorama bieten die Kościuszko-Kuppe mit österreichischer Festung oder die Dachterrasse des Hotels Cracovia; vom Schloßberg endlich gleitet das Auge über den Strom und über die Altstadt zu Füßen des Wawel.

Die letzten Ausläufer der Karpaten stoßen bis südlich von Krakau vor; nördlich zeichnen sich die Hänge des kleinpolnischen Hochlandes ab, während im Osten die Ebene Mittelgaliziens liegt und im Westen, nur dreißig Kilometer weit, das galizisch-schlesische Industrierevier beginnt. Eine der merkwürdigsten Landschaften Mitteleuropas, der Krakau-Czenstochauer Jura, aus Granit, Kalk und Sand bestehend, reicht bis nahe an den Nordwesten der Stadt heran. Zwei Autostunden von der ČSSR entfernt, befindet sich Krakau an einem Schnittpunkt: es verbindet die Ostsee mit der pannonischen Tiefebene und Deutschland mit der Ukraine. Diese günstige Verkehrslage ermöglichte der ihrem Ursprung nach slawisch-awarischen Wehrsiedlung schon im 10. Jahrhundert, wie der jüdische Reisende aus Córdoba, Ibrahim ibn Jakub, im Jahre 965 berichtete, als Umschlagplatz auf der Handelsstraße Kiew–Prag eine hervorragende Rolle zu spielen. Wahrscheinlich befand sich Krakau zwei Menschenalter davor unter böhmischer Herrschaft; um 1000 war es nicht nur Bischofssitz, sondern eines der Zentren des frühen Polenstaates. Kasimir der Erneuerer erwählte die Stadt 1039 zu seiner Residenz. Die nahen Salzvorkommen trugen zum Reichtum Krakaus bei. Romanische Bauten und Baureste des 11. und 12. Jahrhunderts zeugen von kultureller Verbundenheit mit dem Westen. Während der Zersplitterung Polens in Teilfürstentümer blieb

Krakau Sitz des mächtigsten Herzogs. Heinrich der Bärtige und Bischof Iwo Odrowąż planten um 1230 eine Stadterhebung nach polnischem Recht, doch brachte der Tatareneinfall von 1241 furchtbare Zerstörungen. Bald aber, wie so mancher heimgesuchte Ort im östlichen Mitteleuropa, erstand Krakau wieder, moderner nun und ein Mittelpunkt von Handwerk und Gewerbe. Seine Markttage zogen Kaufleute aus allen umliegenden Ländern an. Bolesław der Schamhafte verkündete 1257 das Lokationsprivileg nach Magdeburger Recht, mit einem Bürgermeister an der Spitze des frei gewählten Stadtrates, samt Zuerkennung der ausübenden und richterlichen Gewalt. Schlesische Architekten entwickelten ein neues städtebauliches Konzept, das heute noch für das Aussehen des Innenbezirkes bestimmend bleibt. Nach wie vor bildet der 40 000 Quadratmeter große Marktplatz das Herz Krakaus, von dem die historischen Straßenzüge ausgehen. Eine Fülle von Kirchen und weltlichen Gebäuden, wie Rathaus, Stadtwaage, Universität, Wälle und Bastionen, enstanden zwischen dem 13. und 15. Jahrhundert. Nur ein Teil dieser Backsteingotik ist unverändert erhalten geblieben; so verschwanden im 19. Jahrhundert Rathaus und Waage sowie fast alle Befestigungsanlagen. Die Gotteshäuser wurden später barockisiert, ohne aber ihre Grundstruktur einzubüßen.

Das Mittelalter hat die Weichen für die gesamte Entwicklung gelegt. Der Aufstand des politisch nach Böhmen schielenden deutschen Bürgertums gegen Herzog Władysław Łokietek im Jahre 1311 wurde bald niedergeschlagen und hatte die Ausmerzung des Deutschen als Verwaltungssprache sowie die stufenweise, friedliche, aber fortschreitende Polonisierung der

225 Die Krakauer Planty im Winterkleid

städtischen Oberschicht zur Folge – die unteren Schichten waren von jeher polnisch gewesen. König Kasimir der Große sorgte für den raschen Weiterausbau seiner Residenz. Neben der wirtschaftlichen Bedeutung Krakaus mit seinem blühenden Zunftwesen rückte fortan die politische Rolle der Königsstadt immer stärker in den Vordergrund. Bis 1609 blieb der Wawel Sitz des Herrschers.

Seine kulturelle Funktion stellte Krakau auf eine Stufe mit Prag und Wien: 1364 errichtete Kasimir die Krakauer Akademie, die erste Universität auf polnischem Boden, die allerdings erst 1400 ihre Tätigkeit voll aufnahm. Sie errang binnen kurzer Zeit europäisches Ansehen dank dem hohen Stand ihrer Rechtswissenschaften, der Erdkunde, der Mathematik und der Astronomie. Ungarische, deutsche und tschechische Studenten gesellten sich zu den einheimischen. Auch Literatur und schöne Künste fanden in Krakau einen fruchtbaren Nährboden, besonders unter dem Einfluß des sich nach 1450 von Italien her stark ausbreitenden Humanismus.

Unter König Kasimir kam es zur ersten großen Welle jüdischer Einwanderung. Die geistige Leistung des Krakauer Judentums war kaum geringer als die der Prager Gemeinde: es schuf nicht nur eine berühmte Talmudschule, sondern auch einen charakteristischen Synagogenstil.

Die Jagellonendynastie, vor allem die Renaissancefürsten Sigismund der Alte und Sigismund August, erwarb sich durch ihr Mäzenatentum bleibende Verdienste um die Stadt. Im prunkvollen Palast auf dem Wawel gedieh das höfische Leben; italienische Architekten gaben der Weichselmetropole südländischen Anstrich. Die wirtschaftlichen und politischen Veränderungen des ausgehenden 16. Jahrhunderts wirkten sich jedoch für die Entwicklung Krakaus schädlich aus. Die Könige übersiedelten nach Warschau – in Krakau wurden sie nur mehr gekrönt und begraben. Außer einigen, zum Teil sogar formvollendeten Kirchen entstand kein hervorragendes Bauwerk mehr. Die Leistungen der Universität gingen zurück; die Kriege des 17. und 18. Jahrhunderts fügten Krakau, das seit der ersten Teilung Polens 1772 hart an der Grenze der Habsburgermonarchie lag, großes Leid zu. Nach dem Aufstand Kościuszkos besetzten 1794 die Preußen den Wawel und machten 1795 den Österreichern Platz. Kaiser Franz I. ließ die Wälle abtragen; nur das Florianitor und die Barbakane blieben übrig. Bis 1809 ein Teil Galiziens, kam Krakau durch den Schönbrunner Friedensvertrag zum napoleonischen Herzogtum Warschau, wurde aber 1815 auf dem Wiener Kongreß zur unabhängigen Republik erklärt, die während der einunddreißig Jahre ihres Bestehens 1180 Quadratkilometer umfaßte und von je einem Vertreter Rußlands, Österreichs und Preußens überwacht wurde. 1846 führten eine Revolution und die Diktatur Tyssowskis zur Annexion Krakaus durch Metternich. Während des Völkerfrühlings Ausgangspunkt gemäßigt liberal-demokratischer Reformbestrebungen, erholte sich die Stadt nach dem Brand von 1850 zunächst nur langsam, verzeichnete indes ab 1860 einen deutlichen Aufschwung in Handel, Gewerbe und kulturellem Schaffen. 1872 entstand unter dem Patronat von Erzherzog Karl Ludwig die erste polnischsprachige Akademie der Wissenschaften. Die Bürgermeister Józef Dietl, Mikołaj Zyblikiewicz und Juliusz Leo sorgten für Krakaus Modernisierung und Vergrößerung. Die adelig-großbürgerliche, stark katholisch orientierte Partei der Krakauer Konservativen spielte über den Rahmen Galiziens hinaus in der gesamten österreichischen Reichshälfte eine hervorragende Rolle. Auch die Führer der Sozildemokratie, Ignacy Daszyński und Herman Diamand, vertraten die Weichselmetropole im Wiener Reichsrat. Um 1900 war Krakau mit seinen Kabaretts und Kaffeehäusern Ausgangspunkt modernistischer Strömungen in Literatur und Kunst.

1914 Sitz des polnischen Obersten Nationalkomitees, das eine Vereinigung Russisch-Polens mit der Donaumonarchie anstrebte, beherbergte Krakau 1918 die Polnische Liquidierungskommission, die eine friedliche Machtübergabe Österreichs an die wiedererstandene Rzeczpospolita sicherte. In der Zwischenkriegszeit vergrößerte sich die Zahl der Fabriken und Wohnhäuser, doch bewirkten die sozialen Spannungen 1923 und 1936 schwere Zusammenstöße zwischen Arbeitern und der Polizei. 1939–1945 war Krakau Sitz des deutschen Generalgouverneurs Hans Frank, wurde aber im Januar 1945 von der deutschen Wehrmacht und den nationalsozialistischen «Kulturträgern» so gut wie kampflos geräumt. Nun folgte die Anpassung der unzerstörten, doch durch den Krieg verarmten Stadt an die Wirklichkeit Volkspolens. 1947–1954 dauerte der Bau der neuen Großsiedlung Nowa Huta im Nordosten, so daß Krakau nun – im Gegensatz zu früher – über eine beachtliche industrielle Infrastruktur verfügt.

Die geringen Entfernungen und die Vielzahl der Sehenswürdigkeiten bestimmen von vornherein, daß eine Besichtigung Krakaus vernünftigerweise nur zu Fuß erfolgen kann. Mit dem Auto sollte man lediglich die etwas abseits liegenden Objekte aufsuchen. Das eigentliche, etwas über den Planty-Ring hinausreichende Zentrum kann wohl in zwanzig Minuten schnellen Schrittes durchquert werden, doch braucht der geschichtsbewußte Tourist zwei bis drei Tage, ehe er den Reiz der versteckten Winkel und der Architektur ausgekostet hat. Die Besichtigung des Königsschlosses und der Museen erfordert mehrere Stunden. Mindestens vier Tage Aufenthalt scheinen für Krakau angemessen; will man aber noch Ausflüge unternehmen, wird eine Woche gerade richtig sein.

Altstadtbummel

Den Stolz der Stadt bildet der *Hauptmarkt* [Rynek Główny], dessen Fläche zum überwiegenden Teil als Fußgängerzone eingerichtet ist, mit den *Tuchhallen* [Sukiennice], 108 Meter lang und 18 Meter breit, als zentralem Blickfang. Giovanni Maria Padovano versah 1556–1559 das unter König Kasimir aus kleinen Kramläden zusammengesetzte Kaufhaus mit einer Attika, die der Hofbildhauer Bernardo Santi Gucci um Verzierungen bereicherte. Das Wunderwerk italienischer Renaissance büßte während der folgenden Jahrhunderte durch stillose Anbauten weiterer Geschäfte viel von seinem Reiz ein, doch brachten die nach 1860 durchgeführten Restaurierungsarbeiten die frühere Gestalt wieder zum Vorschein. Heute befinden sich in der Halle des Erdgeschosses Läden, die Souvenirs, Erzeugnisse der Volkskunst, Teppiche, Textilien, Leder- und Glaswaren feilbieten. Es gibt dort auch eine Auskunftsstelle des Krakauer städtischen Reisebüros «Wawel-Tourist» und das Kaffeehaus «Noworol», dessen gewollt francisko-josephinische Einrichtung gut zum nostalgischen Charakter der Umgebung paßt. Nehmen wir an einem schönen Sommertag im Freien bei Mokka und Torte Platz, spüren wir die Atmosphäre des Südens. Hunderte von Tauben, von denen die Sage berichtet, in ihnen wohnten die Seelen mittelalterlicher Krieger, spazieren zwischen den Blumenverkäuferinnen herum. Respektlos, oder vielleicht als Wächter, sitzen sie auf Kopf und Schultern des Denkmals von *Adam Mickiewicz,* das zu Ehren des polnischen Nationaldichters anläßlich seines hundertsten Geburtstages 1898 errichtet wurde. Schräg gegenüber erheben sich zur Linken die ungleichen Türme der Marienkirche, rechts der kleine, aber massive Bau der romanischen, später barockisierten St.-Adalberts-Kapelle, geradeaus die geschlossene Front alter, ursprünglich gotischer Bürgerhäuser. Fröhliche Jugend tummelt sich herum, Touristen zücken ihre Photoapparate, die Einheimischen betrachten die Auslagen der Buch-, Schallplatten- und Textilienhandlungen. Im ersten Stock der Sukiennice befindet sich die polnischer Malerei gewidmete *Galerie des Nationalmuseums* [Eintritt täglich außer dienstags, an Sonn- und Feiertagen Besichtigung von 10–15.30, an Donnerstagen von 12–18 Uhr, sonst von 10–14.30]. Saal I beherbergt Meister des 18. und beginnenden 19. Jahrhunderts, Saal II den Romantiker Piotr Michałowski, Saal III typische Historienmalerei Henryk Siemiradzkis, Jan Matejkos, Artur Grottgers, Jacek Malczewskis und anderer, Saal IV Modernismus, insbesondere von Józef Chełmoński und Antoni Gierymski. Es lohnt sich, die Darstellungen polnischer Landschafts- und Geschichtsszenen eines Besuches zu würdigen.

Auf der anderen Seite der Tuchhallen steht, etwas einsam und verlassen, der 1383 beendete *Rathausturm* [Wieża Ratuszowa], leider des dazugehörigen Hauptgebäudes beraubt, das wegen akuten Verfalls 1818 «der Verschönerung halber» abgerissen wurde. Zur österreichischen Zeit schmiegte sich noch das kleine Häuschen der Hauptwache an den Turm. 1961 durchgeführte Grabungen brachten ausgedehnte, gotische Kellergewölbe zum Vorschein, die einst teils als Folterkammer, teils als Schankstätten schlesischen Biers gedient hatten. Nunmehr befindet sich im Rathauskeller die *«Kawiarnia Ratuszowa»*, ein gemütliches Studentenlokal, in dem Speise und Trank von mittelalterlich gekleideten Serviertöchtern ausgetragen werden.

Kunsthistorisch am bemerkenswertesten ist die 1221/22 errichtete, 1355–1365 umgebaute *Marienkirche* [Kościół Mariacki]. Der höhere ihrer beiden Türme, unterhalb der Spitze von sechzehn kleinen Türmchen umkränzt, diente von jeher als Wachturm. Einer alten Sitte getreu bläst jede volle Stunde der Wächter sein Signal in die vier Windrichtungen. Er unterbricht jäh, wie sein Vorgänger, der 1241 von einem Tatarenpfeil durchbohrt wurde. Im niedrigeren Turm hängen die fünfhundert Jahre alten Glocken. Eine Legende berichtet, zwei Brüder seien für den Bau verantwortlich gewesen. Der ältere hatte seinen Turm früher beendet und erschlug den jüngeren, damit dessen Turm auf ewig niedriger bleibe. Von Gewissensbissen geplagt, stieß er sich dann einen Dolch in die Brust und stürzte sich von ganz oben auf den Marktplatz hinunter, wo er zerschmetterte. Der Dolch hängt heute noch in den Tuchhallen.

Das Kircheninnere stammt aus mehreren Epochen, vieles ist barock. Bemerkenswert sind die gotischen Fenster im Presbyterium. Zierde des Gotteshauses und eine der Hauptsehenswürdigkeiten Polens bleibt der berühmte geschnitzte Altar von *Veit Stoß* [Wit Stwosz] aus den Jahren 1477–1489, der Szenen aus dem Leben Christi und der Jungfrau Maria darstellt.

Die «Szara Kamienica» aus dem 13. Jahrhundert, Rynek Główny 6, das älteste Bürgerhaus der Stadt, besitzt eine schmuckvolle Renaissancefassade, ebenso wie das von Italienern gestaltete Nachbarhaus der Familie Montelupi, die unter den letzten Jagellonen Postmeister des Königreichs waren. Das Haus zu den Eidechsen [Kamienica Pod Jaszczurami] dient einem Studentenklub und dem experimentellen «Teatr 38». Im Boner-Haus heiratete 1605 der falsche Demetrius die ehrgeizige Maryna Mniszech. Das Haus zum Goldenen

Haupt [Pod Złotą Głową] war früher der Sitz der alten Stadt-
apotheke; überquert man die Grodzka-Gasse, kommt man
gleich am «Wierzynek» vorbei, errichtet kurz nach 1300. Darin befindet sich ein altrenommiertes Restaurant. Zwei Häuser
weiter, gleich hinter der Alten Münze, steht das Haus zum
Blauen Löwen [U Modrego Lwa].

Am klassizistischen Palais Zbaraski neben der Einmündung
zur Bracka-Gasse vorbei kommen wir zur Ecke Wiślna/
Św. Anny und biegen, den Marktplatz-Rundgang fortsetzend,
nach rechts zum *Palais Potocki* ab, dessen gegenwärtige Vorderfront aus dem Jahre 1860 stammt. Zwei Widderköpfe über
dem Hauptportal gaben dem Palais den Namen «Pod Baranami». Viele berühmte Gäste wohnten hier, angefangen 1709
vom russischen Zarensohn Aleksej bis zu Kaiser Franz Joseph. Der glanzvollste Salon der Stadt ließ «Pod Baranami»
vor dem Ersten Weltkrieg zum Zentrum des Gesellschaftsle-
bens in Westgalizien werden. Hier trafen sich auch die politischen Köpfe der Krakauer Konservativen. Im Palais werden
heutzutage Sprach- und Bildungskurse abgehalten, im Keller
befindet sich ein Kabarett für die Jugend. Die anschließenden
Renaissancegebäude, wie das Haus Zum Lamm [Pod Jagnię-
ciem] und das Palais Małachowski machten im 17. und
18. Jahrhundert starke Veränderungen durch. Die fremdspra-
chige Buchhandlung und das größte Feinkostgeschäft Krakaus können hier dem ausländischen Besucher gute Dienste
erweisen. Am Zipser Palais [Pałac Spiski] unter Nummer 34
mit dem – einstmals eleganten – Restaurant «Hawełka» vorbei gelangt man zum *Palais Krzysztofory,* 1682–1684 aus der
Verschmelzung dreier gotischer Bürgerhäuser entstanden;
den Innenhofbrunnen ziert das Wappen «Leliwa» der angesehenen Adelsfamilie Wodzicki, die das Palais bis zum letzten
Krieg ihr Eigentum nannte. Jetzt befindet sich darin eine Ab-

teilung des Historischen Museums der Stadt mit wechselnden Kunstausstellungen und der Experimentalbühne «Cricot 2». Der riesige, aus dem Mittelalter stammende Keller, um den sich die geheimnisvollsten Sagen ranken, ist Teil des Museums.

Die vierte, als «A–B Linie» bezeichnete Seite des Marktplatzes reicht von der Ecke Szczepańska/Sławkowska-Gasse bis zur Floriańska. Hier scharen sich die Fußgänger um die Nationalbank, die russische Buchhandlung oder eines der Geschäfte und Kaffees. Den Fremden zieht es am meisten zur «Kamienica Pod Jeleniem», dem Haus zum Hirschen [Nr. 36], das Goethe und Nikolaus I. als Herberge diente, oder zum Haus Nr. 47, das dem Markgrafen Wielopolski, nach dem Scheitern seiner Politik in Russisch-Polen, zur Heimstätte wurde. Das Haus des Narodowy Bank Polski steht alten Krakauern noch als «Hôtel de Saxe» in Erinnerung, das den vielgelesenen Romanschriftsteller Bolesław Prus und andere namhafte Persönlichkeiten zu seinen Gästen zählte.

Der Kreis um die Tuchhallen ist geschlossen, ein Ort des Frohsinns und der Sonne. Die umliegenden Gassen strahlen eine völlig andere, eher ernste Stimmung aus. Jede von ihnen bildet eine Welt für sich, man begegnet kaum der gleichen Art Menschen. Auf der Sławkowska gibt es, der Geschäfte halber, viel jüngere, lachende, bepackte Frauen, auch manch ein «Studierter» zeigt sich, mit abgegriffener Aktentasche unterwegs zur Akademie der Wissenschaften. Kleinere Seitengassen, wie Św. Marka, Św. Jana oder Solskiego, scheinen ein Refugium von Greisen, Geistlichen und Nonnen geworden zu sein. Selten fahren Autos durch, manchmal lädt ein Pferdewagen Kohle oder Altwaren ab. Gesprochen wird wenig.

Krakau bleibt ein Ort der stillen, verinnerlichten Frömmigkeit. Außer in der Marien-, Annen- oder Karmeliterkirche, wo

Gläubige jeden Alters laut und inbrünstig, am Sonntag dicht aneinandergedrängt, aber auch an Wochentagen traditionelle Lieder zur Ehre Gottes singen, haftet den Kirchen etwas Trauriges an. Alte, einsame Frauen beten stundenlang murmelnd ihren Rosenkranz, der Hauch des Vergänglichen breitet sich darüber. Die historischen Gemäuer sind mitten im Zentrum Oasen der Stille. Jeder Stein ist Vergangenheit, längst Überwundenes, und trotzdem – der Besucher von auswärts hat Zeit, das Unbeschreibliche auf sich einwirken zu lassen.

An den Besuch des Marktplatzes schließt man einen Spaziergang durch die Szczepańska, den Plac Szczepański, die Reformacka, Pijarska, Św. Jana, Św. Marka bis zurück zum Rynek an, dann verfolgt man die Floriańska bis zum gleichnamigen Stadttor. Von dort gelangt man zum Plac Św. Ducha mit dem Słowacki-Theater, danach durch die Szpitalna zum Mały Rynek samt Plac Mariacki, Sienna, Mikołajska und Św. Krzyża; durch die Grodzka führt der Weg zum Plac Bernardyński unterhalb des Wawel. Zurück geht es durch die Kanonicza, Senacka, Poselska zur Dominikańska; die Grodzka am Plac Wiosny Ludów zur Franciskańska hin überquerend, gelangen wir über die Bracka zur Gołębia, Jagiellońska und Św. Anny, also mitten ins Herz des sich hinter dem Rynek erstreckenden Universitätsviertels. Die Besichtigung, mit Muße genossen, dauert den ganzen Tag, den Marktplatz inbegriffen. Die Kirchen sollten auch im Inneren begangen werden; die Museen spare man sich lieber für den nächsten Tag auf. Unterwegs empfiehlt sich ein Mittagessen bei Wierzynek [Rynek 19] in

237   Der Krakauer Marktplatz mit Marienkirche und
Mickiewicz-Denkmal

der Staropolska [Sienna] oder im – guten, aber häufig über-
füllten – ungarischen Spezialitätenrestaurant Balaton
[Grodzka]. Das Francuski [Pijarska] bietet eher unpersönliche
Hotelküche. Wer Kaffeehausatmosphäre liebt, wird in der Li-
teracka [Pijarska], der Jama Michalika [Floriańska] oder Pod
Pawiem [einst aristokratischer Salon in der Grodzka] das Ge-
wünschte finden.

Der weiträumige Plac Szczepański, benannt nach der seit langem abgetragenen Stefanskirche, verfügt nicht nur über einen
für Touristen nützlichen, bewachten Großparkplatz. Was ihn
auszeichnet sind zwei Gebäude. Der *Pałac Sztuki,* 1901 im
Geiste der Wiener Sezession errichtet, trägt an seiner Außen-
front die Büsten bedeutender Krakauer Künstler der Jahrhundertwende, von denen zumindest Kossak, Matejko, Rodakowski und Wyspiański dem gebildeten Nichtpolen ein Begriff sind. Im Inneren zeigen moderne Maler und Graphiker
ihre Werke. Das Haus der Familie *Szołayski* [Nr. 9] enthält
eine Abteilung des Nationalmuseums, die polnischer Malerei
und Bildhauerei des 14. bis 18. Jahrhunderts, insbesondere im
Krakauer Raum, gewidmet ist. Vor allem die spätmittelalterlichen Schnitzereien aus der Schule von Veit Stoß verdienen
Beachtung.

Die vom Ende des Platzes nach rechts führende Reformacka,
ein kurzes Gäßchen nahe der Planty-Grünanlagen, liegt am
barocken Klosterkomplex der *Reformaten,* in deren Kellergewölbe die mumifizierten Leichen der Ordensleute aufbewahrt
werden. Gleich beginnt die Św. Marka-Gasse, an deren Ecke
zur Sławkowska wir die spätgotische Backsteinkirche des
hl. Markus sehen mit dem Renaissance-Marmorgrab des seligen Michał Gedroyć, barockem Stuckdekor und Altar.

Die *Sławkowska*-Gasse, gleich dem ganzen umliegenden Viertel von einheitlichem historischem Gepräge, weist die für Kra-

kau typischen, gedrungenen, meist zweistöckigen Häuser auf. Das Palais Tarnowski [Nr. 13 und 15] besitzt ein schönes Portal. In den Rahmen gut eingefügt wurde 1864 die heutige Residenz der Akademie der Wissenschaften samt Bibliothek und Naturhistorischem Museum [Nr. 17]. Das traditionsreiche Grand Hôtel aus k. u. k. Zeiten ist ein beliebter Treffpunkt alter Krakauer. Die *Św. Jana* [Johannesgasse], parallel zur Sławkowska und Floriańska verlaufend, erreicht man nun durch die Ludwika Solskiego; auch hier, in dieser Gasse, die nach ihrer barocken Kirche benannt wurde, sieht sich der Betrachter einer homogenen Häuserreihe gegenüber. Das Palais Wodzicki [Nr. 11] hat eine Rokokofassade, während die Außenseite des Palais Lubomirski [Nr. 15], der Sitz des Institut Français, klassizistische Merkmale aufweist. Stark italienisch geprägt ist die «Kamienica Krauzowska» [Nr. 12], nunmehr historisches Museum des Krakauer Zunftwesens [Öffnungszeiten: siehe Krzysztofory].

Vor uns erstrecken sich jetzt nach rechts hin an der Pijarska – zur linken Hand steht das Piaristenkloster aus der Zeit 1718–1759 – einige Bauwerke, die zu den wichtigsten Krakaus zählen. Zunächst wenden wir uns dem architektonisch wenig ansprechenden, aber wegen seiner Schätze bedeutsamen *Palais Czartoryski* zu. Ein Bogen mit der «Pogoń Litewska», dem Reiter im Familienwappen, überspannt die Gasse; Fürst Władysław Czartoryski, der Sohn des «De-Facto-Königs» Adam Jerzy, ließ hier im letzten Viertel des vorigen Jahrhunderts ein Museum einrichten, das neben der großen Sammlung von Waffen und Kunsthandwerk aus dem alten Polen eine der drei wichtigsten Bildergalerien des Landes beherbergt. Leonardo da Vincis «Dame mit dem Hermelin» und Rembrandts «Landschaft mit dem Barmherzigen Samariter» sind der Stolz des Museums, das sich darüber hinaus einer ansehnlichen

Zahl von Werken italienischer, flämischer und holländischer Meister erfreut.

Schräg gegenüber ziehen sich die unzerstört erhaltenen Stadtbefestigungen hin. Die *Brama Floriańska,* das Tor am Ende der Florianigasse, 1300–1307 entstanden, seither dreimal leicht verändert, weist den Übergang zu den ehemaligen Wallanlagen, von denen nur mehr die Barbakane erhalten ist. Am breiten Grüngürtel der Planty, deren Bäume und Sträucher an Wintertagen, von Schnee und Rauhreif bedeckt, feenhafte Visionen hervorrufen, erkennt man klar den Verlauf der Wehrvorrichtungen. Östlich wird das Florianitor von der aus gebranntem Ziegelstein im 15. Jahrhundert erbauten Baszta Pasamoników flankiert, westlich von der Baszta Stolarska. An diese Bastion schließt sich das bürgerliche *Zeughaus* an [Arsenał Miejski]. Es stammt aus den Jahren 1565/66; seine Innenräume wurden 1875 den Erfordernissen der fürstlich Czartoryskischen Bibliothek angepaßt. Gegenwärtig [solange sich das Museum im Umbau befindet] dient das «Arsenał» als Ausstellungsraum für die wichtigsten Exponate. Dahinter steht die Baszta Ciesielska, noch aus den Tagen Kasimirs des Großen.

Architektonischen Seltenheitswert besitzt die kreisrunde *Barbakane* [Barbakan Floriański], 1498 unter König Jan Olbracht nach den damals neuesten Erkenntnissen geschaffen. 24 Meter Durchmesser, 130 Schießscharten, 3 Meter dicke Mauern – der Bau trotzte jedem Angreifer. Im Atomzeitalter zahm und friedfertig geworden, dient er während des Sommers als Bühne.

Um die Stadtmauern herum herrscht zumeist fröhlicher Trubel. In der warmen Jahreszeit stellen junge Künstler im Freien ihre Werke aus; an Buchständen werden Neuheiten aus populärwissenschaftlicher und belletristischer Literatur feilgeboten. Die vom Florianitor geradewegs zum Marktplatz führende *Ulica Floriańska,* eine hübsch hergerichtete Fußgängerzone zwischen den stilechten, kleinen Häusern dieses mittelalterlichen Handelszentrums, lädt zum Verweilen ein. Das Haus zu den Mohren [Dom Pod Murzynami, Nr. 1], mit zwei Äthiopiern, die Körbe mit Südfrüchten in der Hand halten, als Wahrzeichen, wird man ebenso betrachten wie das Hotel Pod Różą [Zur Rose, Nr. 14], in dem Franz Liszt, Honoré de Balzac und Alexander I. gewohnt haben.

Am berühmtesten ist die *Jama Michalikowa* [Nr. 45], originalgetreu als Kaffeehaus der Jahrhundertwende eingerichtet. Das den Nichtrauchern vorbehaltene Hinterzimmer sieht aus wie zur Zeit des «Zielony Balonik», des besten literarisch-politischen Kabaretts der Polen vor 1914. Der brillante Satiriker *Tadeusz Boy-Żeleński* hat in seinem unvergeßlichen Essay «Znasz-li ten kraj?» [Kennst du das Land?] die Atmosphäre der Krakauer Bohème amüsant geschildert. Der satanistische, Polnisch und Deutsch schreibende Dramatiker *Stanisław Przybyszewski* dozierte hier vor den Scharen seiner Bewunderer über Selbstmord und drogengeschwängerte Träume, während der Neuromantiker *Stanisław Wyspiański,* begabt als Dichter wie als Maler, vergangene Heldentage der Nation aufleben ließ, um bei den Zeitgenossen die Hoffnung auf ein wiedererstehendes Polen wachzurufen.

Im Haus Nr. 41 wohnte der beste polnische Historienmaler, *Jan Matejko.* Seinem Leben und Schaffen ist das täglich, außer montags, geöffnete Museum gewidmet, das den Besuch unbedingt lohnt. Auch wenn man die Stilrichtung Matejkos nicht sonderlich hochschätzt, spiegelt sein Werk die Periode des Realismus und Positivismus doch ausgezeichnet wider, wobei es dem Ausländer Verständnis für das Geschichtsbewußtsein der Polen nahebringt.

Nun heißt es, von der hektischen Floriańska weg stillere Gegenden zu erreichen. Zunächst gelangen wir noch über die Ludwik Solski- oder die Św. Marka-Gasse zur *Szpitalna* und zum *Plac Św. Ducha.* Hier stand einst das Heiliggeistspital. Nun erhebt sich inmitten eines Rasens das Juliusz Słowacki-Theater, stolzer Mimenpalast aus den Jahren 1891–1893, für jeden gelernten Altösterreicher das typische Bühnengebäude der franzisko-josephinischen Ära. Das Haus zum Kreuz [Dom Pod Krzyżem, Plac Św. Ducha 5], ein Theatermuseum, stammt gleich dem Zegadłowski-Haus [Szpitalna-Gasse 6] aus der Zeit vor 1500. Der Św. Krzyża-Gasse folgend, führt der Spaziergang vom kleinen Barockkloster zum Hl. Kreuz an verträumten Häuschen vorbei, in denen schon vor Jahrhunderten Vertreter des bescheidenen Kleingewerbes wohnten, zur Mikołajska. Hier erhebt sich, freundlichen Sonnenstrahlen ausgesetzt und kaum von Passanten aufgeschreckt, in der Nähe eines restaurierungsbedürftigen historischen Straßenzugs, das Kloster der Dominikanerinnen «*Na Gródku*». Die den Planty zugewandte Rückseite der ursprünglichen Wehrburg – die Kirche wurde erst 1621–1634 hinzugefügt – zeigt noch deutliche Spuren gotischer Stadtbefestigungen. In der Sienna-Gasse, zwischen Planty und Rynek, birgt das Barockhaus Nr. 5 das Apothekenmuseum; Nr. 16 zieht den Geschichtsforscher an, der im «Archiwum Akt Dawnych» wertvolle, das alte Krakau betreffende Dokumente findet.
Der *Mały Rynek,* ein rechteckiger Platz, dessen Häuser fast alle bereits um 1400 standen und sich seither kaum verändert haben, diente einst dem Fleisch- und Wursthandel. Das Jesuitenkolleg [1583] hat nur zum Teil die ursprüngliche Form bei-

243   *Krakau. Die Franziskanerkirche*

behalten. An ihm vorbeigehend, erspähen wir einen der malerischsten Winkel Krakaus: den winzigen *Plac Mariacki*. Er verbindet harmonisch den Mały Rynek mit dem Rynek Główny. Die Prałatówka, Sitz des Erzpriesters der nahen Marienkirche, wird von einer frühbarocken Attika geschmückt. Im Inneren prangen mehrere Gemälde des fränkischen Renaissancemalers Hans Suess von Kulmbach. An die spätgotische St. Barbarakirche schmiegt sich die Steinplastik «Christus auf dem Ölberg» aus der Schule des Veit Stoß.

Am Rande des Rynek Główny oder durch die Stolarska, die historische Tischlergasse, führt der Altstadtbummel weiter zur *Grodzka* und zum *Plac Dominikański*. Kirche und Kloster der Dominikaner zeigen eine romanische Grundstruktur, die vor allem im Kreuzgang sichtbar wird, aber stark gotisiert wurde. Mehrere zumeist barocke Kapellen umschließen kranzförmig den Kirchenbau; einige wurden von Magnatenfamilien gestiftet, den Zbaraski, Ligęza, Lubomirski und Myszkowski.

Bevor wir die Grodzka entlangschreiten, lohnt sich ein Blick in die originell ellbogenförmig verlaufende *Poselska*-Gasse, so benannt seit dem Mittelalter, weil hier der Legat des Papstes abzusteigen pflegte. Das Archäologische Museum [Nr. 3, geöffnet täglich außer mittwochs] befindet sich im ehemaligen Karmeliterkloster, das zur österreichischen Zeit als Gefängnis diente. Die gotische Kamienica Hebdowska [Nr. 7] gehört dem Benediktinerstift Tyniec; wenig weiter steht das barocke Kloster der Franziskanerinnen [Klasztor Bernardynek].

Die *Grodzka* [Burggasse] war die Prachtstraße der einstigen Metropole. Mit der Floriańska und der Ostseite des Rynek Główny bildete sie die «Trasa Królewska» – die königliche Strecke, über die der Monarch feierlich in seine Residenz am Wawel einzog. Bei der im Gange befindlichen Fassadenrenovierung nahm man sich auch dieses Teils der Altstadt an, samt Szewska und Sławkowska. Die meisten anderen Gassen werden, der hohen Kosten halber, noch einige Zeit auf ihre Erneuerung warten müssen. Doch besteht ein langfristiger Plan zur Revitalisierung der gesamten historischen Baumasse. Binnen eines Jahrzehnts dürfte ganz Krakau wieder in wohlverdienter Glorie erstrahlen.

Die Grodzka jedenfalls befriedigt die Wünsche der Denkmalschützer. Schmucke Bürgerhäuser, manche mit Laubengängen, zwischen 1400 und 1700 entstanden, bieten dem Passanten nicht nur einen angenehmen Blickfang, sondern auch allerlei Läden mit Textilien, Büchern, Delikatessen und mannigfaltigem Kleinkram, dazwischen einige Cafés und Restaurants. Von den Gebäuden seien erwähnt: Nr. 32 «Podelwie», mit einem Renaissancelöwen über dem Portal, Nr. 38 «Pod Elefanty», dessen Wappen Elefant und Nashorn trägt, die Kamienica Prymasowska [Nr. 65], in klassizistisch umgestaltetem Barock, endlich das Arsenał Władysława IV, unter einem König aus der Wasadynastie errichtetes Zeughaus, heute ein Universitätsinstitut.

Am wertvollsten sind die Gotteshäuser. Die *Peter-und-Pauls-Kirche* [Św. Piotra, Pawła], ein herrliches Monument des Frühbarock, von zwei lombardischen Architekten 1596–1619 für die Krakauer Jesuiten geschaffen, Abbild der römischen Il Gesù und S. Andrea della Valle, steht gleich neben der barokkisierten, ursprünglich romanischen *Andreaskirche* [Św. Andrzeja]. Die beiden Turmhelme und die Innenausstattung entstammen dem 17. Jahrhundert; das Gebäude als Ganzes bleibt dennoch der Romanik verhaftet. Auf der anderen Straßenseite liegt das winzige Wit Stwosz-Plätzchen, ein Übergang zur Kanonicza, an dem das gotische Haus «Zerwikaptur» alte Krakauer Volkssagen wachruft.

Nach wenigen Schritten öffnet sich vom malerischen Winkel der kleinen gotischen Ägidiuskirche [Św. Idziego], über eine Grünfläche und eine belebte Fahrstraße hinweg, der imposante Blick auf den Burghügel. Wenn man sich schon müde fühlt, verweile man kurz im lieblichen Gartenlokal, bevor der Spaziergang durch die überaus malerische Kanonicza zurück in Richtung Zentrum fortgesetzt wird.

Gegenwärtig wirkt die *Kanonicza* wie ausgestorben. Kein Wunder: den Mietern wurden neue Wohnungen in modernen Siedlungen zugewiesen, während die einstöckigen, fast verfallenen Häuser zur gründlichen Revitalisierung bestimmt sind. In den früheren Behausungen der Krakauer Domherren entstehen Gesellschafts- und Ausstellungsräume, Volkskunstläden und Milchbars. Die reizvollen Innenhöfe, oft von Arkaden eingerahmt, zu denen reich mit Wappen geschmückte Portale führen, werden dann den Besucher erfreuen.

Jede Fassade betrachte man hier genau. Nr. 2 besitzt eine gotische Attika; Nr. 15 trägt Renaissancezüge, das Wappen Szreniawa ist von einem Rokokogesims umgeben; das Sigismundhaus [Dom Zygmuntowski], Nr. 17, stammt aus der Gotik; Nr. 18 wurde 1570 als elegante Residenz im toskanischen Stil gestaltet; Nr. 19, zum hl. Stanislaus, zeigt eine klassizistische Vorderfront. Das Diakonshaus, Nr. 21, ein Meisterwerk der Renaissance, wird an Bekanntheit nur vom «Dom Długosza» [Nr. 25] übertroffen, darin der vielzitierte königliche Chronist Jan Długosz im 15. Jahrhundert lebte und arbeitete.

Der kurzen Senacka-Gasse entlang, wo unser Blick auf die Gedenktafel für den polnischen Sozialisten Ludwik Waryński fällt, der sich hier 1880 mit seinen Freunden vor dem Strafgericht verantworten mußte, gelangen wir wieder zur Poselska und zur Grodzka, biegen jedoch nach hundert Metern links ab, zum Plac Wiosny Ludów [Platz des Völkerfrühlings].

Rechter Hand hinter der Grodzka befindet sich nun der Plac Dominikański; zur Linken erkennt man Kirche und Kloster der Franziskaner, daneben das Palais Wielopolski, Sitz des Stadtrats. In der Mitte des Platzes ehrt ein Denkmal den verdienten Bürgermeister Józef Dietl.

Das Franziskanerkloster rühmt sich eines schönen spätgotischen Kreuzgangs; in der Kirche sind Fenster und Wandschmuck des Presbyteriums Werke des berühmten Maler-Dichters Stanisław Wyspiański [1895]. Gegenüber der Kirche, auf der Franciszkańska, steht das erzbischöfliche Palais, hinter dessen Barockfront man kaum ein mittelalterliches Gebäude vermuten würde. Hier residierte – als Krakauer Oberhirte – auch der heutige Papst Johannes Paul II. Die große Kreuzung an der Grodzka ist zugleich ein stark frequentierter Verkehrsknotenpunkt. Mit der Straßenbahn könnte man von hier aus um die Planty fahren. Über die Dominikańska führen die Linien 6, 8 und 18 nach Kazimierz und 2 zum Hauptbahnhof. In Richtung Franciszkańska bringen die Straßenbahnen 1, 2 und 6 den Fahrgast nach Salwator, 18 zum Hotel Cracovia, 8 und 13 an der Karmeliterkirche vorbei in die Nähe des Holiday Inn.

Zu Fuß weiterwandernd, kommt man durch die alte Bracka, die Gasse der Fratres Minores, zur Gołębia, der Taubengasse. Nach der Kreuzung mit der Wiślna, die linker Hand auf die Planty führt, beginnt das eigentliche Universitätsviertel. Ein neuer Tag sollte der genauen Besichtigung dieses Viertels gewidmet werden. Wir begeben uns jetzt lieber am Kopernikusdenkmal vorbei auf die Planty und machen in der nächsten Quergasse halt, bei der *St. Annakirche* [Św. Anny], einer der Peter-und-Pauls-Kirche ebenbürtigen Spitzenleistung des Krakauer Barock.

Schon ihre gotische Vorgängerin diente der Alma Mater Ja-

gellonica als Gotteshaus. Die jetzige Kirche entstand 1689–1707 nach den Ideen des Tylman van Gameren, des Baldassare Fontana und des Antoni Frąckiewicz. Altar, Fassade wie Stuckdekoration kennen an Prunk und Harmonie in Polen nichts Gleichwertiges. Die Innenausstattung verrät die Hand der besten polnischen Barockkünstler.

Sehr ansprechend ist die nächste, die Planty mit dem Marktplatz verbindende Parallelgasse, die *Szewska*. Ob hier vor Jahrhunderten, wie der Name vermuten läßt, Schuhmacher ihre Werkstätten unterhielten, steht nicht fest. Jedenfalls gehört die Gasse heute den Fußgängern, die zwischen den zahlreichen Geschäften einherschlendern, Bekannte grüßend, denen man in Krakau auf Schritt und Tritt über den Weg läuft. Touristen bleibt es vorbehalten, ihr Hauptaugenmerk den freundlich bunten historischen Häuserfassaden zu schenken. Am Rynek endet nun der Rundgang durch die Altstadt.

Die Jagellonische Universität

Das Viertel zwischen Św. Anny, Jagicllońska und Gołębia bildet eine kleine Welt für sich. Professoren, Assistenten , vor allem Unmengen von Studenten in angeregt ernsten oder auch vergnügt diskutierenden Gruppen herumstehend, verliebte Pärchen, manch hübsches und modisch gekleidetes Mädchen, eher abgerissen doch fröhlich wirkende Burschen. Das akademische Völkchen beherrscht den Platz, und kaum ein Fremder verirrt sich hierher, da es in nahem Umkreis weder Geschäfte noch Lokale gibt.

248   Krakau. Kanonicza, die mittelalterliche Domherrengasse

Die *Gołębia,* wie einst durch eine Kette an der Kreuzung zur Jagiellońska vor bildungsarmen Banausen geschützt und mit regelmäßigen Kopfsteinen gepflastert, weckt unsere Aufmerksamkeit. Vom Zentrum aus gesehen rechts steht das spätgotische Gebäude des Collegium Minus [Nr. 11], Heimstätte der Artes Liberales, in der Neuzeit stark verändert. Gegenwärtig sind darin mehrere Institute untergebracht, genau wie im Collegium Witkowskiego [Nr. 13], das unter dem Rektorat des Physikers August Witkowski 1911 als neugotischer Palast eingeweiht wurde. Auf der anderen Straßenseite erstreckt sich die düster drohende, mit zahlreichen Türmchen ausgestattete Backsteinmasse des Collegium Novum [1883–1887], ein typisches Denkmal seiner Epoche. Die große Aula des ersten Stockwerks ist mit würdigen Porträts damaliger Professoren im Talar geschmückt. Außerdem guckt ein wandhoher Kopernikus verträumt durchs Fernrohr in die Sterne, alles dank der Malkunst Matejkos und seiner Schüler. Die *Św. Anny* [Annagasse], bis zum 15. Jahrhundert von Juden bewohnt, hat Sehenswürdigkeiten ersten Ranges zu bieten. Neben dem klassizistischen Collegium Kołłątaja [Nr. 6] erhebt sich das rötliche *Collegium Maius,* seit anno 1400 ohne Unterbrechung Universitätsgebäude, das älteste Polens. Der wundersam harmonische, spätgotische Arkadenhof wird von steinernen Säulen getragen; in der Mitte steht ein barocker Brunnen. Das Gebäude, jahrzehntelang Bibliothek, wurde 1948 zum Universitätsmuseum umbestimmt und gilt als kulturhistorisches Objekt ersten Ranges; besichtigen kann man es nur an Wochentagen von 12 bis 14 Uhr. Das Museum enthält eine Galerie mit Porträts aus drei Jahrhunderten

251   Krakau. Hof des Collegium Maius

[16.–18.], Krakauer, französische und österreichische Plastiken der Gotik, polnische Graphik aus verschiedenen Epochen [bemerkenswert die modernistischen Zeichnungen], Zeugnisse der Goldschmiedekunst [alte Schätze der Universität aus der Ära der Jagellonen], Zinngegenstände, französische und flämische Gobelins, Ausgrabungsobjekte aus der Antike. Den Stolz der Sammlung bilden sternkundliche Instrumente des Mittelalters, darunter ein arabisches Astrolabium von 1054, und 35 historische Globen, davon zwei des Isidor Mercator [1541 und 1551].

Der Wawel

Eine Reise nach Krakau bliebe unvollständig, verzichtete man auf die Besichtigung des Königsschlosses und der Kathedrale, wofür allerdings drei bis vier Stunden erforderlich sind. Das erste, was dem Besucher nach Aufstieg zum Schloßgelände durch das Wappentor [Brama Herbowa] auffällt – neben der das Denkmal Tadeusz Kościuszkos steht –, ist zur linken Hand der massive Bau der viele Stilrichtungen aufweisenden, dreischiffigen *Kathedrale*. Ihr ältester Teil, die St.-Leonhards-Krypta, stammt aus dem 11. Jahrhundert und ist unverfälscht romanisch. Die Seitenkapellen wurden unter den Jagellonen errichtet; rechts vom Eingang die Kaplica Świętokrzyska [Heiligenkreuz-Kapelle] des *Veit Stoß* mit dem Grabmal Kasimirs des Jagellonen, weiter die Kapelle von dessen Gemahlin, der Königin Sophie, gefolgt von der Margaretenkapelle, darin Władysław Łokietek bestattet wurde. An der Achse sehen wir nun die Marienkapelle, mit dem Grabstein König Stefan Báthorys; zwischen zwei Renaissancekapellen erkennt man dann den Sarkophag mit den Gebeinen Kasimirs des Großen, unweit davon liegt König Jan Olbracht.

Doch jetzt der künstlerische Höhepunkt: die *Kaplica Zygmuntowska* [1519–1531], ein reich geschmücktes Werk der Italiener Santi Gucci und Berecci, mit den sterblichen Hüllen Sigismunds des Alten und Sigismund Augusts; gleich daneben befindet sich die barocke Wasa-Kapelle. Den führenden Dichtern der polnischen Romantik, Mickiewicz und Słowacki, wurde zu Beginn unseres Jahrhunderts die Krypta Wieszczów gewidmet.

Die äußere Gestalt der Metropolitanbasilika trägt im wesentlichen gotische Züge; Blickfänger für den Betrachter ist allerdings die spätere, goldene Kuppel der Sigismundskapelle.

Wir wenden uns nunmehr dem *Schlosse* selbst zu. Archäologische Funde der jüngsten Vergangenheit beweisen, daß sich bereits vor der Staatsgründung Polens auf dem Wawel eine Burg befand, deren ältester Teil, die Rotunde der heiligen Felix und Adauktus, möglicherweise noch unter tschechischer Herrschaft gebaut wurde. Kasimir der Große machte den Wawel zur bedeutendsten Festung des Reiches; Sigismund der Alte ließ 1507–1536 den inneren Teil zu einer Residenz umbauen, die zu den schönsten Renaissancepalästen Europas zählte. Der Arkadenhof, nach Abzug der österreichischen Garnison vom Burgkomplex [1905] in früherer Pracht wiedererstanden, lädt zu längerem Verweilen ein. Zuvor lohnt es sich noch, von einer der Terrassen aus den unvergeßlichen Blick auf die Stadt mit ihren vielen Türmen, den waldreichen Hügeln und der bedächtig dahinfließenden Weichsel zu genießen.

Das Schloßmuseum selbst umfaßt vier Sammlungen – die königlichen Festsäle und Wohnräume, den Kronschatz, die Rüstkammer und die Orientalia –, die nur zum Teil aus den alten Beständen des Wawel stammen. Einzelne Exponate befanden sich noch unter der alten Rzeczpospolita im Schloß, verschwanden im 18. und 19. Jahrhundert und tauchten im 20. wieder auf; verschiedene wertvolle Kunstwerke der Renaissance und des Barock fanden erst während der Zwischenkriegszeit durch Ankauf oder als Geschenke den Weg zum Wawel. Die Grafen Leon Piniński und Jerzy Mycielski waren vor 1939 führend an der Wiederbeschaffung und Restaurierung der Schaustücke beteiligt. Vieles freilich, an dem wir uns heute ergötzen, überdauerte die Generationen an Ort und Stelle.

Die *Königssäle* bestechen durch den reichhaltigen Deckenschmuck – so die originellen Köpfe auf dem Plafond des Gesandtensaals – wie durch die feinen flämischen und wallonischen Gobelins, die 136 «Arrasy», die unter Sigismund August nach Polen gelangten. Ein gutes Potpourri der europäischen Malerei hängt an den Wänden: Italiener sind hier vertreten, Flamen, Niederländer, Franzosen, Deutsche, Engländer und Polen. Illuminierte Handschriften aus dem Mittelalter, oberitalienische und toskanische Möbel des Cinquecento und Seicento, französische, niederländische und deutsche aus Renaissance und Barock, Danziger und Pariser Uhren sowie Keramik aus den besten Werkstätten Europas bilden die abwechslungsreiche Inneneinrichtung.

Den *Kronschatz* gründete 1320 Władysław Łokietek. Nach den Teilungen Polens wurde der größte Teil von den Preußen geraubt und eingeschmolzen, ein Teil gelangte nach Rußland; nur weniges, von Tadeusz Czacki gerettet, verblieb in polnischen Händen. 1939 nahm die Warschauer Regierung Schatz und Gobelins nach Rumänien mit, von wo sie nach Kanada verbracht wurden; um 1960 kehrte alles zurück. Das Krö-

255 *Krakau. Blick zum Wawel*

nungsschwert, siebenhundert Jahre alt, Waffen, Schuhe, Ketten und Regalien der Jagellonen und der Wasa, Geschenke des Papstes an Jan Sobieski sind die wichtigsten Objekte.

Die *Rüstkammer* enthält die nach dem Warschauer Heeresmuseum größte Waffensammlung Polens, vor allem deutsche, spanische, italienische und französische Stücke aus dem 16. und 17. Jahrhundert, daneben polnische und ungarische. Die *Orientaliensammlung* beeindruckt jeden ausländischen Besucher durch ihren Reichtum. Polens uralte Verbindungen zu den muselmanischen Völkern und Staaten treten hier besonders klar hervor. Teppiche, Seidengewebe, Porzellan, persische wie türkische Waffen, hauptsächlich jedoch Zelte und Flaggen der Osmanen, als Beutestücke von Jan Sobieski nach dem Entsatz Wiens heimgebracht, endlich Vasen aus China und Japan stellen zusammen einen unschätzbaren Wert dar. Sie bezeugen, daß es zwar oft Kriege zwischen Abendland und Morgenland gegeben hat, daß die Perioden friedlichen Austausches jedoch überwogen, zum Vorteil beider Seiten.

Ein Nebengebäude beherbergt das kleine *Museum* der Geschichte des Wawel; man sieht darin mittelalterliche Keramik, ein Lapidarium, Ausgrabungsstücke sowie Photographien, Pläne und Zeichnungen, die das Schloß vor den Renovierungsarbeiten zeigen. Nun begeben wir uns über die breite Hauptrampe abwärts.

Bevor wir unsere Aufmerksamkeit weiteren Baudenkmälern schenken, wenden wir uns der *Smocza Jama* zu, der Drachengrotte. Unterhalb des Burghügels, auf der Flußseite – der hübsche Uferpark mit Bänken lädt zur Rast ein –, befindet sich das Modell eines zur Freude der jüngsten Krakauer jeden Abend Feuer speienden Ungeheuers, Sinnbild der aus unvordenklichen Zeiten stammenden Sage vom bösen «Smok», dem Drachen. Etwas stadteinwärts erhebt sich an der Bernardyńska die große Barockkirche der *Bernhardiner,* eines Zweiges der Franziskaner [1670–1680], einige Stufen tiefer als die Straße, inmitten des umliegenden Rasens. Ihr gegenüber, an der Stradomska, in Richtung Kazimierz, steht die *Missionarskirche,* ein Hallenbau aus den Jahren 1719–1728. Beide Kirchen bewachen eine wichtige Kreuzung, wenige Schritte vom Beginn der Grodzka und der Ludwika Waryńskiego [Planty in Richtung Bahnhof]; über uns thront die gewaltige Silhouette des Königspalastes, mit der Bastion Kurza Stopka [Hahnentritt]. Der Anblick des Wawel vermittelt, je nach dem Blickwinkel, stets völlig neue Eindrücke; besonders schön sieht man ihn auch von der Floriana Straszewskiego her [Planty in Richtung Universität] und vom gegenüberliegenden Weichselufer. Jeden Kraftfahrer, der sich Krakau aus dem Süden, von der Tatra oder aus Mähren nähert, empfängt der Wawel zur rechten Hand, stolz und ernst, aber auch skeptisch auf die Welt herabschauend.

Kazimierz

Jenseits des breiten Boulevards der Józefa Dietla beginnt unweit vom Wawel das vielleicht geheimnisvollste, erst unter Franz Joseph eingemeindete Stadtviertel. Es gibt das «christliche» und das «jüdische» Kazimierz, beide gleich ehrwürdig, aber auch gleich verfallen. Den Behörden, die den Bezirk instandsetzen sollen, harrt eine gewaltige Aufgabe. Alte zweistöckige, vom Zahn der Zeit zerfressene Häuser mit winzigen Wohnungen, wenigen kleinen Privatgeschäften und Handwerkerläden, schwach bevölkert, bilden eine Oase der Ruhe, doch anders als in den Gäßchen des Zentrums. Hier ist mehr Raum und daher mehr Licht. An warmen September- oder

Oktobertagen, wenn die welken Blätter und feinen Spinnweben in der Sonne glitzern, kann man leicht jeden Termin vergessen, denn von Kazimierz kommt der Betrachter nicht so leicht los.

Mitten durch den Bezirk zieht sich eine belebte Hauptstraße, die *Krakowska;* jede Tätigkeit konzentriert sich dort, ohne die Atmosphäre links und rechts zu beeinflussen. Zwischen Krakowska und Weichsel interessieren uns zwei Gassen: die *Augustiańska,* parallel zur Krakowska verlaufend, und die *Skałeczna,* die sich von der Krakowska weg bis zum Paulinerkloster jenseits des Stromes erstreckt. An der Kreuzung Augustiańska / Skałeczna steht, hart am Augustinerkloster, die wuchtige gotische *Katharinenkirche,* noch unter Kazimierz dem Großen angefangen, im 15. Jahrhundert vollendet. Die Basilika besitzt Krakaus eleganteste Spitzbögen und Strebepfeiler; die Altäre sind barock, der Kreuzgang wurde noch im Mittelalter mit Wandmalereien ausgestattet. Über die Skałeczna hinweg führt ein bedeckter Gang von der Kirche zum Kloster der Augustinerinnen auf der gegenüberliegenden Straßenseite.

Den Abschluß der Straße bildet, von weitem sichtbar, die Klosterkirche der Pauliner zum hl. Michael, genannt «*Na Skałce*», umgeben von Grünanlagen. Der *Skałka-Hügel* [«Felschen»], viel niedriger als der Wawel, lag im Frühmittelalter ebenso wie der Burghügel inmitten der damals weitverzweigten Weichselarme und diente schon um 500 n. Chr., wie Grabungen bezeugen, als Fluchtsiedlung. Nach Abtragung des romanisch-gotischen Klosterkomplexes ließ der Orden 1734–1751 die jetzige Kirche errichten; deren Eingang befindet sich mehrere Stufen über dem Straßenniveau. Zur Linken erstreckt sich ein hübscher barocker Fischteich. Im Gotteshaus ist der linke Seitenaltar dem Andenken an den heiligen

Bischof Stanislaus gewidmet, der laut Legende an dieser Stelle vom bösen König Boleslaus dem Kühnen im 11. Jahrhundert ermordet wurde. Der Kirchenschatz verwahrt historische Meßgewänder. Die Krypta dient seit 1882 als Mausoleum im Kulturleben verdienter Polen.

Vom Skałka-Hügel, dessen Bauwerke aus der Sicht des anderen Weichselufers am schönsten wirken, geht man zurück zur Krakowska. Rechts, zur Kościuszkobrücke hin, steht die 1739–1758 von den Trinitariern errichtete Kirche des römischen Spätbarock [Kościół Bonifratrów]. Bevor man die im Innern etwas düstere Kirche besichtigt, gilt das Hauptaugenmerk dem Plac Wolnica mit seinem vor über hundert Jahren erweiterten *Rathaus.* Das Gebäude, dem Wesen nach gotisch, um eine Renaissance-Attika bereichert, diente einst als Sitz des Magistrats von Kazimierz. Jetzt beherbergt es das sehenswerte Ethnographische Museum mit Ausstellungsobjekten polnischer, allgemein slawischer und überseeischer Folklore.

Bevor man sich, etwas nach links, zum ehemaligen Ghetto begibt, lohnt noch ein Halt an der dreischiffigen gotischen Sakramentskirche [Kościół Bożego Ciała], mit barocker Innenausstattung.

Das *Judenviertel,* dessen Architektur im großen und ganzen erhalten ist – die Nationalsozialisten wollten es, gleich dem Prager, zu einem Museumskomplex machen –, bietet ein trauriges Bild: man denkt an ermordete oder in alle Welt zerstreute Menschen, die Bauwerke waren stumme Zeugen einer entsetzlichen Tragödie. Vom Plac Nowy aus führt der Rundgang durch die Warszauera, Szeroka, Jakuba, Izaaka, Estery, Ciemna, dann in der Gegenrichtung zur Józefa.

Die *Bożnica Stara,* Prager, Wormser und Regensburger Synagogen nachempfunden, stammt aus dem 15. Jahrhundert. Sie enthält ein äußerst wertvolles Museum zur jüdischen Kunst-

und Kulturgeschichte im südpolnischen Raum. Die *Bożnica R'emuh,* mit dem dazugehörigen Friedhof, dient immer noch als Bethaus der nunmehr winzigen Kultusgemeinde. Trotz aller Beschädigungen durch die Nazis bleibt die Grundstruktur der Renaissance bestehen. Erbauer des Tempels war ein berühmter Schriftgelehrter des 16. Jahrhunderts; sein Grab kann man nach Anmeldung beim Pförtner besuchen.

Auf der breiten *Szeroka,* einst Treffpunkt der in unverkennbare Tracht gekleideten emsigen Judenschaft [spätestens seit dem Völkerfrühling lebte nur mehr das Proletariat in den armseligen Behausungen der Umgebung, die Reicheren bevorzugten «christliche» Wohnbezirke], spielen jetzt polnische Arbeiterkinder Ball, selten verirrt sich ein Fremder hierher. Als jedoch 1973 zum Film «Noce i Dnie» [Nächte und Tage], nach dem Roman von Maria Dąbrowska, in Kazimierz Szenen mit Dekorationen gedreht wurden, glaubte sich der Besucher in eines jener jüdischen «Städtel» versetzt, die für immer verschwunden sind. Läßt man die wehmütige Poesie dieser Häuserzeilen und kleinen Plätze auf sich einwirken, dann tritt vielleicht manch stilles Geheimnis aus fernverflossenen Zeiten zutage.

Zwischen Planty und Alleen

So wie die Krakauer Planty der Wiener Ringstraße ähneln, so steht es auch ein wenig um Krakaus Aleje im Verhältnis zum Wiener Gürtel. Der Raum zwischen beiden Arterien bildet hier wie dort eine Art äußeren Zentrums. Die Alleen der Weichselstadt gehören freilich viel unmittelbarer zum Innenbezirk als der Gürtel, aber die Krakauer Entfernungen sind ja auch ziemlich gering.

Die Nationaldichter Krasiński, Mickiewicz und Słowacki geben den drei Alleenabschnitten ihre Namen. Es herrscht rascher, unangenehmer Autoverkehr; die Bauphasen reichen vom Jugendstil bis zur Gegenwart. Bibliotheken, Hochschulen, Kinos, Ämter, das Hotel Cracovia liegen entlang der Schnellstraße, auch die weite Błonie-Wiese, auf der Papst Johannes Paul II. eine Feldmesse zelebrierte, nimmt an den Alleen ihren Ausgang. Das neue Gebäude des zwischen Hotel und Universitätsbibliothek gelegenen *Nationalmuseums* birgt eine ausgezeichnete Galerie polnischer Malerei des 20. Jahrhunderts von der Młoda Polska bis auf den heutigen Tag.

Den Planty mit Aleje verbindenden Querstraßen haftet das Merkmal altösterreichischer Provinzarchitektur an. Zwierzyniecka und Karmelicka, mit ihren Häusern aus Historismus und Sezession, sind die belebtesten; unbedingt sollte man der von leuchtendem italienischem Hochbarock geprägten *Karmeliterkirche* [1655–1679] einen Besuch abstatten.

Nowa Huta

Das Feuer der gigantischen Leninhütte färbt den nächtlichen Himmel über Krakaus Nordosten blutrot; die Hochöfen zählen zu den größten in Europa. Die Zweckarchitektur des modernen Stadtteils Nowa Huta ist ein Paradebeispiel sozialistischer Planung. Wir treffen auf den stalinistischen Prunk der Anfangszeit, auf das Denkmal eines Lenin, der revolutionäre Wachsamkeit predigt, auf schlichte Massenwohnblöcke der siebziger Jahre. Vom Wunsch geleitet, einen dynamisch zukunftsorientierten Komplex zu schaffen, schenkte der Staat den Werktätigen Kinos, Geschäfte, Bibliotheken, Klubs, Schulen, ja ein Theater. Die *Kirche,* die man vergessen hatte, errichteten die Gläubigen in Eigenregie. So entstand nach mehrjähriger Arbeit ein erstaunliches, archenförmiges Kunstwerk. Den oberen Hauptraum ziert ein gekrümmtes Riesenkruzifix, eindrückliches Sinnbild für das Chaos des 20. Jahrhunderts; die Kapellen der Krypta zeigen historische Leidensstationen des polnischen Volkes. Einen rührenden Anblick bieten Arbeiterkinder, wie sie, in blütenweiße Kleider gehüllt, mit Kerzen zwischen den Händchen, brav zur Erstkommunion schreiten.

Am Rande von Nowa Huta erhebt sich die gotische, außen barockisierte Zisterzienserabtei *Mogiła;* im Herzen von Nowa Huta steht eine Kirche der Zukunft, indirekte Folge des neuen Systems: daran erkennt man wohl am besten die Dynamik des polnischen Katholizismus über Jahrhunderte hinweg. Schmelzöfen und Altäre schließen einander nicht aus. Nur Unverständige weisen diese simple Wahrheit zurück.

Klöster an der Weichsel

Laubwälder auf bizarren Kalkfelsen erstrecken sich im lieblichen Weichseltal oberhalb Krakaus. Nicht nur Villen und Spazierwege finden wir dort, auch malerisch situierte Klöster. Das Dorf *Tyniec* am rechten Flußufer zeigt noch viel von der alten Holzarchitektur Kleinpolens. Berühmtheit erwarb es durch seine hoch über dem Wasser thronende Benediktinerabtei aus dem 11. Jahrhundert. Romanische Fragmente sind zwar noch erhalten, doch stammt die imposante Ruine größtenteils aus der frühen Neuzeit; damals stand hier eine stolze Festung. Die heutige Abtei, ein Barockbau, hat ein kleines Museum. Die Mönche blicken auf eine ungebrochene, tausendjährige Tradition zurück.

Diesseits der Weichsel, noch auf Krakauer Stadtgebiet, steht das frühbarocke Wehrkloster der Norbertanerinnen. Folgen wir der gewundenen Uferstraße, kommen wir nach *Bielany,* von wo aus in herrlicher Höhenlage das barocke Kamaldulenserkloster mit zweitürmiger Kirche, von Dolabella reich ausgestaltet, die Landschaft dominiert.

ŚLĄSK – SCHLESIEN

Die von der Oder und ihren Nebenflüssen bewässerten Landstriche zwischen Sudeten, Beskiden, Krakau-Czenstochauer Hochplateau, großpolnischer Ebene und Lausitzer Neiße bilden den Anteil der Volksrepublik Polen am historischen Schlesien, das im Westen auf die DDR, im Südosten auf die Tschechoslowakei übergreift.

Bereits um 990 größtenteils unter *piastischer* Oberhoheit, wurde dieses mitteleuropäische Übergangs- und Mischgebiet zum häufigen Zankapfel zwischen Polen, Tschechen und Deutschen. Ab 1138 gehörte Schlesien einem Sohn Bolesław Schiefmunds, *Władysław dem Vertriebenen* und seinen Nachkommen, die wiederum Erbteilungen vornahmen. 1163 brachte *Friedrich Barbarossa* die Herzöge in Abhängigkeit vom römisch-deutschen Reich. Trotz starker Bindungen an Polen lockerte sich zusehends das Verhältnis zum Mutterland. Zwischen 1335 und 1372 wurden die Territorialherren allmählich zu Vasallen der *Krone Böhmen*. Im 15. Jahrhundert konnte Polen den äußersten Osten zurückgewinnen. Den Westen erschütterten die Hussitenkämpfe. 1526 kamen die *Habsburger* als böhmische Könige in den Genuß der Lehensherrschaft; 1742 eroberten die *Preußen* fast das ganze Land. 1815 um die sächsische Oberlausitz bereichert, erfuhr das preußische Schlesien erst 1919 wieder Gebietsverschiebungen, als das Hultschiner Ländchen der *Tschechoslowakei* zugesprochen wurde. Nach *alliierter Besetzung,* Plebiszit und drei polnischen Aufständen unter Wojciech Korfanty trat *Deutschland*

1922 den Osten des oberschlesischen Kohlenreviers an *Polen* ab; 1939 holte es ihn gewaltsam zurück. Die große *Sowjet-offensive* des Winters 1945 führte zur *Flucht* von zwei Dritteln der deutschen Einwohner nach Westen; als die Kämpfe beendet waren, kehrte ein Teil zurück. Alsbald begannen die polnischen Behörden mit der *Massenaussiedlung* der anwesenden Deutschen, von denen nur wenige blieben. Bis zur Lausitzer Neiße siedelten sich nun Polen an, die das zerstörte Land wieder aufbauten und modernisierten. In Schlesien, das organisch mit dem Gesamtstaat verwachsen ist, liegt der wirtschaftliche Lebensnerv der Rzeczpospolita.

Die *Piastenherzöge* selbst hatten im 13. und 14. Jahrhundert *deutsche Kolonisten,* Bauern, Kaufleute, Handwerker, Bergknappen und Geistliche herbeigerufen, um das überaus reiche, von Slawen nur spärlich besiedelte Gebiet rasch aufblühen zu lassen. An den Fürstenhöfen verdrängten deutsche Laute zunehmend die polnischen; so nahm auch der Adel germanische Kultur an. Östlich der Oder, vor allem in den Dörfern, wurde noch lange polnisch gesprochen. Erst den *Hohenzollern* gelang die völlige *Eindeutschung* Niederschlesiens und des westlichen Oberschlesien. Das Land machte mehrere Glanzperioden durch, die sich am deutlichsten in der Architektur des 15., 16. und 18. Jahrhunderts kundtun, ebenso wie im Schrifttum von Angelus Silesius und Martin Opitz, über Joseph von Eichendorff bis zu Gerhart Hauptmann und Hermann Stehr.

Viele Bürger und Grundherren traten zum *Luthertum* über, doch griff die *Gegenreformation* hart durch. Als Folge des Dreißigjährigen Krieges, der Schlesien entsetzlich heimsuchte, gewährte der Kaiser den Protestanten 1648 einige Kirchen, weitere 1707 im Zuge des Nordischen Kriegs. 1813 ein Mittelpunkt des deutschen Widerstandes gegen *Napoleon,* gewann das Land nach 1815 zum Teil ein hochindustrielles Antlitz. Das Elend unterbezahlter Weber führte allerdings 1844 zu einem Verzweiflungsaufstand. Zugleich erlebte Oberschlesien die nationale Wiedergeburt eines Teils der Volksmassen, die unter Führung der Geistlichkeit ihr Polentum wiederentdeckten. Vielfach überwogen in den sprachlichen Mischgebieten Unentschlossene, sogenannte Wasserpolacken oder Schlonsaken. Unser Jahrhundert ließ dann freilich keinen Raum für Kompromisse mehr offen.

Wrocław [Breslau]

Für Reisende, die aus Dresden oder Prag kommend die polnische Grenze überschreiten, bildet Wrocław die erste Etappe, mit seinen drei Orbis-Hotels zugleich einen günstigen Ausgangspunkt zur Besichtigung Niederschlesiens.

Die *Odermetropole* liegt inmitten eines breiten Flachlands, unweit der vulkanisch anmutenden Vorsudeten. Das milde, eher feuchte Klima, die im Frühjahr durch ihre Blütenpracht bestechenden Obstbäume, die geräumigen Parkanlagen, der Fluß, dessen weitverzweigte Arme sich müde zwischen kleinen Inseln mit Grünflächen und alten Kirchen hindurchschlängeln, freundliche Sonnenstrahlen über wiedererwecktem Zauber von Gotik und Barock, ein angenehmer, sonst kaum in Großstädten anzutreffender Duft: all das regt an zu beschaulicher Träumerei. Keine Spur von preußischer Strenge; doch daß die Stadt einmal habsburgisch war, merkt man ihr sofort an. Heute so polnisch wie Warschau oder Kra-

267   Das Breslauer Rathaus

kau, hat sie die Umstellung von Breslau auf Wrocław restlos geschafft. Zahlreiche Polen aus Ostgalizien und Wolhynien wurden hier angesiedelt. Den Älteren haftet noch die breite, singende Aussprache des Ostens an. Die Jüngeren, die meist in Schlesien zur Welt kamen, fühlen sich ebenso zuhause wie die Kinder deutscher Breslauer in Köln oder Stuttgart. Die Universität strahlt noch dank mancher Professoren Altlemberger, mitteleuropäisch-humanistischen Geist aus. Etwas Böhmisches hängt ebenfalls in der Luft: ähnlich Prag ist Wrocław ein traditioneller Schnittpunkt von Kulturen, Völkern, Religionen. Anders als Zlatá Praha atmet es jedoch kaum Melancholie, dafür um so mehr Lebenslust. Was in der Moldaustadt die Laterna Magica, ist an der Oder sowohl die Pantomime *Tomaszewskis* als die Experimentierbühne *Grotowskis*. Der Abend läßt sich also gewinnbringend ausfüllen, nachdem man den Tag zwischen geschäftigem Ringplatz und stiller Dominsel verbracht hat; Voraussetzung bleibt, daß es noch freie Plätze gibt oder daß die Ensembles nicht gerade eine Auslandstournee unternehmen. Dann kann man immer noch mit Genuß Oper oder Konzert besuchen. Während des Stadtrundgangs locken nicht nur Baudenkmäler und malerische Winkel, sondern auch Sammlungen, allen voran das Nationalmuseum, das Historische Museum und das Erzbischöfliche Diözesanmuseum. Die Vororte sind reich an Villen und Gärten, außerdem entstand eine Vielzahl neuer Wohnsiedlungen, so daß Wrocław nunmehr, nach Beseitigung fast aller Kriegsschäden, geräumig, sauber und ansprechend wirkt.

Die Geschichte hat Breslau von Anfang an eine Mittlerrolle zwischen Ost und West zugewiesen. An der alten Bernsteinstraße, im Schutze der sumpfigen Oderauen, entstand noch vor 600 eine *slawische Siedlung;* um 1000 war es bereits ein wohlbekannter, befestigter Handelsplatz, zugleich Bischofssitz. Für den jungen Piastenstaat spielte die gegen 900 zeitweise böhmische Siedlung, deren Name auf den Przemysliden Vratislav zurückgeht, eine wichtige Rolle in der Auseinandersetzung mit dem Kaiser. Die *schlesischen Herzöge* hielten hier Hof; sie, die sechs Heinriche des 13. Jahrhunderts, verliehen ihrer Residenz Magdeburger Recht und bauten sie nach dem Tatareneinfall von 1241 wieder auf. Die Stadt wuchs vor allem am linken Flußufer, besiedelt von *fränkischen Kolonisten*. 1335 wurde der *König von Böhmen* Lehensherr, wodurch die rechtlichen Bande zu Polen abrissen. Obzwar Patrizier, Kaufleute und Handwerker überwiegend Deutsche waren, blieben die Geistlichkeit und die Plebs zu einem guten Teil polnisch. Die Germanisierung schritt freilich ständig voran, aber noch bis tief ins 18. Jahrhundert hinein gab es slawische Spuren. Auf Polnisch wurden sowohl Druckwerke hergestellt als Sonntagspredigten abgehalten. Kołłątaj beobachtete um 1800 neben den Deutschen einen merkbaren Anteil an Polnischsprachigen, darunter viele Bauern aus umliegenden Dörfern. Im Spätmittelalter kamen auch etliche Wallonen, Flamen und Tschechen in die Oderstadt; die wirtschaftlichen wie kulturellen Bindungen zu Polen blieben aufrecht.

Mit den Hussiten hatte sich Breslau nach 1420 ständig auseinanderzusetzen. Später wollten die Bürger Georg von Podiebrad nicht anerkennen und stellten sich nach dessen Tod 1471 auf seiten des *Matthias Corvinus* gegen die Jagellonen. Die Gesamtheit der böhmischen Länder, mithin auch die damals wegen ihres Reichtums und der schönen Bauwerke geschätzte Metropole Schlesiens, fiel 1526 an die *Habsburger*. Zu diesem Zeitpunkt hing schon die Mehrheit der Einwohner dem lutherischen Glauben an. Große Bautätigkeit war ein Hauptmerkmal der österreichischen Periode, deren Wohlstand nur vom

Dreißigjährigen Krieg unterbrochen wurde. 1741 begann die *preußische Herrschaft,* die nach Anfangsschwierigkeiten eine Belebung des Manufakturwesens brachte. 1793 kam es unter dem Einfluß der Französischen Revolution zu Unruhen in der Stadt, den größten seit 1418. Preußens Reformära nach 1807 begünstigte die Entfaltung Breslaus. Die 1702 gegründete Jesuitenakademie wurde 1811 mit der protestantischen Hochschule Frankfurt an der Oder zur staatlichen Universität Breslau vereinigt, der nach dem Wiener Kongreß nicht nur eine hervorragende wissenschaftliche, sondern auch eine kulturelle und politische Rolle zukam. 1836 entstand die Literarisch-Slawische Gesellschaft, der Polen, Tschechen wie deutsche Slawenfreunde angehörten. 1848 wurde die Universität zu einem der geistigen Zentren der *polnischen Nationalbewegung* in Preußen.

Während der Zeit bis zum Ersten Weltkrieg wuchs die Industrie um ein Vielfaches; man baute Eisenbahnlinien und dehnte die Vororte aus. 1914 zählte Breslau 540 000, 1939 schon 660 000 Einwohner; im heutigen Wrocław leben etwa 580 000 Menschen.

Unter den *Nationalsozialisten* nahmen die Rüstungsfabriken eine führende Rolle ein. Die 1944 zur Festung erklärte Stadt wurde im Laufe des Winters und Frühjahrs 1945 bewußt wahnwitzigen Durchhalteplänen geopfert. Von den zwangsweise evakuierten Zivilisten ging ein Teil elend auf der Flucht zugrunde, während die *Rote Armee* am 22. Januar 1945 den Belagerungsgürtel schloß. Die folgenden Zerstörungen gehen nicht nur auf alliierte Luftangriffe, sondern auch weitgehend auf das Konto der SS zurück, die ganze Häuserblocks zu Verteidigungszwecken sprengte und die zurückgebliebene Bevölkerung brutal terrorisierte. Erst am 6. Mai entschloß man sich zur *Kapitulation,* vier Tage nach Berlin. Das Zentrum lag zu

50 Prozent, der Süden und Westen zu 90 Prozent in Trümmern.

Die polnischen Behörden setzten die Odermetropole stufenweise wieder instand. Zunächst ging es hauptsächlich um wichtige Industriebetriebe und hochrangige Kulturdenkmäler wie Dom oder Rathaus. Erst 1953 setzte der systematische *Wiederaufbau* ein, nachdem die Deutschen 1945–1947 ausgesiedelt und durch Polen ersetzt worden waren. Die neuen Bewohner stammten zumeist aus der Ukraine und Weißrußland sowie aus dem vernichteten Warschau. Das heutige, moderne Stadtbild zeigt nur mehr wenige Gebäude im Hohenzollernstil. Hingegen erstrahlt die historische Bausubstanz von Gotik und Barock im alten Glanz, während die Backsteinarchitektur des vorigen Jahrhunderts dem typischen Stil Volkspolens gewichen ist.

Eine gemächliche Stadtbesichtigung nimmt, Museen und Zoo miteingerechnet, zwei volle Tage in Anspruch. *Wyspa Piaskowa* [Sandinsel] und *Ostrów Tumski* [Dominsel] verdienen der zahlreichen Sehenswürdigkeiten ihres geschlossenen Baukerns halber besonders eingehende Betrachtung. Abgelegen und ruhig ist es hier, fern von jedem hektischen Treiben. Die Romantik vergangener Tage spricht zu uns, wenn wir vom altstädtischen Flußufer aus zu den rötlich schimmernden Kirchen hinüberblicken, auf dem Bulwar Xawerego Dunikowskiego oder dem Most Pokoju stehend. Ein anderes Bild, wohl das schönste hier, bietet sich uns, wenn wir den Most Tumski zum Ausgangspunkt nehmen, der beide Inseln miteinander verbindet. Rechts der mächtige Dom mit seinen bei-

272/273 Blick von der Oder zur Universität Wrocław

den Türmen, in der Mitte die große Kirche zum Heiligen Kreuz, links die kleine Martinskirche, alle aus Backstein des 13. und 14. Jahrhunderts; gut sichtbar, nicht nur für Osteuropa einzigartig: die mildtätig segnende Statue von Papst Johannes XXIII.

Ebenfalls malerisch reizvoll wirkt das Altstadtufer dank dem langgezogenen Komplex barocker Stiftsgebäude. Vom Rathaus her lohnt die Aussicht über historische Häuser des Ringplatzes hinweg zur gotischen Elisabethkirche, nahe davon auch zu den Häuserzeilen am Rynek Solny, dem Salzmarkt. Der Plac Uniwersytecki umschließt herrliche Werke böhmisch-schlesischen Hochbarocks, rechts die Kirche, links die einstige Jesuitenakademie. Liebhaber von Perspektiven kommen auf ihre Rechnung.

Es empfiehlt sich, den Rundgang beim *Hotel Panorama* zu beginnen und zu beenden, nicht nur, weil es die schmackhafteste Küche Niederschlesiens bietet. Nahe dem «Panorama» steht rechter Hand vom weiträumigen Plac Feliksa Dzierżyńskiego das älteste linksufrige Gotteshaus, heute dem *hl. Adalbert* geweiht, zuvor Klosterkirche der Dominikaner. Die Grundmauern stammen von 1112, das Innere des schmucken, den Kriegsschäden mühevoll entrissenen Sakralbaus ist schlicht und modern, das Äußere frühgotisch. Auf der Südseite wurde 1711–1724 die Barockkapelle des seligen Czesław Odrowąż angefügt. Die nahe Katharinenkirche – sie gab der Straße den Namen – befindet sich noch im Umbau. Vorbei am zeitgenössisch gestalteten Nowy Targ, der die Stelle des vernichteten Neumarkts einnimmt, an Überresten früherer Basteien und an der wilhelminischen Markthalle gelangt man zum *Plac Biskupa Nankiera*. Dieser Breslauer Oberhirte – Bischof Nanker – war zu Beginn des 14. Jahrhunderts Anführer der polnischen, antiböhmischen Partei an der Oder. Der nach ihm benannte Platz gibt den Blick auf mehrere gotische Kirchen und zwei Klöster frei. Die dreischiffige, langgezogene *St. Vinzenz-Kirche* zählt zu den größten der Stadt; sie ist romanischen Ursprungs. Das frühere *Norbertanerkloster,* vor dem Krieg Oberlandesgericht, ist heute Sitz des Philologischen Instituts. An das hübsche *Ursulinenkloster* in der Mitte des Platzes, nunmehr Teil der Medizinischen Akademie, schließt sich die barockisierte *Klarakirche* an, mit dem Mausoleum der Breslauer Piasten. Gegenüber, hinter einem Glaspavillon, das romanische Haus der Trebnitzer Fräulein [Dom Panien Trzebnickich], ein um 1200 errichteter Profanbau.

Der Weg vom Nanker-Platz führt geradeaus weiter über die eiserne Sandbrücke [Most Piaskowy, 1861] zu den *Oderinseln.* Links der breite Boulevard am Wasser mit der barocken *Ossoliński-Bibliothek.* Auf dem Sande rechts die schöne, spätbarocke Fassade des seit 1811 im Besitz der Universitätsbibliothek befindlichen, einstigen *Augustinerklosters.* Hier amtierte 1945 während der fürchterlichen Endkämpfe der letzte deutsche Festungskommandant. Daneben die spätgotische *Marienkirche,* deren Innenraum das ursprüngliche, mittelalterliche Aussehen annähernd zurückerhielt. Auf der gegenüberliegenden Straßenseite die unauffällige, frühbarocke Annakirche, dann ein 1810 säkularisiertes, barockes Nonnenheim, weiter das Haus der Salesianerinnen, ein Werk der ausklingenden Gotik, schließlich an der Ecke zwei klassizistische Häuser.

Über die *Sandinsel* fährt die Straßenbahn, die nach rechts zum Dom hinführenden Gassen bleiben jedoch den Fußgängern vorbehalten. Nur wenige Fahrzeuge gelangen hierher. Im Gegensatz zur gotischen Architektur der Gotteshäuser, herrschen Barock und Frühklassizismus vor, hübsche zweistöckige Gebäude. Hinter der schmalen Brücke links die kleine Peter-Pauls-Kirche, um 1450 nach böhmischem Einpfeilermuster errichtet. Der *Plac Kościelny* trägt stark barocke Züge, klar erkennbar am originell geformten Gesimse des Orphanotropheums [1702–1715], eines Waisenhauses für bedürftige Kinder des Adels, wie auch an der Figur des hl. Johannes von Nepomuk. Die wuchtige Gestalt der *Kreuz- und Bartholomäuskirche* [Kościół Świętego Krzyża i Świętego Bartłomieja], ein aus zwei übereinandergeordneten Ebenen bestehendes Meisterwerk des 14. Jahrhunderts, erinnert etwas an die Zisterzienserkirche im niederösterreichischen Heiligenkreuz; hier liegt in der Unterkirche Bischof Nanker begraben, in der Oberkirche prangt ein Tympanon mit den Gestalten von Herzog Heinrich Probus und seiner Gattin Mathilde. An der Ulica Katedralna stehen manieristisch-frühbarocke Domherrenhäuser, weiter das weihbischöfliche und das erzbischöfliche Palais, beide klassizistisch. Unvergessen bleibt die gewaltige, zum Himmel emporstrebende Backsteinsilhouette des zweitürmigen Domes *zum heiligen Johannes dem Täufer* [Katedra Świętego Jana Chrzciciela]. Sowohl die Vorderfront als die Längsseiten wirken imposant, voll diskreter Vornehmheit. Krypta wie Portal weisen romanische Elemente auf. Die dreischiffige Basilika stammt aus der Hochgotik. Den Hauptaltar schuf der Schülerkreis um Veit Stoß; die glitzernd barocke Kapelle des Allerheiligsten geht auf Fischer von Erlach und Carlone zurück. Auch sonst besticht der Reichtum an gotischen und barocken Plastiken.

Vom Plac Katedralny hinter dem Dom, einer Grünfläche mit Sitzbänken, führt der Weg zurück ins moderne Leben, zu stark befahrenen Straßenzügen. Linker Hand die leicht ge-

277   Wrocław [Breslau], der Dom

drungene Ägidius-Kirche [Św. Idziego] aus der Frühgotik; am Ende der kurzen, gleichnamigen Gasse sieht man die Kreuzkirche [Św. Krzyza]; in der halbkreisförmigen Ulica Kanonia befindet sich das *Erzbischöfliche Museum* mit wertvoller Sammlung schlesischer Kirchenkunst seit der Romanik; geöffnet ist es nur wochentags an Vormittagen. In der Nähe liegt der *Botanische Garten,* dessen Besuch zur warmen Jahreszeit lohnt, der bunten Blumenbeete und seltenen Pflanzen wegen. Hier verlief vor 1811 ein Arm der Oder, aber nun ist Ostrów Tumski seit langem keine Insel mehr.

Über den *Plac Kościelny* gelangen wir zur niedrigen, romanischen Martinskirche. Gleich lächelt uns, nahe dem Flußufer, die in Granit gehauene Gestalt des Papa Roncalli gütig entgegen. Wenige Schritte sind es nur vom Platz, der stets den Namen eines Generals von Freiheitskriegen trägt: früher war es der Preuße Gneisenau aus Napoleons Zeiten, jetzt ist es der Pole Bem, ein Held des Völkerfrühlings von 1848.

Zurück zur Altstadt, biegen wir beim Most Piaskowy nach rechts zum langgezogenen Barockbau des ehemaligen *Kreuzherrenstifts,* den in der Mitte eine Kuppel krönt. Drinnen befindet sich die aus Lemberg hierher verbrachte Bibliothek des Ossolińskischen Nationalinstituts. Am Wasser entlang erreicht man binnen weniger Augenblicke die Rückseite der Universität, deren barocke Wucht vom Fluß aus gut sichtbar wird. Zurück zur Bibliothek, deren Eingang von der langen und schmalen Szewska-Gasse, der früheren Schuhbrücke aus, durch ein zierlich geschwungenes Portal führt. An der gleichen Straßenseite erhebt sich vor der romanisch-gotischen, innen barockisierten Matthäuskirche ein Nepomukdenkmal [1723], das dem schlesischen Bildhauer Urbański zugeschrieben wird. Wenig weiter das Stadtpalais der Oppelner Piasten [Kamienica Piastów Opolskich, 1532], gegenüber das der

Liegnitz-Brieger Piasten [Kamienica Piastów Legnicko-Brzeskich] mit Renaissancefassade, heute Sitz des Historischen Instituts.

Nun zum *Universitätsplatz,* den seit der Restaurierung strahlend silbergrauer Farbton beherrscht, Die *Jesuitenkirche* [1689–1732] ähnelt ihren Schwestern im böhmisch-österreichischen und bayrischen Raum; kaum kriegsversehrt, erfreut sie durch die Pracht der hohen Wand- und Deckenfresken von Rottmayr, durch den Goldglanz der Altäre und Heiligenstatuen. Das *Collegium Maximum* der alten Leopoldinischen Akademie, aus der 1811 die Friedrich-Wilhelms-, 1950 die Bolesław-Bierut-Universität wurde, gewährt den Eintritt durch ein mit allegorischen Gestalten verziertes Portal. Den Astronomischen Turm umgeben Symbolfiguren des Kirchenrechts, der Theologie, der Astronomie und der Medizin, überragt von einem Globus. Der heutige Klubsaal im Parterre diente als Konviktsapotheke. An der Hochschule lehrten Kapazitäten wie der deutsche Historiker Theodor Mommsen, der tschechische Naturforscher Jan Evangelista Purkyně oder der polnische Slawist Władysław Nehring. Der erste Stock birgt den schönsten Raum der Stadt, die berühmte *Aula Leopoldina.* Durch ein geschnitztes Eichentor mit dem piastischen Adler gelangt man ins reich geschmückte Innere. Am Gewölbe prangt Handkes Fresko «Glorie der göttlichen Weisheit» [1732], aus den Nischen blicken namhafte Gelehrte hervor. Der Bildhauer Mangoldt hinterließ der Nachwelt einen Leopold I., einen Josef I. und einen Karl VI. An der Musikempore hängt das Porträt des kaiserlichen Statthalters Graf Schaffgotsch, darüber kündet ein Fresko «Schlesiens Ehre».

Nun wenden wir uns nach Süden dem Herzen der Altstadt zu, über die *Szewska.* Hier – auch an der parallel verlaufenden Kuźnicza [Schmiedebrücke] – stehen noch einige Häuser aus dem 16., 17. und 18. Jahrhundert. Näher zur Oder begegnet man meistens Studenten und Hochschullehrern, beim Rynek [Ring] ist das Publikum weit gemischter. Dort, in den west-östlich verlaufenden Gassen, sind Geschäfte sowie Ämter untergebracht.

Die mächtige *Maria-Magdalen-Kirche,* ein hochgeschossener, dreischiffiger Hallenbau aus der Spätgotik, 1945 ausgebrannt, wurde von den Behörden der Polnischen Nationalkirche zur Verfügung gestellt. Hoher künstlerischer Wert haftet dem romanischen Westportal an, das 1546 aus dem aufgelassenen Benediktinerkloster Olbin hierher verpflanzt wurde. Französische Romanik scheint bei den Ornamenten als Vorbild gedient zu haben.

Der *Rynek* zieht stets große Menschenmassen an; hier konzentriert sich nach wie vor das wirtschaftliche Leben. Die Mitte des Platzes wird vom Rathaus, von alten Tuchhallen im Empirestil [1820] und von einigen kleinen Bürgerhäusern ausgefüllt. Das *Rathaus,* mit seinem 66 Meter hohen Turm, den spitzen Giebeldächern, den herrlichen Schnitzarbeiten der Frührenaissance, gilt als schönstes weltliches Bauwerk Breslaus; es entstand stufenweise während des 14., 15. und 16. Jahrhunderts. Einige Zutaten stammen aus späteren Perioden, einschließlich des Historismus. Im Inneren des Gebäudes sind das *Historische Museum* der Stadt und das *Medaillenmuseum* untergebracht. Gotische Gewölbe mit Strebepfeilern überspannen den Bürgersaal, den Ratssaal, das Refektorium und den Herzogsaal. An der Südseite des Rathauses lädt die mittelalterliche *Piwnica Świdnicka* [Schweidnitzer Bierkeller] zu kühlem Labsal ein. Auf dem breiten Vorplatz finden häufig Volkskunstausstellungen, Bücherbasare, Tanzgruppendarbietungen oder Jugendfeste statt, die bei günstigem Wetter der Atmosphäre ein fröhliches Gepräge verleihen.

Renaissance, Barock und Klassizismus, freilich aus den Trümmern wiedererweckt, bestimmen mit wenigen Ausnahmen den Stil der Häuser am Rynek. Sie tragen bunte Namen, etwa Zu den Sieben Kurfürsten, Zum Greifen oder Zur Goldenen Sonne. Unter dem Denkmal Friedrichs des Großen wurde im März 1945 der Breslauer Bürgermeister Spielhagen, ein Gegner der sinnlosen Verteidigung, von den Nationalsozialisten standrechtlich erschossen. Dann verschwand das symbolträchtige Denkmal mitsamt der preußischen Herrschaft. Seit 1956 befindet sich an der gleichen Stelle das aus Lemberg hierher verpflanzte Standbild des witzigsten polnischen Komödienautors im vorigen Jahrhundert, des Grafen Alexander Fredro.

Linker Hand der von den Preußen als Blücherplatz bezeichnete *Salzmarkt* [Rynek Solny]. An der Westseite reihen sich schmucke Bürgerhäuser aus der frühen Neuzeit aneinander; an der Südseite steht die alte Börse, ein neuklassizistischer Monumentalbau. Rechts vom Rynek erhebt sich die hochgotische *Elisabethkirche,* deren Turm den Stadtkern beherrscht. Das ursprünglich den Kreuzherren gehörende Gotteshaus ging 1525 in protestantischen Besitz über und wurde nach 1945 katholische Garnisonskirche. Spätmittelalterliche und manieristische Plastiken, Epitaphien und Grabinschriften füllen das Innere. Auf Schlesiens größter Barockorgel wurden bis zum Brand 1976 Orgelkonzerte abgehalten; im Augenblick ist das Gebäude wegen Renovierungsarbeiten gesperrt. Die beiden kleinen Häuschen daneben, von den Polen «Jaś i Małgosia» [Hänsel und Gretel] getauft, das eine gotisch, das andere barock, bewohnte einst das Kirchenpersonal.

Bei einem Streifzug durch die Gassen im Westen der Altstadt begegnet man spätbarocker, historistischer sowie modernistischer Architektur, die ziemlich gut die Belagerung überdauert hat. Das Arsenal, einst als Speicher verwendet, dann als städtisches Zeughaus, liegt an der Oder. Die nahe Barbarakirche, ursprünglich Friedhofskapelle der Weißbergerzunft, dient heute den Orthodoxen. Am Stadtgraben, der das Zentrum hufeisenförmig nach Süden umschließt, gelangt man zur hochbarocken Antoniuskirche mit stark italienischem Einschlag. Daneben, am *Plac Bohaterów Getta,* die klassizistische Synagoge [1827–1829]. Bis ins 19. Jahrhundert lag hier das Judenviertel, aus dem bedeutsame Denker und Schriftsteller hervorgingen, wie der Frühsozialist Ferdinand Lassalle oder Emil Ludwig, Verfasser populärer Biographien von großen Gestalten der Weltgeschichte.

An *Psie Budy,* unterhalb des Rynek Solny, sehen wir wiedererrichtete, niedrige Handwerkerhäuschen aus der habsburgischen Zeit, zur Rechten die neugotische Universitätsbibliothek. Die lutherische Kirche zeigt schlichten Spätbarock; im einstigen Schloß Friedrichs des Großen wurden das Archäologische und das Ethnographische Museum untergebracht. Die Franziskanerkirche spendete der Luxemburger Karl IV. Hier trennen uns nur wenige Schritte von der klassizistischen *Oper,* einem Werk des jüngeren Langhans, wie auch von der schmucken, vornehm wirkenden Johanniterbasilika [Kościół Bożego Ciała].

Zum neugotischen Hauptbahnhof gelangt man in südöstlicher Richtung, über den geschäftigen *Plac Tadeusza Kościuszki,* den Tauentzienplatz der Preußen, und die frühere Gartenstraße [Karola Świerczewskiego]. Die Architektur der deutschen Vorkriegszeit, die der fünfziger wie der sechziger Jahre Volkspolens prägen das Bild dieses Geschäfts-, Büro- und Hotelviertels.

Angenehme Spaziergänge bieten sich entlang der Wallpromenade vom Opernhaus bis zum *Wzgórze Partyzantów* [Partisanenhügel], der vor 1945 als Liebichshöhe bekannt war. Die Anhöhe, gekrönt von einer klassizistischen Kolonnade, ist ein vielbeliebter Treffpunkt mit Sommercafé und Amphitheater. Sie liegt oberhalb der Piotra Skargi, einer an der Stelle von Ruinen völlig neu geschaffenen Straße, an deren Ende man den Plac Feliksa Dzierżyńskiego erblickt. Er entstand ebenfalls auf den Trümmern winkeliger Gäßchen des 19. Jahrhunderts. Im Umfeld des Platzes blieben die evangelische Christophoruskirche und das barocke Palais Oppersdorf erhalten. Das klassizistische Palais Hatzfeld stand ziemlich lange als Ruine da, doch glänzt es heute wieder in goldgelben Farben. Hinter dem Hotel Panorama liegt eine kleine Bastei, gegenüber – im vormaligen Bernhardinerkloster – das Architekturmuseum; breite Straßen, viel Grünflächen, bequeme Ausblicke. Die Słowacki-Allee führt uns zum neugotischen Backsteinbau des *Nationalmuseums* am *Plac Powstańców Warszawy* [Platz der Warschauer Aufständischen]. Früher war hier das Regierungsgebäude untergebracht, den Platz hatten die Deutschen Lessing gewidmet. Den Polen gelang hier die Einrichtung eines vortrefflichen Museums, das jeder Breslaureisende besuchen sollte. Im Erdgeschoß befindet sich die Sammlung schlesischer Kunst des Mittelalters, darunter mit Steinskulpturen verzierte Grabplatten von Piastenherzögen und holzgeschnitzte Madonnen. Die Galerie umfaßt die drei Abteilungen polnischer, schlesischer und europäischer Malerei. Wir sehen Lemberger Porträts aus der Biedermeierzeit, Meister des Historismus und der Moderne, bürgerliche Epitaphien aus Schlesien, dann gute Gemälde norditalienischer und niederländischer Künstlerschulen. Werke schlesischer Barockbildhauer und Kunsthandwerker, alte Graphiker ebenso wie die Schöpfungen polnischer Zeitgenossen bekommt man hier zu Gesicht.

Die einst der Freiheit, jetzt dem polnischen Sieg bei Grunwald geweihte Hängebrücke führt zu kilometerlangen Park- und Villenvierteln. Die neuen Wolkenkratzer am Plac Grunwaldzki entstanden anstelle eines größeren Bezirks, den die Nationalsozialisten 1945 geschleift hatten. Um für das Flugzeug des Gauleiters, der die Flucht nach Westen antreten wollte, eine Rollbahn zu schaffen, wurden unter schwerstem Artilleriebeschuß ganze Häuserzeilen rasiert. Dreizehntausend unschuldige Menschen – Deutsche, Fremdarbeiter und Kriegsgefangene –, die man zu diesem Vernichtungswerk gezwungen hatte, kamen dabei ums Leben.

Den Ausflug zum Zoo, zur Hala Ludowa [Jahrhunderthalle, 1913] und zum Japanischen Garten unternimmt man mit dem Auto, mit der Straßenbahn oder mit dem Bus.

Wir haben die ehrwürdige Odermetropole als eine Synthese von Kulturtraditionen und Konfessionen kennengelernt. Größe und Anmut, ihr unwiederholbarer Reiz wären nicht anders erklärbar. Die furchtbaren Wunden, die das Gemetzel von 1945 geschlagen hat, müßten als Anschauungsunterricht dienen, sich niemals nationalistischem Wahn hinzugeben, stets aber das Gemeinsame dem Trennenden vorzuziehen. Mitteleuropas Besonderheit verdanken wir ja eben dem jahrhundertelangen friedlichen Ineinanderfließen und Zusammenwirken seiner Völker.

Barocke Klosterpracht

Niederschlesiens hervorstechendste Zierde sind seine Klöster, deren barocker Mantel meist ein gotisches Kleid überdeckt. Hier, in Böhmen, in Bayern, in Nieder- und Oberösterreich entstand das Schönste, dessen die Ecclesia Triumphans der

Gegenreformation fähig war. Habsburgische Herrschaft ermöglichte, was die Piasten des Mittelalters begonnen hatten und jeder Kunstliebhaber kennen sollte, der an Melk, Sankt Florian oder Ottobeuren Gefallen findet. Schlesiens Reiseziele stehen diesen, heute im Westen bekannteren Orten keinesfalls nach.

Laut Volkssage geht auf die Polen wie Deutschen gleichermaßen heilige Hedwig, Gemahlin Herzog Heinrichs des Bärtigen und Tochter des Grafen von Meran, die Gründung des Zisterzienserinnenklosters *Trzebnica* [Trebnitz] zurück. Von ihrem Gatten mit Landbesitz reich beschenkt, antwortete die edle Frau mit «trzeba nic» [ich brauche nichts] auf die Frage nach weiteren Wünschen. Diese Stätte der Andacht spendete sie der Kirche. Sie zog sich selbst dorthin zurück, nachdem die hohen Eheleute beide das Keuschheitsgelübde abgelegt hatten. Fortan strahlte Trzebnica auf das Oderland und Großpolen aus, eine geistige Nahtstelle für die Nachbarvölker. Fromme Frauen aus besten, meist polnischen Familien regierten als Priorinnen und Äbtissinnen bis zur Säkularisierung von 1810. Seit 1870 dient das Gebäude als geistliches Spital; heute werden dort psychisch Kranke von Borromäerinnen betreut.

Die spätromanische Bartholomäuskirche ist eine dreischiffige Backsteinbasilika nach dem Schema des lateinischen Kreuzes. Das westliche Außenportal, im Innern das Portal des nördlichen Transepts, sind romanisch geblieben; die Skulpturen des Tympanons zeigen hier Salomons Mutter Bethsabe und den lautespielenden David, dort die thronende, von Engeln umgebene Madonna. Klar sehen wir den architektonischen Eingriff der Gotik, mehr noch den des Barocks, die prächtigen Altäre *Mangoldts* und *Willmanns*. Das Grab der Heiligen in der gotischen Hedwigskapelle wurde mit einer glänzenden barocken Raumgestaltung ausgeschmückt. Ein Musterstück der

Schmiedeeisenkunst ist das zu den Prunkräumen führende Portal des mächtigen Klostergebäudes.

Zisterzienser aus Pforta bei Naumburg zogen schon 1175 nach *Lubiąż* [Leubus] an der Oder. Fast nichts erinnert mehr an die mittelalterliche Substanz. Dank der 223 Meter Länge, die das Kloster im 18. Jahrhundert erhielt, wurde es zum monumentalsten Barockbau der damaligen Länder der Wenzelskrone. Majestät und Harmonie bestimmen das Aussehen des zwei Kirchen, Stift, Abtsresidenz und Wirtschaftsräume umfassenden Gebäudekomplexes. Flache Auwälder umgeben das 1945 verwüstete, nun von polnischen Denkmalschützern mühevoll wiederbelebte Lubiąż mit seinen beiden charakteristischen Vordertürmen. Besonders stark litten Fresken und Stuckdekor der Kirchen unter den Kriegsereignissen.

Der Nordflügel des Klosters entstand 1685–1699, der Südflügel 1695–1715; dieser enthält auch den berühmten Fürstensaal, über dessen Decke sich ein riesiges Ölgemälde zur Apologie des Glaubens erstreckt. Der Maler, *Christian Philipp von Bentum,* schuf auch die mythologisierenden Szenen aus dem Leben Elisabeths, der Gattin Kaiser Karls VI. *Ferdinand Josef Mangoldt* verewigte als stolze Standbilder drei Monarchen, Leopold I., Josef I. und Karl VI., denen er allegorische Genien und Atlanten zugesellte. Den Speisesaal schmückte der Königsberger *Michael Willmann* mit Pflanzensymbolen. Mariensäule, Neger- und Indianerfiguren des schattigen Klostervorplatzes stammen ebenfalls von Mangoldt. Auch Lubiąż wurde bereits 1810 von den preußischen Behörden säkularisiert und zu einem Heim für Geistesgestörte bestimmt.

Der Standort auf einem Hügel besagt schon, daß *Legnickie Pole* [Wahlstatt] eine Schöpfung der Benediktiner gewesen sein muß. Anstelle des gotischen Sakralbaus errichtete 1727–1731 *Kilian Ignaz Dientzenhofer,* der Meister des barokken Prag, Kloster und Kirche im Geschmack seiner Zeit. Was auf diesem Schlachtfeld bei Liegnitz als Verherrlichung Heinrichs des Frommen gedacht war, der 1241 im Kampf gegen die Mongolen fiel, wurde zu einem verklärt illusionistischen Kuppelfresko des Münchners *Kosmas Damian Asam.* Leid verwandelt sich zur Glorie, mildes Farbenspiel umfaßt die ganze Kirche. Den zweiten Sinn der Darstellung, den Sieg der Katholiken über die Protestanten, begriff damals jeder Einwohner Schlesiens. Wer ahnte indes, daß der preußische Staat hier ein Kadettenkorps unterbringen würde?

Südlich von Wrocław, kurz vor Strzelin, liegt das alte Klosterdorf *Henryków* [Heinrichsau], einstige Außenstelle der Zisterzienserabtei Leubus. Die tüchtigen Mönche erwarben sich auch hier hohe Verdienste um Schlesiens Kultur und Wirtschaft. Gegen 1270 verfaßte Abt Peter den Liber Fundationis Claustri Sanctae Mariae Virginis in Heinrichow, ein grundlegendes Quellenwerk zur Erforschung der Piastenzeit; der Slawist findet darin auch das erste Schriftdenkmal in polnischer Sprache. Die eher eintönige Flachlandschaft könnte man achtlos durchqueren, wäre da nicht die dreischiffige Basilika, gotisch der Grundform, barock der Austattung nach. Mehrere Meister gestalteten die Altäre; das Weihnachtsbild des Hauptaltars stammt vom Pinsel *Willmanns.* In der Maria-Magdalenen-Kapelle befindet sich das Mausoleum der Münsterberger Piasten Bolko und Jutta. Das hochbarocke Stiftshaus, nach 1810 im Besitz der Großherzöge von Sachsen-Weimar, wurde bei Kriegsende beschädigt; dennoch lohnen die Zimmerflucht des Abtes, das Refektorium und der Fürsten-

288/289 Bolków [Bolkenhain]. Die Stadt von der Burg aus gesehen

saal mit ihren Wandmalereien den Rundgang. Der Hof, die Vorbauten, die freundliche Nepomukstatue und der Josefsbrunnen tragen die Merkmale des Barocks habsburgischer Länder. Die breite Torzufahrt vom Dorf her, die traulichen Heiligenfiguren, die Orangerie und die Reste mittelalterlicher Wälle fügen sich im Gedächtnis zu einer Vorstellung warmherzig lebensbejahender Menschlichkeit zusammen. Heute dienen die Räumlichkeiten einer technischen Lehranstalt.

Bei Kamienna Góra, in anmutiger Mittelgebirgslandschaft unweit der tschechoslowakischen Grenze, staunen wir vor *Krzeszów* [Grüssau], der unübertroffenen Krönung jeder Schlesienreise, denn Pracht, Reichtum und Größe der Zisterzienserabtei lassen sich schwer mit Worten beschreiben. Kein Bauwerk der mitteleuropäischen Barockkunst strebt so ekstatisch strahlend zum Himmel wie die Grüssauer Kirche. Suggestiv in die Landschaft eingefügt, fasziniert das Innere durch seine Proportionen. Nirgends findet man solch ein vollendetes Zusammenspiel geschmeidiger Farbtöne, Linien, Licht- und Schatteneffekte. Keinen Augenblick wirkt das weiß-goldene Gotteshaus überladen, schwerfällig. Gegner des Barocks, die ihn als eitlen Tand bekämpfen, werden hier klar widerlegt, durch die elegante Fassade des Prager Bildhauers *Brokoff* mit ihren beiden Türmen und nicht minder durch den gewaltigen Innenraum. Wir bewundern die Fresken von *Neunhertz* aus der Heilsgeschichte, von *Dorassil* aus dem Alten Testament, die riesige Orgel von *Engler*. Hinter der Apsis breitet sich das Mausoleum der Schweidnitzer Piasten aus. Die feingeschnitzten, spätgotischen Grabfiguren der Herzöge erhielten eine prunkvolle barocke Fassung; Neunhertz schuf auch hier die Kuppelfresken. Den Abschluß des weiten Vorhofs bilden Klostergebäude und Josefskirche.

Selbst die hehrsten Denkmäler menschlicher Kunst sind dem

290

Wandel der Zeiten untertan. Nach der Annexion durch die Hohenzollern wurden die Klöster in der Hardenbergschen Ära aufgehoben; nur die Gebäude ragen noch gegen Himmel, unwirkliche Riesen in einer sachlichen, nicht der Andacht, sondern der Leistung zugewandten Welt.

Burgen und Schlösser in der Landschaft

Ein reicher Kranz von über Felsklippen oder Basaltkegel herabblickenden Burgen, manch sagenumwobenes, windgepeitschtes Gemäuer erstreckt sich entlang der gebirgigen Südgrenze Schlesiens. Ursprünglich als Festen piastischer Herzöge errichtet, verloren sie seit dem Spätmittelalter an Bedeutung; von einigen ergriffen Raubritter Besitz. Was die Hussiten verschonten, wurde zur Zeit des Dreißigjährigen Krieges ein Raub der Flammen, oder die Eigentümer ließen die nutzlos gewordenen, unwirtlichen Wehranlagen veröden, zogen selbst in Renaissance-, dann in Barockschlösser und Stadtpalais. Als mächtigste Burgherren des Nordhanges der Sudeten galten in der frühen Neuzeit die Grafen Schaffgotsch.

Auch viele der eklektischen, im Geiste des Historismus während des 19. Jahrhunderts renovierten Residenzen sollten sich keines langen Lebens erfreuen und hatten unter den Ereignissen von 1945 zu leiden. Wiederum erwarben sich polnische Denkmalschützer hohe Verdienste um die Sicherung schwer beschädigter Bauobjekte, und immer noch gibt es genug Arbeit für die kommenden Jahre. Der schönen Fernsicht halber lohnt sich der Aufstieg zu den höchstgelegenen Ruinen, wie *Bolków* [Bolkenhain], *Chojnik* [Kynast], *Grodno* [Kynsburg] oder *Świny* [Schweinhaus]. Von den neuromantischen Festungen seien *Czocha* [Tzschocha], heute Touristenheim, und vor allem *Książ* [Fürstenstein] hervorgehoben. Das monumentale Książ, früher Standesherrschaft derer zu Pleß-Hochberg, wurde während des Krieges von der SS im Innern verändert, um Hitler als Quartier dienen zu können, wobei die barocke und neubarocke Einrichtung ziemlichen Schaden nahm. Heute kann jedermann, freilich mit Führung, die prächtigen Räume besichtigen. Die verzierten Decken, Kamine und Portale, dann die unversehrte Bibliothek bilden den Hauptschmuck, abgesehen von der Lage zwischen weitem Schloßpark, tiefer Schlucht und bewaldeten Höhenrücken unweit der Bergwerkstadt Wałbrzych.

Ein fürchterliches Geheimnis erfüllt die dunklen Hallen des Kastells *Grodno* bei Zagórze Śląskie [Kynau], einer Mischung von Gotik, Renaissance und Neugotik. Man zeigt das Skelett einer angeketteten Frau, die schlesischer Überlieferung nach als untreue Ehegattin lebendig eingemauert wurde. Der Wahrheitsgehalt der Geschichte läßt sich schwer nachweisen. Tatsächlich steht erst seit 1905 ein Knochengerüst an dieser Stelle.

Residenzstädte der Piastenherzöge

Von den mit der Zeit mehrfach wechselnden Hauptorten der alten Teilherzogtümer Niederschlesiens bildeten Liegnitz, Schweidnitz, Brieg und Oels dauerhafte Mittelpunkte in einem weiten Kreis um Breslau.

Erst 1675 starben mit Georg Wilhelm die letzten Liegnitzer Piasten aus, wodurch *Legnica* unmittelbares habsburgisches

293   Brzeg [Brieg], Fassade des Herzogsschlosses

Lehen wurde. Das historische Zentrum hat bis heute die mittelalterliche Anlage bewahrt, in der Fußgängerzone der durch Industrie, Theater und Hochschule belebten Stadt scharen sich die Sehenswürdigkeiten um Marktplatz und Schloß. Rathaus, Theater und Neptunbrunnen entstammen dem böhmischen Barock. Renaissancehäuser mit Kramläden umschließen den Rynek, auf dessen südöstlichem Ende sich die gotische Peter-Paul-Kirche erhebt, ein Sakralbau mit schönen Schnitzwerken des 14. Jahrhunderts. Die 1945 ausgebrannte, seither restaurierte Burg liegt auf einem kleinen Hügel; das Einfahrtstor [1530–1533] schmückten Renaissancebrustbilder der Landesfürsten. Das Schloß wurde 1835 von Schinkel klassizistisch umgestaltet. Erst neulich kamen weit ältere, romanische Bauelemente bei Ausgrabungen zum Vorschein.

Im Umkreis des Schlosses stehen zwischen schönen Bürgerhäusern des 16. und 17. Jahrhunderts die gotische Marienkirche, die barocken Gebäude des Jesuitenkollegiums, der Johanniskirche, des Leubuser Hauses und der Ritterakademie. Bemerkenswert ist die kreisrunde Kapelle mit dem Piastenmausoleum von Rossi und Rauchmüller [1677/78]; eine Apotheose des Herrscherhauses prangt als Polychromie an den Wänden.

Am Rande der Sudeten liegt das mittelalterliche Handelszentrum *Świdnica,* durch den herzoglichen Hof nicht minder bekannt als durch Brauerei und Leinenweberei. Glücklich überdauerte die Altstadt den Krieg, so daß die historischen Wohn- und Kaufhäuser ebenso unversehrt dastehen wie das barocke Rathaus oder die wuchtige hochgotische Pfarrkirche zu den heiligen Stanislaus und Wenzel mit dem höchsten Kirchturm Schlesiens. Der wohl originellste Sakralbau bleibt die evangelische Friedenskirche, außerhalb der damaligen Stadtmauern 1652 gebaut, erstaunlich ob der großen Ausmaße und der reichhaltigen Innenausstattung. Die Fürsten von Hochberg beauftragten einen ganzen Stab von Architekten mit der Planung eines Gotteshauses aus Eichenholz für 7500 Gläubige. Deutlich an den Innungszeichen erkennbar sind Emporen der Schneider, Tuchmacher, Schreiner und Glasbläser; Kanzel, Orgeln, Hauptaltar und Taufbecken sind Spitzenleistungen eines katholisch beeinflußten Barockstils, das Ganze ein seltenes Beispiel religiöser Toleranz inmitten eines Zeitalters der Unduldsamkeit.

Zu drei Vierteln zerstört kam die historische Tuchmetropole *Brzeg* 1945 an Polen. Die lutherischen Herzöge, besonders Georg II., förderten Humanismus, Reformation und Kunst der Renaissance, deren Stil das Aussehen des Stadtzentrums prägt. Die gotische Nikolausbasilika ist eine von Schlesiens geräumigsten Kirchen; Rathaus, Schloß wie Gymnasium entstammen dem 16., die zweitürmige, barocke Kreuzkirche dem 17. Jahrhundert. Meisterhaft gelungen sind vor allem das Haupttor des Schlosses mit Steinplastiken der Piastenherrscher und der Arkadenhof; der Ostflügel birgt ein Regionalmuseum.

Nach dem Aussterben der örtlichen Linie der Piasten 1492 regierte in *Oleśnica* die tschechische Magnatenfamilie Podiebrad, 1647–1792 gehörte die Stadt den Herzögen von Oels-Württemberg, 1792–1844 denen von Braunschweig, dann den Hohenzollern. Vor der Germanisierung ein geistiger Stützpunkt des polnischen Protestantismus, besaß die Stadt auch eine wichtige Druckerei. Das neuromantisch verschandelte Schloß läßt dank seines schönen Arkadenhofs das Grundkonzept der Renaissance noch erkennen. An der Ausfallstraße im Westteil der Stadt stehen Fragmente der Festungsmauern mit dem Breslauer Tor.

Niederschlesiens Tuchmacher- und Festungsstädte

Wer das Land zwischen Oder und Riesengebirge genau kennenlernen will, die flachen Felder und vulkanartigen Basaltkegel des Nordens, das Hügelland und das Mittelgebirge bis zu Rübezahls Hochwäldern, Bergseen und Höhlen im Süden und Südwesten, darf sich nicht auf die Hauptsehenswürdigkeiten beschränken. Schlesien verfügt über solche Reichtümer, daß erst mehrtägige Rundfahrten mit längeren Aufenthalten eine genügende Vorstellung davon vermitteln. Einzelne große Klöster, Burgen und Schlösser kann man ausflugsweise von *Wrocław* aus besuchen. Will man sich in Natur und Kunst vertiefen, muß man außerhalb der Großstadt übernachten und in den wenigen Hotels, Motels, Pensionen, Schutzhütten oder Campingplätzen Quartier nehmen. Das Angebot an Unterkünften ist nicht gering, doch bei weitem nicht ausreichend für die Schwärme des polnischen und ostdeutschen Massentourismus. Folgende Routen seien wahlweise empfohlen:

1. Wrocław–Strzelin–Henryków–Ziębice–Paczków–
   Otmuchów–Nysa–Brzeg–Oława–Wrocław;
2. Wrocław–Niemcza–Ząbkowice Śląskie–Kamieniec
   Ząbkowicki–Lądek Zdrój–Bystrzyca Kłodzka–Międzylesie und zurück–Kłodzko–Polanica Zdrój–Duszniki
   Zdrój–Lewin Kłodzki–Kudowa Zdrój–Wambierzyce–
   Srebrna Góra–Wałbrzych–Książ–Świdnica–Sobótka–
   Wrocław;
3. Wrocław–Strzegom–Bolków–Kamienna Góra –
   Krzeszów–Chełmsko Śląskie und zurück–Karpacz –

Chojnik–Jagniątków–Cieplice–Jelenia Góra–Wleń–
Lwówek Śląski–Bolesławiec–Złotoryja–Jawor–
Wrocław.

Fährt man nach Krakau, Zakopane oder Częstochowa, liegt
auch das weniger spektakuläre, immerhin sehenswerte Oberschlesien auf dem Weg, geht es nach Pommern oder Berlin,
kann man auch die nördlichen Gebiete Niederschlesiens
durchqueren.

1. Zu Europas größten Granitsteinbrüchen gehören die von
Strzelin [Strehlen]. In der arg zerstörten Stadt der Steinmetzen
ist der Wiederaufbau noch im Gange. Etwas Gotik und Renaissance taucht wieder auf. Die spätgotische Gotthardskir-
che erfüllten noch bis in die preußische Zeit hinein die Klänge
polnischer Predigten; sie blieb glücklicherweise unversehrt.

Die Kleinstadt *Ziębice* [Münsterberg] diente bis 1428 zeitweise als Piastensitz; von vergangener Bedeutung zeugen noch
die zweischiffige gotische Marienkirche und Reste mächtiger
Wälle.

Kein Reisender sollte achtlos an *Paczków* [Patschkau] vorbei-
fahren, dem «schlesischen Carcassonne», das nahe an Böhmen, im oberschlesischen Sudetenvorland gelegen, seine alte
Pracht bewahrt hat. Die Wehrmauer samt Toren und Türmen
bildet einen nahezu lückenlosen Ring. Rathaus und Bürgerhäuser tragen Stilformen von Renaissance, Barock und Klassizismus. Die mächtige Wehrkirche zum heiligen Johannes,
mit Attika und Schießscharten gegen allfällige Türken ausge-
rüstet, bietet eine seltene, ästhetisch äußerst harmonische Mischung mittelalterlicher und frühneuzeitlicher Baukunst.

Am Rande eines Stausees liegt *Otmuchów* [Ottmachau], bis
1810 im Besitz der Breslauer Oberhirten. Das Rathaus mit
Sgraffitofassade, der Sperlingsturm, die barocke Pfarrkirche
mit Polychromien Dankwarts und der Bischofspalast verschö-

nern die Stadtmitte, über der weithin sichtbar das Burgschloß prangt. Dieses Wahrzeichen, zeitweilig eine Hussitenfestung, ging, mehrfach umgebaut, nach dem Wiener Kongreß von der Kirche auf Wilhelm von Humboldt und dessen Erben über; heute ist hier ein Erholungsheim untergebracht.

Zur deutschen Zeit geistige Heimat der schlesischen Katholiken, bleibt *Nysa* [Neisse] trotz sechzigprozentiger Zerstörung eine Kunststätte hohen Ranges. Bis 1810 als Zentrum des Neisser Bistumslandes unter der Souveränität der Breslauer Fürstbischöfe, trug Nysa ob seiner Kirchen zu Recht den Beinamen eines schlesischen Rom. Die Häuser am Marktplatz fegte der Krieg hinweg; sie wurden leider, im Gegensaz zum polnischen Brauch, größtenteils durch moderne Wohnblöcke ersetzt. Die herrliche spätgotische Jakobskirche mit fünfhundertjährigem Triptychon, alten Grabplatten und Altarbildern wurde renoviert, ebenso der freistehende Glockenturm und die Stadtwaage. Üppiger Barock tut die katholische Tradition kund: Bischofspalast, Barbara-, Peter-Pauls- und Jesuiten-Kirche, Priesterseminar und Collegium Carolinum, als Schmuck zwei schöne Brunnen. Die Grünanlage am Ortsrand zwischen Neiße-Fluß und Bahnlinie ersetzt seit 1924 die Wälle der friderizianischen Festung. Trotzdem blieb von den Anlagen noch genug übrig, um den Deutschen 1945 eine hartnäckige Verteidigung zu ermöglichen. Ein beachtlicher Teil der alten Forts existiert bis heute.

Oława [Ohlau], im Flachland östlich von Breslau, lohnt einen kurzen Abstecher. Der Turm des Rathauses der Spätrenaissance trägt ein Glockenspiel mit bemalten Figuren. Die gotische Marienkirche steht noch, ebenso einige Bürgerhäuser und der Pranger. Das kleine herzogliche Schloß allerdings, vierzig Jahre lang Residenz von Jan Sobieskis Sohn Jakub, fiel fast zur Gänze den Kämpfen der letzten Kriegstage zum Opfer; einen Flügel nur ließ man wiedererstehen. Im nahen Jelcz befindet sich nun Polens größte LKW-Fabrik.

2. Abwechslungsreich gestaltet sich eine Rundfahrt durchs Glatzer und Waldenburger Land. Behäbige Kurorte im Vorkriegsstil zwischen Kłodzko und ČSSR-Grenze, *Polanica-Zdrój* [Altheide-Bad], *Duszniki-Zdrój* [Bad Reinerz] sowie *Kudowa-Zdrój* [Bad Kudowa] nehmen gerne auch Ausländer auf, die daheim ein Arrangement gebucht haben. Verbringt man hier etwa drei Wochen, wird einem neben der medizinischen Betreuung sicher noch Zeit bleiben, um manchen Winkel inmitten wilder Granitblöcke, entlegener Hochwälder und Torfwiesen aufzusuchen. Wer historische Sehenswürdigkeiten vorzieht, kann innerhalb einer Autostunde die schönsten Ziele des südlichen Niederschlesien entdecken.

Auf einem Felsplateau erstreckt sich die Marktsiedlung *Niemcza* [Nimptsch], 1431–1434 von Hussiten beherrscht, dank des alten Mauerrings nicht ohne Reiz; die Architektur entstammt der späten Neuzeit.

Als Zentrum eines reichen Agrargebiets auf dem Handelsweg nach Prag, einstens bekannt durch seine Leinenweberei, wuchs *Ząbkowice Śląskie* [Frankenstein] unter der Starostei Georgs von Podiebrad zu überregionaler Bedeutung heran. Nach dem Dreißigjährigen Krieg ging die verarmte Stadt auf die Familie Auersperg über, später unter Preußen auf die Schlabrendorfs. 1945 litt das Zentrum schwer, doch verbleiben Reste der Umwallungen, die Burgruine, die spätgotische Annakirche, der barockisierte Komplex des Dominikanerklosters und, als merkwürdiges Wahrzeichen am Rande des Hauptplatzes, der Schiefe Turm.

301   Kłodzko [Glatz]. Steinerne Brücke

Der Eisenbahnort *Kamieniec Ząbkowicki* [Kamenz] wäre kaum erwähnenswert, zählte er nicht außer der barocken Marienkirche die stattliche Ruine eines neugotischen Schlosses, das Schinkel für Albrecht von Hohenzollern inmitten eines englischen Parks errichtete.

Malerisch gelegen, zieht der Luftkurort *Lądek Zdrój* [Bad Landeck] schon seit Napoleons Tagen die Gäste an. Goethe, Turgenjew kamen hierher, 1813 wählten Friedrich Wilhelm III. und Alexander I. den Ort als Treffpunkt. Schon 1498 entstand das erste, 1678 nach türkischem Muster umgebaute Bad. Wir sind nicht nur des zweihundertjährigen Kurparks und der mit Patina behafteten Heilanstalten wegen so weit von der Durchgangsstraße abgewichen. Es erwartet uns noch ein hübscher, von Renaissance- und Barockhäusern gesäumter Marktplatz samt hochbarocker Pfarrkirche, eines von Schlesiens allerschönsten Ortsbildern.

Originellstes Schauobjekt der alten, königlich böhmischen Freistadt *Bystrzyca Kłodzka* [Habelschwerdt] bleibt das Muzeum Filumenistyczne mit Sammlungen zur Geschichte des Feuers, seiner Verwertung und Bekämpfung. Überdies sehen wir Reste gotischer Befestigungen sowie einige Denkmäler der Architektur aus mehreren Epochen.

Das gewerblich-kleinindustrielle *Międzylesie* [Mittelwalde], polnische Grenzstation für Züge nach Prag, lohnt den Abstecher wegen der Ritterburg, der Renaissance und Barock den Stempel aufdrückten. Das Eingangstor zieren vierzehn Wappenschilder der Grafen Tschirnhans, von denen die Althan 1653 den Besitz erbten; die Schloßkirche weist wesentlich frühbarocke Formen auf. Entlang des Marktplatzes ziehen sich alte Bürgerhäuser mit Laubengängen und Tuchhallen hin, an einer Seitengasse Weberhäuser aus dem 18. Jahrhundert.

Hauptort des niederschlesischen Südzipfels ist das in einen Talkessel uneben gebettete *Kłodzko* [Glatz]. Von den Piasten ging die Stadt schon 1341 unmittelbar an die Wenzelskrone über; erst durch den Österreichischen Erbfolgekrieg ward sie für Böhmen verloren. So kommt es auch, daß die alte Siedlung an der Glatzer Neiße, baumäßig eine Art Klein-Prag, mehr noch als das übrige Schlesien dem luxemburgisch-habsburgischen Kulturkreis zuzurechnen ist. Den unberührt historischen Kern bilden zahlreiche Bürgerhäuser im Stil von Renaissance, Barock und Klassizismus. Die steinerne Brücke aus dem 14. Jahrhundert ist, ähnlich der berühmten Prager Karlsbrücke, mit barocken Heiligenfiguren geschmückt. Das Refektorium des nahen Franziskanerklosters schmücken leuchtende Fresken mit Darstellungen Schefflers aus dem Mönchsleben [1744]. Neben dem Jesuitenkollegium erhebt sich die dreischiffige gotische Marienbasilika. Die Inneneinrichtung schwelgt in überschwenglichem Barock; die Ölberggruppe ist noch der vorangehenden, nüchterneren Geschmacksrichtung zuzurechnen. Die schöne Nepomukstatue vor dem Kirchentor ist ein charakteristisches Standbild der böhmischen Gegenreformation. Über den steilen, teilweise barocken Rathausplatz führt der Weg zur mächtigen Festung, die vom Preußenkönig Friedrich II. mit einer Kette uneinnehmbarer Forts ausgestattet wurde. Die Tunnels, Wehrgänge und Kasematten der düsteren Anlage stehen für Besucher offen. Das Muzeum Ziemi Kłodzkiej schildert die Kulturgeschichte der Glatzer Gegend. Unterwegs nach Kudowa, bzw. über Nachod weiter in die ČSSR, werfen wir einen kurzen Blick auf den Marktflecken *Lewin Kłodzki* [Hummelstadt] mit seinen äußerst hübschen Barockhäusern.

Eine makabre Kuriosität liegt wenige Kilometer hinter Kudowa, in nächster Nähe zur Staatsgrenze: es ist die Kapelle von

Czermna, von oben bis unten mit menschlichen Schädeln angefüllt, Opfern des Dreißigjährigen Krieges. Auf gewundener Bergstraße gelangt man nordöstlich zum Wallfahrtsort *Wambierzyce* [Wünschelburg]. Hier entdecken wir einen phantastischen, italienisch anmutenden Barockkomplex mit weitem Gotteshaus, den Kreuzwegstationen und sechsundfünzig Stufen, die vom Ort zur imposanten, reich ausgestatteten Kirche hinaufführen. Unten im Ort lockt die bewegliche Krippe mit achthundert Holzfiguren Mengen von Besuchern an; die heitere Frömmigkeit der Pilgerscharen bietet Einblick in die schlesische Volksseele.

Eine halbe Stunde weiter östlich zeigt das einst dem Abbau des Silbers verschriebene *Srebrna Góra* [Silberberg] eine hervorragend erhaltene friderizianische Festung mit Bastionen, Unterständen und Stellen, die während des Krieges als Oflag diente und jetzt dem Publikum offensteht.

Kaum weniger bekannt, vereinigt das zwischen gebirgigen Wäldern fünfzehn Minuten von Srebrna Góra an der Hauptstraße Ząbkowice–Kłodzko gelegene *Bardo* [Wartha] die klimatischen Vorzüge eines Erholungsorts mit den architektonischen einer traditionsreichen Wallfahrtsstätte. Die Pfarrkirche gehört zu den vollendetsten Sakralbauten des schlesischen Barocks. Das Bild auf dem Hauptaltar, die Darstellung von Mariens und Elisabeths Verkündigung, ist eines der reifsten Werke Willmanns; Orgel und Heiligenfiguren entstammen dem Spätbarock. Kenner erspähen sofort die kleine, mit vergoldeten Gewändern bekleidete Lindenholzmadonna aus dem Ende des 12. Jahrhunderts, als romanische Holzschnitzarbeit ein äußerst seltenes Stück.

Bardo liegt auch auf dem Weg nach Lądek über Kłodzko. Von Wambierzyce bzw. Srebrna Góra geht es dann durch die wilhelminisch anmutende Bergwerks- und Industriestadt

Wałbrzych [Waldenburg], über Książ und Świdnica nach Wrocław zurück.

Ein Halt in *Sobótka* [Zobten], am Fuße vulkanischer, bewaldeter Bergkuppen, erlaubt es, an der Jakobskirche und am Augustinerkloster romanische Löwen aus früheren Bauabschnitten zu entdecken. Im Zuge von Ausgrabungen brachten polnische Archäologen Funde zutage, von denen sich die Existenz einer altslawischen, vorchristlichen Kultstätte ableiten läßt.

3. Die dreischiffige, hoch zum Himmel ragende Granitbasilika von *Strzegom* [Striegau] zählt ob ihrer harmonischen Proportionen zu den bedeutendsten gotischen Sakralbauten in Polen. Über den drei Portalen erheben sich mit feinen Reliefs geschmückte Tympana; das steinerne Sakramentshäuschen trägt Reste spätmittelalterlicher Polychromien.

Die alte Weberstadt *Kamienna Góra* [Landeshut] besitzt nicht nur einen rechteckigen Hauptplatz mit barocken Bürgerhäusern, sondern auch ein interessantes Handwerks- und Manufakturenmuseum [Muzeum Tkactwa Dolnośląskiego]. Außer der spätbarocken katholischen Peter-Pauls-Kirche blickt von einem Hügel die einst protestantische Gnadenkirche herab, heute der Rosenkranzmadonna geweiht. Stadtauswärts liegt die romantisch verwilderte Ruine eines Renaissance-Schlosses. Ein Obelisk erinnert an die Kriegsopfer des nahen Konzentrationslagers Groß-Rosen [Rogoźnica].

Über Krzeszów machen wir nun den Abstecher bis *Chełmsko Śląskie* [Schömberg], einer zum Dorf degradierten ehemaligen Tuchmacherstadt nahe der Grenze. Unzerstört, aber erneue-

*306/307   Szklarska Poręba [Schreiberhau], Kurort
          im Riesengebirge*

rungsbedürftig umringen hübsche Laubenhäuser den Markt-platz, dessen Mitte ein barocker Nepomukbrunnen ziert. Eine Besonderheit des Ortes stellen die hölzernen Weberhäuser aus dem frühen 18.Jahrhundert dar, die sogenannte Zwölf-Apo-stel-Gruppe. In alten Zeiten lebten hier böhmische Tuchma-cher und bayrische Damastweber.

Über den Luftkurort *Karpacz* [Krummhübel], Tor zum Natio-nalpark Riesengebirge [Bergwanderer gelangen von hier aus zum Gipfel der 1602 Meter hohen Śnieżka, der Schneekoppe] und *Sobieszów* [Hermsdorf] mit der Ruine Chojnik gelangen wir nach *Jagniątków* [Agnetendorf], wo sich in einer kleinen Villa das Gerhart-Hauptmann-Gedenkmuseum befindet. Eine Tafel erläutert, daß der «fortschrittliche Dichter des deutschen Volkes» hier 1946, bis zuletzt geehrt, verstorben ist. Über den alten, von Villen, Palais und Heilanstalten aus dem 18. und 19.Jahrhundert erfüllten Kurort *Cieplice Śląskie* [Bad Warmbrunn] kommt man zur Metropole des Sudetenvorlan-des, *Jelenia Góra* [Hirschberg]. Nach Südwesten hin führt über den Glasbläserort *Szklarska Poręba* [Schreiberhau] in-mitten ausgedehnter Tannenwälder der Weg durch das Rie-sengebirge in die Tschechoslowakei.

Zur Piastenzeit Sitz von Eisen- und Glashütten, war *Jelenia Góra* unter böhmischer Oberhoheit dank seiner Textilmanu-fakturen ein blühendes Gemeinwesen. 1630 verlieh Kaiser Ferdinand II. den Bewohnern das alleinige Privileg des Lei-nenhandels. Unversehrt kam die Stadt – seit 1975 Wojwod-schaftssitz – an Polen, das für die gründliche Sanierung des al-ten Ortskerns Sorge trug. Wiederum sehen wir uns einem ba-

*309   Frühbarockes Markthaus in Bytom Odrzański
       [Beuthen an der Oder]*

rocken Rathausplatz mit Laubengängen gegenüber. Das Rathaus selbst wurde im Renaissancestil errichtet, dann 1744–1749 modernisiert; daneben steht der Neptunbrunnen von 1727. Die dreischiffige Pfarrkirche, außen gotisch, wurde wie üblich innen barockisiert. An einem kleinen, seit Kriegsende orthodoxen Barockkirchlein vorbei führt der Weg vom Herzen der Altstadt hinaus zur evangelischen Gnadenkirche [heute Garnisonskirche zum hl. Kreuz], die die Protestanten dem Frieden von Altranstädt [1706] verdankten. 1709–1718 entstand das Gotteshaus nach Plänen des schwedischen Architekten Franz; die schönen Fresken des Hauptschiffs schuf der Prager Maler Scheffler; auch die Orgel ist beachtlich. Um die Kirche, die Raum für viertausend Sitzplätze enthält, reihen sich Grabplatten reicher Kaufherren. Wenige Schritte weiter sieht man gut erhaltene Abschnitte der alten Festungswerke.

Eine piastische Trutzburg, kam *Wleń* [Löhn] im 14. Jahrhundert an die späteren Grafen Zedlitz und beherrscht seit dem Dreißigjährigen Krieg als drohende Ruine die Gegend nördlich von Jelenia Góra. Nun gelangen wir in die alte Textilstadt an der Bober, *Lwówek Śląski* [Löwenberg]. Der Mauerring ist fast intakt, während die Altstadt weitgehend und nicht immer glücklich erneuert wurde. Aus der Renaissance blieb einiges übrig, vornehmlich am schönen Rathaus und an der Pfarrkirche.

Von alters her wegen seiner Keramik geschätzt, weist *Bolesławiec* [Bunzlau], an der schlesisch-sächsischen Verbindungslinie gelegen, wiedererrichtete Bürgerhäuser sowie etliche Zeugen der Spätgotik und Renaissance auf. Ein kleines Gedenkmuseum erinnert an den russischen Feldherrn Marschall Kutusow, der 1813 hier verschied. Westwärts über die T22 erreicht man in Zgorzelec die DDR-Grenze.

Unter den Piasten wurde noch in *Złotoryja* [Goldberg], dreißig Kilometer südöstlich von Bolesławiec, Gold abgebaut, später widmete man sich dem Tuchhandel. Entlang dem länglichen, etwas steilen Hauptplatz scharen sich alte Kaufmannshäuser; die Pfarrkirche weist noch romanische Grundelemente auf. Das Franziskanerkloster wurde unter der Reformationszeit zum Gymnasium, das im gesamten östlichen Mitteleuropa als Lehrstätte der Protestanten hohes Ansehen genoß.

Östlich von Złotoryja halten wir uns in *Jawor* [Jauer] auf, von 1276 bis 1346 Residenz eines eigenen Herzogs; eine spätere Blüte verdankte der Ort seinen Textilmärkten. 1945 hart mitgenommen, erstand Jawor wieder aus den Ruinen. Wir begegnen dem typischen Stadtbild altschlesischer Städte. Auch hier steht eine evangelische Friedenskirche, ähnlich der von Świdnica, ein massiver Holzbau für ein paar Tausend Gläubige, ein Ergebnis des Westfälischen Friedens.

Von Wrocław nach Szczecin

Fürchterlich hauste der Krieg im Flußgebiet um Oder und Warthe. Auf der etwa vierhundert Kilometer langen Strecke von Breslau nach Stettin begegnen wir mehreren Landschaftstypen und historischen Regionen. Zwischen Schlesien und Pommern erstreckt sich die wald- wie seenreiche Ziemia Lubuska der Polen, den Deutschen eher als Neumark Brandenburg ein Begriff. Von den alten Städten trug *Zielona Góra* [Grünberg] die geringsten Schäden davon und ist heute dreimal so groß wie zur deutschen Zeit. Außer der spätgotischen Pfarrkirche und einigen Barockgebäuden entstammen die meisten Häuser des Zentrums dem 19. Jahrhundert. An den sonnigen Hängen der umliegenden Hügel wachsen Polens einzige Weinreben.

Das noch im Schlesischen gelegene *Głogów* [Glogau], vor der Preußenzeit Hauptort der böhmischen Niederlausitz, erhielt nach 1945 ein völlig neues Aussehen. An die frühere Architektur gemahnen nur mehr einige gotische Ruinen. Etwas besser steht es um *Żagań* [Sagan], das sowohl zwei Kirchen der Hochgotik bewahrt hat als auch ein Barockpalais, in dem kurze Zeit Wallenstein lebte und das dann auf die kurländischen Birons, noch später auf die französischen Talleyrands überging. Auch *Żary* [Sorau] und *Bytom Odrzański* [Beuthen an der Oder] zeigen noch etwas Gotik und Barock.

Nördlich von Zielona Góra locken sowohl die Zisterzienserabtei *Gościkowo* [Paradyż, Paradies], ob der gotischen, großzügig barockisierten Architektur, als auch die Komturei der Johanniter zu *Łagów* [Lagow], heute ein Erholungsheim am gleichnamigen See.

Die Warthestadt *Gorzów Wielkopolski* [Landsberg] hat einen beachtlichen gotischen Dom. Im Norden der einstigen Neumark weist *Chojna* [Königsberg] malerische Backsteinruinen auf, insbesondere Brunsbergs Pfarrkirche.

Oberschlesien

Trotz der Sehenswürdigkeiten alter Städte, wie Oppeln und Ratibor, oder der Renaissanceschlösser wie das gräflich Praschmasche zu *Niemodlin* [Falkenberg], kommen Besucher fast nur aus privaten oder beruflichen Gründen nach Oberschlesien, nicht aber als Touristen, es sei denn auf der Durchreise, sieht man vom äußersten Südwesten um Neisse ab. Das gewaltige Bergbau- und Hüttenrevier um Kattowitz ist zwar

Oberschlesische Adventbräuche

beeindruckend und ein Segen für die polnische Volkswirt-
schaft, doch entbehrt es, ähnlich vergleichbaren Gegenden
Westeuropas, besonderer architektonischer Reize. Neben modernen Anlagen und Wohnblöcken erinnern viele Industriedenkmäler, Fabriken, Verwaltungsgebäude, Bergwerke, Arbeitersiedlungen oder Unternehmervillen unter graugelber
Dunstglocke an frühere Zeiten, an das Henckel-Donners-
marcksche Imperium ebenso wie an erbitterte Nationalitäten-
kämpfe. Zum beiderseitigen Schaden wurde das Land 1921
nach blutigen Kämpfen und zum Teil nicht ganz einwandfrei-
en Abstimmungsergebnissen willkürlich zwischen Deutsch-

land und Polen geteilt. Die ortsansässigen Autochthonen, ein harter, ursprünglich slawischer, zum Teil germanisierter Menschenschlag, wissen so manches von den kompromißlosen Auseinandersetzungen vergangener Jahrzehnte zu berichten. Den rein polnisch erzogenen Jungen sind diese unliebsamen Ereignisse nur mehr bedingt verständlich. Jedenfalls tut sich Volkspolens Dynamik und Aufbauwille – wenn man von Warschau absieht – gerade hier am deutlichsten kund. Gigantische Industrieanlagen erheben sich zwischen den Halden, wie die Huta Katowice, gewaltige, seit 1945 stark ausgebaute Zechen ziehen sich unter dem Erdboden hin, in denen Kohle, Eisenerz, Nickel, Mangan und andere wichtige Bodenschätze gewonnen werden. Nicht nur moderne Verwaltungs-, Geschäfts- und Wohnviertel wurden errichtet, so in *Katowice,* sondern auch Grünanlagen und umfangreiche Kulturparks, wie der von *Chorzów* [Königshütte].

Nach dem Aussterben der Oppelner Piasten kam *Opole* 1532 an die Habsburger, 1742 an die Hohenzollern. Hübsch an der Oder gelegen, hat die Stadt längst ihre Kriegsschäden überwunden und erfreut sich eines historischen Kerns, dessen Silhouette von weitem sichtbar ist. Den renovierten Marktplatz umschließen Barockhäuser, auf einer Anhöhe befindet sich die gotische, barockisierte Marienkirche. Das alte Haus bei der Kirche enthält ein Heimatmuseum. Die im wesentlichen gotische Kreuzkirche enthält das Grab des letzten Piastenherzogs. Das wertvollste Kunstdenkmal ist die mittelalterliche Franziskanerkirche mit dem herzoglichen Mausoleum. Die beschauliche Häuserzeile am Flußufer und der einsame Burgturm am Wasser verleihen der Stadt eine anheimelnde Note.

315   Musizierende Bergknappen

Von Opole aus gelangt man in südwestlicher Richtung an Koźle [Cosel] vorbei nach Racibórz, sodann unter Umgehung der Schwerindustrie nach Auschwitz, Krakau, Teschen und Zakopane. Die Strecke über das Kohlenrevier ist infolge des großen Verkehrsaufkommens ziemlich langwierig. Im Süden empfängt uns freundliches Hügelland, dafür sind die Straßen schmal und kurvenreich, eine Ortschaft folgt der anderen.

Racibórz, zwischen den beiden Kriegen reichsdeutsch, aber mit ansehnlicher polnischer Minderheit, bietet nahe der tschechoslowakischen Grenze das schönste historische Stadtbild der Gegend. Einem Zweig der Fürsten von Hohenlohe-Schillingsfürst verlieh der Preußenkönig 1840 den Titel «Herzog von Ratibor». Häuser mit Laubengängen am Hauptplatz, zwei barockisierte, gotische Kirchen, die Schloßruine an der Oder und das reiche Regionalmuseum erwarten den Besucher.

Von den Städten des Industriebezirks sollte man *Bytom* [Beuthen], vor 1939 Sitz eines Gymnasiums für die Polen in Deutschland, mit dem kulturgeschichtlichen Muzeum Górnośląskie, und den alten, durch die Grafen von Reden zu Wohlstand gebrachten Hüttenort *Gliwice* besichtigen. In der Nähe des Marktplatzes mit spätbarocken und klassizistischen Häusern stehen die gotische Pfarrkirche und Reste der Umwallungen. Die rußgeschwärzten Straßen sind im Vorkriegszustand erhalten geblieben; dunkle Pseudogotik aus Backstein herrscht vor. Eine traurige Rolle spielte die Stadt am 31. August 1939, als ein von Himmler befohlener, fingierter Überfall angeblich polnischer Truppen auf den Sender Gleiwitz stattfand.

Großpolen, innerhalb der nordeuropäischen Ebene natürliches Bindeglied zwischen Brandenburg und Masowien, prägen seine Flüsse, die von Nadelwäldern umgebenen Moränenseen, überaus fruchtbare Äcker zwischen milden Hügelketten, endlich wenige, dafür traditionsreiche Städte und Schlösser. Die Polanen, Ureinwohner der Gegend, begannen von hier aus unter den Piasten eine polnische Staatlichkeit aufzubauen. Poznań im Westen, Kalisz im Osten, bildeten zur Zeit der dynastischen Zersplitterung Teilfürstentümer und dann vier Jahrhunderte lang Wojwodschaften, beherrscht von einem wohlhabenden mittleren Adel; Gniezno blieb geistiger Mittelpunkt. In den meisten gemischtsprachigen Städten spielte das deutsche Bürgertum eine wichtige Rolle für Handel und Kultur, doch schlug die Germanisierung niemals so tiefe Wurzeln wie in Schlesien. Adel, katholischer Klerus, Bauern und städtische Bevölkerung waren stets vorwiegend polnisch. Die preußische Ära brachte starken Zuzug von meist evangelischen Deutschen, hauptsächlich von Militärs und Beamten, deren Mehrheit aber nach 1918 aus dem Großherzogtum Posen der Hohenzollern ins Reich abwanderte, als das Land nach einem Aufstand der Polen zur wiedererweckten Rzeczpospolita zurückkehrte. Die Nationalsozialisten schufen 1939 den Warthegau, der bis jenseits von Łódź reichte und zu einem Bollwerk des Deutschtums im Osten verwandelt werden sollte.
Zwischen Gniezno und Inowrocław erstreckt sich eine Kette

romanischer Kirchenbauten, deren Besichtigung zum Pflicht-
pensum jeder Kunstreise gehört. Die nächste Umgebung von
Poznań lädt zu einer Schlösserrundfahrt ein; nimmt man den
Weg nach Süden, überwiegen in den Orten barocke Stilformen.

Poznań [Posen]

Ernst, nüchtern und sachlich wirkt die großpolnische Metropole. Die anderen bedeutenden Provinzstädte, wie Krakau
oder Breslau, sind bunter, fröhlicher; für Geselligkeit hat man
dort mehr übrig. Der Posner strebt vor allem nach Erfolg;
Zeit bedeutet für ihn Leistung; die zweimal jährlich stattfindende internationale Messe verlangt auch nach einem vor-
bildlichen Organisationstalent, das niemand den Einwohnern
von Poznań absprechen wird. Im Gegenteil, ihre Sauberkeit
und Ordnungsliebe sind im ganzen Land sprichwörtlich. Neben den weiträumigen, rationell konzipierten und geschmack-
vollen Wohn- und Geschäftsvierteln der letzten Jahre gibt es
schwerfällige preußische Prunkbauten der wilhelminischen
Ära, vor allem aber innerhalb des Grüngürtels ein historisches
Zentrum, das mehrere wertvolle Architekturdenkmäler zählt
und ein würdiges Ziel für Touristen darstellt. Nur wenige
Winkel jedoch tragen etwas vom Hauch verträumter Romantik in sich. Wir befinden uns in einer betriebsamen Stadt der
Gegenwart und Zukunft, ob ihres Handelscharakters vergleichbar mit Hannover oder Leipzig, einer Stadt, die zugleich
aus Polens Wissenschaft und Kultur nicht wegzudenken ist.
Das Interesse für deutschsprachige Länder scheint unter den
Gebildeten stark verbreitet; so hat sich die Posner Germani-
stenschule einen führenden Platz in Osteuropa gesichert.

Wer Polen gut kennenlernen will, muß auch in Poznań Station machen. Dem aus Deutschland Anreisenden wird dies nicht schwerfallen, liegt doch die Warthestadt an der Fernstraße E 8, nur zweihundertfünfzig Kilometer von Berlin entfernt, auf dem Weg nach Warschau. Die Umgebung, leicht hügelig oder flach, besticht durch schöne Wald-, Teich- und Flußlandschaften, ähnlich denen der nahen Mark Brandenburg. Drei Tage Aufenthalt, einschließlich eines Ausflugs, scheinen angemessen. Erstklassige Orbis-Hotels und die im Durchschnitt beste Küche Polens bilden neben den Gebäuden und den Museen einen Ansporn zum Verweilen.

Bereits 1005 erwähnte Thietmar von Merseburg in seiner Chronik die «urbs Posnani», seit 968 erster polnischer Bischofssitz, Wiege des Piastenstaates inmitten alten slawischen Siedlungsgebiets. Die befestigte Dominsel auf der Warthe [Ostrów Tumski] war zugleich Sitz des geistlichen und des weltlichen Oberherren. Auf der Nachbarinsel Śródka entstand nach dem Böhmeneinfall von 1038 eine Handwerkersiedlung. 1253 gründete Przemysł I. auf dem linken Wartheufer eine Stadt mit Magdeburger Recht. Der Hügel nahe dem späteren Marktplatz trug nun die herzogliche Burg, wodurch die Vorrangstellung Posens gegenüber Gnesen als Hauptstadt Großpolens endgültig gefestigt war. Vielleicht wäre sogar Poznań zum Herrschaftssitz für ganz Polen geworden, doch behauptete Krakau auf Grund dynastischer Machtkämpfe seine Stellung. Der Beginn der Jagellonenära und der Niedergang der Hanse dienten dem Aufstieg Posens, das 1394 mit dem Stapelrecht ausgestattet wurde, nachdem die Erwerbung der Vogtei 1386 volle politische und wirtschaftliche Selbstregierung gebracht hatte. Die ausgezeichnete verkehrstechnische Lage der Stadt sicherte ihr eine hervorragende Rolle im internationalen Handel mit Textilien, Leder und Metall. Humanismus und Renaissance, die Lubrański-Akademie, Buchdruckereien und Goldschmiedekunst, hier lutherische, dort jesuitische Theologen brachten geistige wie künstlerische Strömungen nach Posen, an denen Polen wie Fremdstämmige Anteil hatten. Neben Deutschen ließen sich auch Italiener, Schotten, Tschechen, ja Griechen an der Warthe nieder; es gab ein großes Judenviertel.

Feuersbrünste, Überschwemmungen, Schwedenkriege und Mißgunst des Adels ließen freilich die Bedeutung der typisch bürgerlichen Großstadt im 17. und 18. Jahrhundert erheblich sinken. Posen war Schauplatz religiöser, doch kaum nationaler Auseinandersetzungen; den Deutschen galt die Treue zur Krone Polen als Selbstverständlichkeit.

Trotz gewisser Verfallserscheinungen konnte man sich hervorragende Barockarchitektur leisten, denen die Warthemetropole ihre schönsten Kirchen verdankt. Das Reformzeitalter König Stanisław Augusts führte zu einer deutlichen Auffrischung im öffentlichen Leben. Die Annexion der Stadt durch Preußen 1793 wurde von der Bevölkerung zunächst gelassen hingenommen; erst langsam traten tiefgreifende Veränderungen klar zutage. Von 1807 bis 1815 war Poznań Département des Herzogtums Warschau. Schon vorher begann die massive Einwanderung von Deutschen, die Verwaltung war dem preußischen Muster angepaßt worden. Ab 1815 Hauptstadt des hohenzollerschen Großherzogtums Posen, diente die Warthestadt bis 1830 als Residenz des Statthalters Fürsten Anton Radziwiłł, dann als Sitz des jeweiligen Oberpräsidenten, des V. Armeekorps und preußischer Provinzbehörden. Posen wurde zu einer der mächtigsten Festungen im

321   Alte Windmühle in Großpolen

Staate. Die große Zahl von Beamten- und Militärfamilien ließ den Anteil der Deutschen 1838 auf dreißig, 1867 auf achtunddreißig, 1910 auf zweiundvierzig Prozent der Einwohnerschaft steigen; die zumeist deutschsprechenden Juden zogen in wachsendem Maße nach Berlin. Insgesamt standen bis zum Ersten Weltkrieg Magistrat, Handel und Industrie, trotz starken Anteils der Polen am Wirtschaftsleben, unter deutscher Ägide; Deutsche wie Polen entfalteten ihre eigene Tätigkeit auf intellektuellem Gebiet.

Trotz der gefühlsmäßigen Solidarität der Polen mit ihren Landsleuten in den anderen Teilungsgebieten und der Preußentreue der Deutschen blieb das Verhältnis der beiden Völker zueinander bis zur Bismarck-Ära hin durchaus korrekt, wenn auch die Behörden den Polen nach 1830 mißtrauten. Erst der Nationalismus des Bismarckschen deutschen Kaiserreichs zwang die Polen zur Abwehr gegen ständig wachsende Germanisierung. Man kämpfte um Prestige und wirtschaftliche Macht; den Angriffen der von Berlin eifrig unterstützten Hakatisten des Alldeutschen Verbands begegneten die Polen mit dem Boykott deutscher Geschäfte und mit reger Vereinstätigkeit. Der Posner Aufstand vom Dezember 1918 brachte den Anschluß an die polnische Rzeczpospolita. Die meisten Deutschen wollten nicht im polnischen Poznań verbleiben und übersiedelten in die Weimarer Republik; 1921 bildeten die Deutschen, aus deren Reihen auch Paul von Hindenburg hervorgegangen war, nur mehr fünf Prozent der Einwohnerschaft.

Für das Polen der Zwischenkriegszeit spielte Poznań als Handels- und Bildungszentrum eine hervorragende Rolle; 1919

323   Poznań [Posen], das Renaissance-Rathaus

erfolgte die Gründung der Universität. Moderne Viertel entstanden auf dem rechten Wartheufer. Jahre des Schreckens folgten zwischen 1939 und 1945, als die Stadt dem Reich einverleibt war und gewaltsam zur angeblich urdeutschen Hauptstadt des Warthegaus umfunktioniert wurde. Größere Zerstörungen erfolgten erst während der sowjetischen Oderoffensive im Winter 1945. Nach Kriegsende wurde das Zentrum wiederhergestellt, die Industrie stark ausgebaut.

Die stolze Bastion des preußischen Polentums strahlt weder Wärme noch Beschaulichkeit aus. In anderen Landesteilen witzelt man zuweilen über die harte, leicht germanisch anmutende Aussprache älterer Posner, ihre Zuverlässigkeit aber wird überall geschätzt. Versuchen wir, die Stadt zu begreifen, dann wird sie sich uns öffnen, vielleicht gar uns verstohlen zulächeln.

Wegen der ziemlich großen Entfernungen empfiehlt es sich, getrennt Rundgänge durch die *Dominsel,* den *Altmarkt* samt angrenzenden Gassen und durch die *Neustadt* aus preußischer Zeit zu unternehmen.

1. Im Herzen des viereckigen *Stary Rynek* [Altmarkt] erhebt sich Posens schönstes weltliches Bauwerk, das *Renaissance-Rathaus* von Giovanni Battista Quadro [1550–1555], mit hohem Turm, berühmt ob seiner herrlichen, rundbögigen Arkaden und der offenen Loggia. Das Rathaus stellt auch im europäischen Maßstab ein Musterbeispiel bürgerlicher Architektur des 16. Jahrhunderts dar. Die eleganten Säulensäle mit reich ornamentierten Gewölben beherbergen das *Historische Museum der Stadt.*

Der *Proserpinenbrunnen,* ein feingeschnitztes Kunstwerk des Rokoko, zeigt die Symbole der vier Elemente und die Entführung Proserpinas durch Pluto. Auch eine Kopie des alten *Prangers* mit dem Henker, dem Executor Iustitiae, steht vor

dem Rathaus. Die harmonisch zu einer Reihe zusammenge-
fügten Laubenhäuser in Marktmitte bargen Läden, die Heringe, Salz, Kerzen und sonstigen Kleinkram feilboten. Nach
1945 legte man die im 19. Jahrhundert zugemauerten Arkaden
wieder frei. Am Haus Nr. 17 prangt das Innungswappen der
Krämer, ein Hering mit drei Palmen. Der eine der beiden modernen Pavillons an der Südseite des Platzes dient Kunstausstellungen, der andere als Großpolnisches Militärmuseum;
obzwar Zeitgenössisches hier klaren Stilbruch bringt, wirken
die Pavillons nicht besonders störend. Das Haus Nr. 10 be-
nützte einst der Stadtschreiber; es gehört jetzt der Gesellschaft für Freunde Posens. Das schlichte, klassizistische Par-
terregebäude der *Hauptwache* [Odwach] ließ der großpolnische Magnat Kazimierz Raczyński, Vorsitzender der Commis-
sio Boni Ordinis, 1787 errichten. Tempora mutantur: jetzt
enthält das Gebäude ein Museum der Arbeiterbewegung. Die
Stadtwaage ist eine 1960 vollendete, originalgetreue Nachbil-
dung des 1890 abgetragenen Renaissancebaus von Quadro.
Die den Altmarkt umschließenden Bürgerhäuser behielten
ihre alte Gestalt bei, den für Renaissance und Barock charakteristischen Abschluß durch Giebel oder Attika; manche tragen auch noch eine klassizistische Fassade. Insgesamt bildet
der Stary Rynek ein geschlossenes, nach schweren Zerstörungen wiederhergestelltes, historisches Architekturbild. Hier
lustwandelt man gerne, besucht eines der netten Cafés, ein
Kellerlokal. Der Musikfreund findet vielleicht Interesse am
Instrumentenmuseum [Nr. 45]. Das große Eckpalais *Działyński* [1773–1776] war im 19. Jahrhundert ein Mittelpunkt des
polnischen Lebens im Lande; jetzt hat hier das vorwiegend

326/327   Buntes Treiben auf dem Posener Altmarkt

deutschkundliche Westinstitut [Instytut Zachodni] seinen Sitz.

Gleich daneben führt die freundlich verschlafene Franciszkańska zum hochbarocken Kirchen- und Klosterkomplex der Franziskaner am Przemysław-Hügel hinauf. Dort findet man auch Mauerreste der mittelalterlichen Burg und das Kunstgewerbemuseum. Oben verweilen wir kurz in stimmungsvoller Atmosphäre. An weiteren Basteifragmenten vorbei gelangen wir hinunter zur gotischen Kirche der Dominikanerinnen. Nach Durchquerung ruhiger, von Häusern des 18. und 19. Jahrhunderts gesäumter Gassen kommt man zum barocken *Dominikanerkloster* samt Kirche. Mit seinem gotischen Westportal, gotischer Kapelle und Kreuzgang, einem Chorgestühl aus der Spätrenaissance ist der einschiffige Sakralbau sehenswert. An der Ecke Klasztorna/Wodna besichtigen wir das Renaissancepalais der mächtigen Adelsfamilie *Górka,* mit ansehnlichem Portal und Arkadenhof; drinnen befindet sich das *Archäologische Museum.*

Der *Plac Kolegiacki,* der zweitschönste der Altstadt, zeigt ein fröhlich barockes Panorama: links das *Jesuitenkollegium,* rechts die *Pfarrei,* im Hintergrund die *Jesuitenkirche.* Die Gołębia [Taubengasse] liegt mitten im prächtigen Gebäudekomplex der Gesellschaft Jesu, dem Höhepunkt sakraler Baukunst Posens. Das mächtige Kollegium wird nun als Magistrat verwendet, dahinter erstreckt sich ein Park; in der Schule mit offenem Arkadenhof werden jetzt Ballettänzer beiderlei Geschlechts ausgebildet. Das schier allzu prunkhafte Gotteshaus von *Pompeo Ferrari,* sein monumentaler Innenraum, leuchtend golden, blau und rosig, überspannt von großzügigen Deckengemälden, ist eine von dem halben Dutzend Spitzenleistungen des Barocks in Polen. Der Gassenzug zwischen Kollegiatsplatz und Altmarkt findet an der Warthe nicht seinesgleichen. Wenn wir dann den Weg in umgekehrter Richtung durchmessen, erfreut uns die Perspektive der Kirchenfront am Ende einer barock-klassizistischen Gasse, der Świętosławska.

2. Den Süden und Westen des Zentrums säumen Straßenzüge aus dem 19. und beginnenden 20. Jahrhundert. Hier pulsiert das Posner Leben: Geschäfte, Büros, Kinos, Bühnen. Ein Ring mit Grünanlagen an der Stelle früherer Stadtmauern umschließt die Stadt halbkreisförmig gegen Westen. Jenseits der Bahnlinie erstrecken sich von Nord nach Süd neue Wohnviertel, das Messegelände, auch zwei große Orbis-Hotels. Nach Schleifung der Wälle entstanden zwischen 1892 und 1910 Friedrichs-Museum, Deutsche Bibliothek, Neues Stadttheater, Königliche Akademie, Haus der polenfeindlichen Ansiedlungskommission und Königsschloß, gedacht als steinerne Monumente des siegreichen Germanentums. Das Endergebnis war diametral entgegengesetzt; die neuromanischen und neugotischen Trutzburgen üben, wie die heutige Oper oder die Universität, bieder und brav ihren Dienst unter polnischer Oberhoheit aus, noch dazu an einer Straße der Roten Armee oder an einer, die des Altkommunisten Julian Marchlewski Namen trägt. *Plac Wolności*, der breiträumige Freiheitsplatz, zwischen wilhelminischen Zinskasernen der Nachbarstraßen eingezwängt, zeugt vom Kulturleben der Polen unter Preußen, dem als Mäzene die Grafen Raczyński Pate standen, so die nach ihnen benannte *Bibliothek,* ein spätklassizistischer Säulenbau, der *«Bazar»,* heute ein Hotel der B-Klasse, um 1840 von Schinkel für polnische Vereine entworfen, dann das historistische *Theatergebäude* [1875] mit der stolzen Inschrift jener Tage «Naród Sobie» [Die Nation sich selbst].

Viele neue Zweckbauten, ein mehrstöckiges Warenhaus etwa,

entstanden im Zentrum; so fieberhaft wie hier geht es wenige hundert Meter östlich, um den künstlich aktivierten Altmarkt herum, bei weitem nicht zu. Einen Gefallenen des Dezemberaufstands von 1918 ehrt in ihrem Namen die *Franciszek Ratajczak*-Straße mit der eklektischen *Universitätsbibliothek*. An der Ecke der großen Karol-Marcinkowski-Straße – nach einem liberalen Posner Arzt und Schriftsteller benannt – zur Straße des Ministerpräsidenten und Musikers Ignacy Jan Paderewski, liegt das *Nationalmuseum*. Das Gebäude, mittelalterliche Plastik, polnische und fremde Malerei enthaltend, verdient wegen des Reichtums an Exponaten einen ausführlichen Besuch.

Vor der Dominsel sollte man noch der barocken, restaurierten *Bernardinerkirche* sein Augenmerk schenken.

3. Jenseits der Warthe, im Ostteil der Stadt, liegt menschenleer und isoliert, jedoch von fernher sichtbar, *Ostrów Tumski.* Barocke Helme krönen die Turmspitzen der gotischen Backsteinkathedrale; sie ragen würdevoll zum Himmel empor, einsam und düster, wie das ganze gewaltige Gotteshaus. Den häufig vernichteten und wiederaufgebauten Dom umgeben zwölf Kapellen mit Marmorsarkophagen und kunstvollen Altären im Renaissance- und Barockstil; die Krypta ist romanisch. Die Goldene Kapelle an der Achse der Kirche wurde 1835–1841 byzantinischen Mustern nachempfunden; sie enthält ein Mausoleum der Staatsgründer Polens, Mieszkos I. und Bolesławs des Tapferen. Ein unter Erzbischof Wolicki mit den Herren von Kórnik, Działyński, und Rogalin, Raczyński gebildetes Komitee beauftragte den Architekten *Lorci* mit der Arbeit. Eindeutig politische Anspielungen ergeben sich aus den gewählten Symbolen. Boleslaus trägt die Züge eines Nationalhelden der Napoleonischen Kriege, des Fürsten Józef Poniatowski; an seiner Seite betet Kaiser Otto III.

am Grab des heiligen Märtyrers Adalbert. Ein Deutscher und ein Pole zu friedlicher Andacht vereint, sollte dies nicht auch ein klarer Fingerzeig sein?

Das barockisierte Renaissancegebäude der einstigen *Akademie* von Bischof Jan Lubrański enthält ein Museum der Erzdiözese. Die kleine, spätgotische Marienkirche weist Polychromien und Glasfenster der Nachkriegszeit auf. Das ursprünglich dem 15. Jahrhundert entstammende Erzbischöfliche Palais wurde 1732 umgebaut. Das Flüßchen Cybina trennt Ostrów Tumski von *Śródka*, einer stillen Marktgemeinde des Mittelalters. Auf geringer Fläche findet der Kunstfreund einiges von Belang: die romanische, von Malteserrittern erbaute Johanneskirche, die gotische Margaretenkirche, die barocken Klöster der Philippiner und der Reformaten. Unweit liegt, zwischen Birkenhainen an einem kleinen See, das hypermoderne Novotel.

Entlang des Piastenpfades

«Szlak Piastowski» nennt Polens Fremdenverkehrspublizistik die alte Strecke zwischen Warthe und Weichsel, vom Herzen Großpolens hin nach Kujawien und Pommerellen. Geistliche wie Handelstreibende, Fürsten wie Künstler wirkten auf diesem historischen Kulturboden, einem Ort der Konfrontation wie des friedlichen Zusammenlebens von Volksgruppen, dem letztlich immer Beharrlichkeit und Fleiß des polnischen Bauern den Stempel aufprägten. Moränenseen, stehende Gewässer und Bäche sorgen für abwechslungsreiche Natureindrücke, vor allem abseits der starkfrequentierten Hauptstraßen. Denn Wielkopolska wirkt insgesamt moderner, technisierter, sachlicher als die Gebiete östlich der Weichsel.

Zwischen sieben Hügeln eingebettet, wird *Gniezno* [Gnesen], heute eine mittlere Industriestadt, vom zweitürmigen Dom aus rotem Backstein überragt. Eine der ältesten Siedlungen des Westslawentums, wurde es frühzeitig zur Wiege der polnischen Christenheit. Als der universal und europäisch denkende Kaiser Otto III. im Jahre 1000 hierher pilgerte, um am Grabe des Märtyrerbischofs Adalbert [Wojciech] zu beten, gab dies den Gnesenern ein klares Gefühl ihrer überregionalen Bedeutung: ein deutscher Monarch kommt in die junge polnische Diözese zu den Gebeinen eines Heiligen aus böhmischem Herrscherhaus. Das Ereignis muß prunkvoll verlaufen sein, glauben wir den Berichten des Gallus Anonymus oder Thietmars von Merseburg; zugleich besiegelte es Polens staats- und kirchenrechtliche Selbständigkeit vom Reich. Zwischen 1025 und 1300 wurden mehrere Herrscher Polens im Dom zu Königen gekrönt. Der Chronist Janko von Czarnków zeugt von der hohen Qualität der Gnesener Kapitelschule. Unter dem Lech-Hügel, wo anläßlich einer Feldmesse Papst Johannes Paul II. der großen Vergangenheit Gnesens gedachte, wurden Reste slawischer Holzsiedlungen aus dem 8. Jahrhundert gefunden. Wen frühmittelalterliche Archäologie besonders anspricht, der wird die, an malerischen Seen gelegenen, Holzbauten in *Ostrów Lednicki* und *Biskupin* westlich bzw. nördlich von Gniezno nicht missen wollen. Es handelt sich dabei um Teilrekonstruktionen, aber die Fundamente sind echt.

Die heutige Fassade des *Domes* ist spätgotisch, Innenräume

333 *Gniezno [Gnesen], das schmiedeeiserne Tor im Dom,*
   eine Spitzenleistung romanischer Kunst. Szenen aus
   dem Leben des hl. Adalbert

wie Turmhelme sind großenteils barock ausgestaltet, doch merkt man die Versuche der Nachkriegszeit, in den Seitenkapellen die gotische Urform deutlicher hervortreten zu lassen. Dem Staatskanzler Zbigniew Oleśnicki schuf *Veit Stoß* eine marmorne Grabplatte; der Danziger *Peter von Rennen* stellte den Silbersarg für die Überreste des ermordeten Missionars Adalbert her. Auch flandrische und italienische Baumeister der Frührenaissance waren bei den vierzehn Kapellen am Werk. Das Nordportal entstammt der Zeit um 1400; es zeigt eine Kreuzigungsgruppe aus künstlichem Gestein. Aufmerksam suchen muß man jedoch das berühmteste Schaustück des Doms, ein Zeugnis der Romanik von europäischem Rang. Es ist das schmiedeeiserne *Gnesener Tor* an der Südseite [Drzwi Gnieźnieńskie], eine Darstellung der Geschichte des heiligen Adalbert in achtzehn feinziselierten Szenen. Die gut erkennbaren Bilder zeigen auf dem linken Flügel von unten angefangen: 1. Adalberts Geburt, 2. Die Darstellung in der Kirche zu Libice, 3. Der Eintritt in die Magdeburger Schule, 4. Der Heilige im Gebet, 5. Die Verleihung der Prager Bischofswürde an Adalbert durch Otto II., 6. Das Wunder einer Teufelsaustreibung, 7. Der im Schlaf erscheinende Christus, 8. Die Fürsprache zugunsten von Sklaven vor Boleslav II., 9. Das Wunder mit einem Krug im Aventin-Kloster. Auf dem rechten Flügel sind von oben her zu sehen: 10. Die Ankunft bei den Pruzzen, 11. Deren Taufe, 12. Die Belehrung, 13. Die Letzte Messe des Heiligen, 14. Sein Märtyrertod, 15. Die Ausstellung des Leichnams, 16. Dessen Kauf durch Bolesław den Tapferen, 17. Die Überführung des Leichnams nach Polen, 18. Die Grablegung.

335   Strzelno, romanische Kirche zum hl. Prokop

Polen stellten es um 1170 her, inspiriert von der damals führenden Schule des Maastales. Den Eindruck kalter, etwas düsterer Wände, der das Gotteshaus umgibt, hellen die Goldschmiedearbeiten des *Domschatzes* auf. Den Liebhaber illuminierter Handschriften fesseln in der *Kapitelbibliothek* der neunhundert Jahre alte *Codex Aureus* und das etwas jüngere Evangeliar von Kruszwica.

Auf dem stillen Domhügel erhebt sich auch die kleine Georgskirche; ringsum, wie überhaupt in der Stadt, das freundliche Grün von Laubbäumen. Leicht vergißt man, daß zur Hitlerzeit der Dom in eine Konzerthalle umgewandelt war, damit seine altpolnisch-christlichen Traditionen nur ja ausgelöscht würden. Streifen wir heute durch das emsige Gniezno, fallen noch weitere ansehnliche Sakralbauten auf, deren Barockstil lediglich einen Überbau der romanischen und gotischen Grundstruktur bildet, so die Johannes-, die Dreifaltigkeits- und die Franziskanerkirche. Das Presbyterium der Kirche zum heiligen Johannes dem Täufer beherbergt eine Polychromie mit siebzehn Königs- und Prophetenköpfen [1340–1360]. Die weltliche Architektur des Stadtzentrums, bar jeder Originalität, entstand unter den Hohenzollern oder in den Tagen der zweiten polnischen Republik.

Die Benediktinerabtei von *Trzemeszno* [Tremessen] wurde der Legende nach vom hl. Adalbert gegründet. Die durch viele Kriege schwer heimgesuchte Basilika weist romanische Fragmente auf. Apsis und Krypta der ehemaligen Klosterkirche zu *Mogilno* gehen auf das 12. Jahrhundert zurück; all dies wirkt hübsch, gerne blickt man sich in der Seenlandschaft um, die

*336 Strzelno. Romanischer Christus in der
Norbertanerinnenkirche*

der märkischen oder mecklenburgischen ähnelt. Erst das kleine *Strzelno* [Strelno] verdient besondere Aufmerksamkeit als Inbegriff polnischer Romanik, dank seiner *Prokop-Kirche* mit Granitrotunde und der einstigen Norbertanerkirche, die beide um 1160 entstanden. Der Kult des ansonsten in Polen nur selten verehrten tschechischen Heiligen erinnert an vornehme Flüchtlinge aus dem frühmittelalterlichen Böhmen. Es wäre jedoch gewagt, daraus ein Übergreifen der slawischen Liturgie aus Sazava, Prokops Benediktinerkloster südlich von Prag, auf Polen ableiten zu wollen.

Die außen barockisierte, dreischiffige Basilika wird im Innern von vier Säulen mit achtzehn allegorischen Gestalten getragen. Deutlich hebt sich Christi Taufe im Jordan ab. Das Tympanon des Nordportals trägt die Maiestas Domini; auf dem Südportal erblickt man das Gründertympanon, die Muttergottes samt Jesuskind, daneben kniend einen Mann mit Miniaturkirche in den Händen und eine Frau mit Buch. Die Prokoprotunde, äußerlich stilreiner, weist bescheidenere, romanische Schnitzarbeiten auf, innerlich wirkt sie schlicht. Beide Kirchen, für uns Heutige etwas klein und hilflos, wie es aber dem Geist ihrer Erbauer entsprach, liegen beieinander am Rande des Ortes. Der Reichtum der Ausstattung, die weitgehend erst von späteren Überschichtungen freigemacht werden mußte, zeugt von der naiven Inbrunst der Schöpfer.

Kruszwica [Kruschwitz], bereits im historischen Kujawien gelegen, verdient aus mehreren Gründen Beachtung. Die naturgeschützte Landschaft am Gopło-See, mit seinen Segelbooten und Fischern, und die weiten Sumpfwälder ziehen viele Wanderer an. Kinder pilgern in Scharen zum Mäuseturm [Mysia Wieża], auf dessen Spitze – der Sage nach – der böse Fürst Popiel vom Strafgericht der Nagetiere ereilt wurde, denn nicht nur die Deutschen haben ihr Bingen. Außerhalb der altslawischen Wehr-, Handels- und Handwerksiedlung, heute einer Kleinstadt mit Leichtindustrie, liegt die Peter-Pauls-Kollegiatskirche nahe am See, einst Basilika, noch ein Erbstück der Romanik. Schönstes Element bleibt wohl das Taufbecken, denn ansonsten ist das Gebäude völlig nackt und schmucklos. Weiter im Einzugsgebiet der Netze liegt der Kurort *Inowrocław* [Hohensalza]. Einmal mehr stoßen wir hier auf eine romanische Kirche; ihr Stil leitet bereits zur Bauweise Masowiens über. Nun kann man den Weg nach Bydgoszcz oder Toruń nordwärts fortsetzen. Von der Astronomenstadt aus läßt es sich auch bequem über Włocławek und Płock ostwärts bis Warschau kommen. Für diese Strecke benötigt man von Poznań aus, bei Übernachtung in Toruń, samt Besichtigungen zwei volle Tage.

Zu Polens ältester Siedlung Kalisz und nach Gołuchów

Am Kreuzungspunkt mehrerer Hauptachsen, von Touristen selten aufgesucht, liegt das verträumte *Kalisz* [Kalisch], ein Kind des Barock und des Klassizismus, zugleich Geburts- oder Wirkungsstätte manch eines talentierten Dichters. Vielleicht gab es hier schon vor eintausendachthundert Jahren, inmitten der geschützten Flußgabel von Prosna und Bernardynka, eine Sarmatensiedlung an der Bernsteinstraße. Diese möglicherweise auf Tatsachen beruhende Annahme geht auf die Schriften des Alexandriners Ptolemäus zurück. Außer Zweifel steht für uns die Schönheit der urbanen Anlage, ein Zusammenspiel von Wasser, Bäumen und Kirchtürmen, das unerwartete Aussichten eröffnet. Vieles an den Bauten trägt die untrüglichen Kennzeichen einer russischen Garnisonsstadt der Zarenzeit. Noch mehr Zeugen der Vergangenheit wären vorhanden, hätte nicht deutscher Artilleriebeschuß 1914 das Zentrum in Brand geschossen und wäre das Ghetto nicht von den Nazis dem Erdboden gleichgemacht worden. Der Ausblick von der hundertfünfzigjährigen steinernen Brücke aus wirkt trotzdem höchst photogen. Kommt man durch die Śródmiejska-Gasse aus südlicher Richtung, fallen das Kloster [1665–1673] der Franziskaner-Reformaten mit schönem Rokokoschmuck, das Mauthaus samt Säulenfassade [1822] und eine russische, die Stadt gegen Preußen abschirmende Kaserne [um 1840] auf.

Das stattliche Gerichtsgebäude an der Prosna dient seit 1824, als das Kongreßkönigreich noch polnisch verwaltet wurde, ununterbrochen der Justiz. Das Museum Ziemi Kaliskiej in der Kościuszko-Gasse entstand 1911 auf Grund reicher Privatsammlungen eines adeligen Mäzens; es birgt Zeugnisse der Geschichte, Kunst und Kultur der Gegend, hat aber kaum überregionale Bedeutung.

Der Altstadtbummel, den man bei der Brücke beginnen sollte, führt zunächst rechter Hand zum Franziskanerkloster, dessen gotische Kirche gelungene Elemente der Spätrenaissance und des Barock aufweist. Im zweihundertjährigen Kloster richteten die Russen ein Gefängnis ein. An der Kolegialna erhebt sich die älteste Kirche der Gesellschaft Jesu auf polnischem Boden, ein Beispiel manieristisch-frühbarocken Stils. Der Stifter des sakralen Baus, Primas Karnkowski, bedeutender Kanonist und Staatsmann, liegt hier begraben. Er galt als Anführer der gegenreformatorischen Partei, wofür man ihn häufig als den «Ketzerhammer» nannte. Nach den Teilungen Polens, während der kurzen Preußenherrschaft, übernahmen Lutheraner die Kirche, gleichsam als späte Rache. Den Konvent bezog damals ein Kadettenkorps, heute arbeiten dort friedliche Archivare. Das angrenzende Wojwodschaftsamt, früher ein Palais der Gnesener Erzbischöfe, trägt klassizistische Züge, dahinter stehen Reste der abgerissenen Festungswälle aus den Tagen Kasimirs des Großen. Die nahe, spätbarocke Kollegienkirche war ursprünglich gotisch; auch die noch jüngere, russisch-orthodoxe Kirche aus der Zarenzeit [Cerkiew], etwas verloren zwischen Bäumen, ist nicht ohne Reiz.

Setzen wir den Spaziergang nordwärts fort, gelangen wir, vorbei an der ältesten Kalischer Fabrik [1816], zum ansehnlichen, barocken Klosterkomplex der Bernhardiner. Am klassizistischen Palais Pułaski, früher Eigentum der Familie des Amerikahelden, berichtet eine Gedenktafel vom dreizehnjährigen Aufenthalt der Dichterin Maria Konopnicka [1849–1862]. Das alte Lyzeum aber ist einem Sohn der Stadt gewidmet, dem positivistischen Lyriker und Journalisten Adam Asnyk, dessen Verse zu den empfindsamsten der polnischen Sprache zählen.

Die Nikolauskirche an der Kanonicza-Gasse, ursprünglich nach 1253 errichtet, verfügte bis zum Brand von 1973 über ein barockes Altarbild aus der Werkstatt Rubens'. Immer noch erfreut den Besucher der Muttergotteskapelle die Jugendstil-Glasmalerei Tetmajers.

Über die vielen, stimmungsvollen Gäßchen, die Namen alter Berufszweige tragen, vorbei am häßlichen, kalten Rathaus aus den zwanziger Jahren, gelangt man wieder zum Fluß. Der geräumige Stadtpark, eine Oase der Ruhe, ist doppelt so groß wie das Zentrum. Direkt am Wasser erhebt sich einsam das dem «Vater der polnischen Bühne» Wojciech Bogusławski geweihte, neo-klassizistische Theater. Das fallende Laub auf den Alleen und die trägen Kanäle tauchen den von einem Grüngürtel umsäumten Ort besonders zur Herbstzeit in melancholischen Nebel. Oft haftet Kalisz etwas Poetisches an, ein wenig vom Geist jener fernen Tage vor 1914, die Maria Dąbrowskas Roman «Nächte und Tage» so glänzend schildert.

Neuromantischer Eklektizismus umgibt uns in Schloß *Gołuchów* an der Strecke Kalisz–Poznań. 1560 errichtete der Magnat Rafał Leszczyński hier eine kleine Festung, die bald um einen schönen Arkadenhof bereichert wurde. Die Burg verfiel jedoch und erst vor etwas über hundert Jahren ließ sie Izabella Działyńska, beraten von Viollet-le-Duc, wieder erwecken. Das zweite Gołuchów unterschied sich wesentlich vom ersten, da es nun die Form einer fiktiven französisch-italienischen Renaissance annahm. Als Weltkuriositätenmuseum könnte man die Sammlungen bezeichnen, die hier gastlich aus aller Herren Ländern zusammenkamen. Fern- wie Nahöstliches, Polnisches, Deutsches, Flämisches, Spanisches, antike Ausgrabungsstücke, Waffen, Kunsthandwerk, Möbel, Teppiche, Vasen: jeder Saal birgt andere Seltenheiten. Im englischen Park lockt die Vielfalt heimischer und exotischer Flora.

Zu Böhmischen Brüdern und Philippinern: Barock im südlichen Großpolen

An der Wegmitte zwischen Warthe und Oder liegt das von altersher kosmopolitische, wechselhaften Einflüssen ausgesetzte *Leszno* [Lissa]. Die Magnatenfamilie Leszczyński, deren letzter männlicher Erbe Stanisław glückloser König von Polen, dann Herzog von Lothringen war, bestimmte dreieinhalb Jahrhunderte lang das Los der Gegend. Zeitweise in scharfe Kämpfe mit der Kirche verwickelt, nahmen sich die großen Herren der vertriebenen Böhmischen Brüder an, denen sie

Asyl und freie Religionsübung gewährten. Während des Goldenen Zeitalters, ja bis zur «Sintflut» galt Leszno als einer der wirtschaftlichen und geistigen Mittelpunkte Polens. Am Gymnasium lehrte der große tschechische Pädagoge *Komenský*, auch ein Flüchtling aus den Ländern der Wenzelskrone. Er kam mit etlichen Anhängern, meistens Handwerkern, von Rafał Leszczyński gerufen, doch zwang ihn seine Parteinahme für die schwedischen Besatzer 1655 erneut zur Auswanderung, diesmal nach Holland. Die Druckerei stellte Bücher in mehreren Sprachen her; damals lebten einträchtig Polen, Deutsche, Tschechen und Juden in der Tuchmacherstadt, darunter Protestanten unterschiedlicher Bekenntnisse. Durch Brände und Seuchen heimgesucht, verlor Leszno nach 1655 zusehends an Bedeutung. Unter den Preußen ein stilles Provinznest mit national gemischter, überwiegend polnischer Einwohnerschaft und deutscher Oberschicht, verlor es damals seine Wälle, gewann aber einen breiten Grüngürtel, an dem sich heute noch Rentner, Liebende und Mütter mit Kindern erfreuen. Den Rynek und die Altstadtgassen zieren mehrere Laubenhäuser, auch typische Gebäude des Klassizismus. Das Rathaus des Stadtarchitekten Pompeo Ferrari aus dem Ende der altpolnischen Zeit beherrscht den Marktplatz. In der barocken Nikolauskirche finden wir neben schönen Altären Gräber der Leszczyński; die Johanneskirche gehörte einst den Böhmischen Brüdern. In der einst lutherischen Kreuzkirche liegt Dr. Metzig begraben, ein deutscher Polenfreund aus den Tagen des Völkerfrühlings. Das benachbarte Lapidarium zeigt barocke Grabplatten, zum Teil solche der Böhmischen Brüder. Auch das frühere Pastorenhaus, nunmehr Bezirksmuseum, verfügt über sehenswerte kulturgeschichtliche Exponate.

Knapp eine halbe Fahrstunde östlich von Leszno verdient das

abgelegene *Gostyń* den Umweg. Auf dem Heiligen Berg steht das monumentale Philippinerkloster, entworfen von den Brüdern Catenazzi, die Kuppel der ovalen Kirche von Ferrari, ein stolzes Werk des besten venezianischen Barocks. Heute dient nur das Gotteshaus religiösen Zwecken; im Wohngebäude wurde ein Altersheim untergebracht.

Rydzyna [Reisen], ein anmutig spätbarockes Städtchen mit stilreinem Rathaus, alten Bürgerhäusern, katholischer und evangelischer Kirche sowie einem Palast der Fürsten Sułkowski mit gepflegtem Park liegt leicht südlich von Leszno. Auch wer *Rawicz* [Rawitsch] kennenlernen möchte, braucht von der Magistrale nach Wrocław nicht abzubiegen. Hier bietet sich ebenfalls ein typisches Straßenbild des 18. Jahrhunderts.

Schlösserromantik im Posener Umland

Wer mühelos die Wohnkultur westpolnischer Magnaten studieren will, der unternehme einen Halbtagesausflug in das südliche Umland von Poznań. Vergebens sucht man hier den Prunk der herrschaftlichen Residenzen Ostpolens, von denen ohnedies die wenigsten auf dem Gebiet der jetzigen Volksrepublik stehen. Für *Rogalin* stand französisches, für das benachbarte *Kórnik* englisches, diskret elegantes Landleben Pate. Die weite Wald- und Seenlandschaft stellt den erwünschten Rahmen dar.

Kronmarschall Kazimierz *Raczyński* gab das spätbarocke, um 1780 errichtete *Rogalin* den bekannten Architekten Graff, Merlini und Kamsetzer in Auftrag. Hinter dem gepflegten französischen Garten erstreckt sich ein englischer Park mit mächtigen Eichen. Der vielgeschätzte Begründer einer Bibliothek und Förderer der Wissenschaften Edward Raczyński leg-

te den Grundstein zur *Kunstsammlung,* die von seinen Nachkommen bis zum letzten Weltkrieg zusammengetragen wurde.
Von den europäischen Stilmöbeln, den Bildern, Stand- und
Wanduhren des Museums wurden manche erst nach 1945
hergebracht. Canovas Napoleon, Thorvaldsens Ganymed und
die flämischen Gobelins sind der Stolz des Schlosses, das auch
gute Porträts von Bacciarelli und Grassi enthält. Eine Dépen-
dance dient als Galerie: polnische Historienmalerei Matejkos,
Positivismus und Moderne sind hier neben Impressionisten
aus Frankreich und Deutschland, so Delaroche, Monet,
Böcklin oder Lenbach, vertreten. Ein findiger Besucher entdeckt vielleicht zwischen den Bäumen die römische Maison
Carrée von Nîmes: er steht vor dem Familienmausoleum der
Raczyński.
Durch seine bekannte Bibliothek und das Arboretum, einem
Mekka der Geschichtsforscher wie der Pflanzenliebhaber,
nimmt *Kórnik* innerhalb des polnischen Geisteslebens einen
bedeutenden Platz ein. Das Schloß, reinste romantische Neugotik, umgeben von einem Wassergraben, liegt am Kórnik-
See. Ursprünglich von den Górkas im Renaissance-Stil erbaut, ging es 1676 auf die Działyński über, die eine barocke
Bauphase hinzufügten. Titus Działyński, Kunstmäzen und
Teilnehmer am antirussischen Novemberaufstand von 1830,
ließ dem Schloß durch Schinkel das heutige Aussehen verleihen. Sein Sohn Jan setzte die Sammlerleidenschaft des Vaters
fort. Der letzte Besitzer, Władysław Zamoyski, ebenso glühender Patriot wie kauziges Original, vermachte alles 1935
dem polnischen Staat. Auf zwei Stockwerke verteilt finden
wir Waffen, Rüstungen, Porträts, Kunsthandwerk, Porzellan,
Möbel und Jagdtrophäen aus Übersee. Besonders einprägsam
wirkt der an Granada erinnernde Maurische Saal im Alham-
bra-Stil.

POMORZE – POMMERN

Das breite Ostseeland zwischen Oder und Weichsel ist eine der touristisch ergiebigsten, am besten erschlossenen Regionen Polens; zur Sommerzeit wird es von zahllosen Fremden, vor allem Skandinaviern und Deutschen, gerne besucht. Hohe und felsige, niedrig sandige, zuweilen dünen- und seendurchzogene, sonnige Küsten unter kristallklarem Himmel bilden einen starken Anreiz; überdies gibt es eine Reihe mittelalterlicher Kulturdenkmäler der nordeuropäischen Backsteingotik. Der Fährhafen *Świnoujście* [Swinemünde], dann die Orte *Międzyzdroje* [Misdroy] und *Ustka* [Stolpmünde], allen voran aber *Kołobrzeg* [Kolberg], besitzen die schönsten Strände des westlichen und mittleren Pommern; in Pommerellen sind es *Sopot* [Zoppot] und die Halbinsel *Hel* [Hela]. Wilde, originelle Urtümlichkeit begegnet uns in den Naturreservaten von Wolin [Wollin] und Łeba [Leba]. Die schwach bevölkerte, naturbelassene Pommersche Seenplatte [Pojezierze Drawskie] erstreckt sich im Landesinneren von West nach Ost; sie empfiehlt sich für den Campingtouristen. Den Abschluß zur Danziger Bucht [Zatoka Gdańska] hin bildet die wellig waldreiche Kaschubische Schweiz [Szwajcaria Kaszubska], ein beliebtes Ausflugsgebiet für die Einwohner der Dreistadt.

Historisch gesehen, gliedert sich das Pomorze je nach polnischer wie nach deutscher Überlieferung in mehrere Regionen. Heute gehört der Westen Vorpommerns zur DDR, die Grenze verläuft dann durch die Insel Usedom [Uznam]; von da an ist ganz Pommern [Pomorze Zachodnie/Hinterpommern] und Pomorze Gdańskie [Pommerellen] integrierender Bestandteil der Volksrepublik Polen.

Lutizen und *Pomoranen,* heidnische Westslawen, nahmen um 1120 das Christentum und damit die Oberhoheit polnischer Lehensherren an. Der neue Glaube – Herzog Wratislaw [Warcisław] wurde durch Bischof Otto von Bamberg getauft – brachte auch ein allmähliches Vordringen der *deutschen Sprache* in Hinterpommern mit sich, die von Geistlichen und Kolonisten gesprochen wurde. Vor allem die Städte, bald angesehene Mitglieder der *Hanse,* dann auch die Höfe der Greifendynastie fielen zunehmend der Germanisierung anheim. Auf Polen folgten die *Dänen* als Lehensherren, dann die Brandenburger. Die heimischen Herzöge, seit 1295 in zwei Linien gespalten, versuchten mühsam, zwischen den Mächten Gleichgewichtspolitik zu treiben, bis zur Reformation mit starker Anlehnung an Polen. Während des 15. Jahrhunderts gehörte Hinterpommern kurze Zeit zu Eriks skandinavischem Großreich. 1637, nach dem Tod des letzten Greifenherzogs Bogislaw [Bogusław], nahmen die *Schweden* das Land in Besitz, mußten es aber, stufenweise bis 1815, an *Brandenburg-Preußen* abtreten. Hauptsächlich der Pommersche Landrücken blieb als reines Agrargebiet eine Domäne des ostelbischen Junkertums; die Bauern sprachen plattdeutsche Mundart.

Pommerellen blieb viel länger slawisch; politisch gehörte es von 1466 bis zu den Teilungen zur *Krone Polen,* in weiterer Folge zu *Preußen.* Als ein Großteil des östlichen Pommern – der sogenannte Korridor – 1918/19 an die *polnische Republik* kam, hatten die Kaschuben, ein den Polen eng verwandter Volksstamm, in ländlichen Gebieten die Germanisierungswelle überdauert. Nach dem Zusammenbruch des Dritten Reiches mußten alle Deutschen, die nicht bereits während der Winteroffensive 1945 die Flucht ergriffen hatten, Pommern bis zur neuen Grenze am Stettiner Haff verlassen. Das ganze Land wird heute von Polen bzw. von kaschubischen Autochthonen und einigen ukrainischen Umsiedlern bewohnt und hat den Anschluß an das übrige Staatsgebiet mühelos gefunden. Die Kämpfe am Pommernwall brachten den meisten Städten schwere Zerstörungen, doch gelang es polnischen Urbanisten, die historische Bausubstanz wenigstens der wichtigsten Kirchen und weltlichen Gebäude vor dem Untergang zu retten bzw. neu erstehen zu lassen.

Szczecin [Stettin], Ostseehafen an der Odermündung

Im Hintergrund ein Wald von Kränen und Schiffen, im Vordergrund dominierend die schwerfällige Masse des herzoglichen Schlosses samt preußischen Verwaltungsklötzen, darunter grüne Basteien, etwas wilhelminische und mehr volkspolnische Architektur, einige Backsteinkirchen inmitten freier, während des letzten Völkerringens zerbombter Flächen, am Ufer eine breite Allee mit Wagen- und Straßenbahnverkehr: über eine Oderbrücke fährt man in Szczecin ein.

Die schwer mitgenommene Hafenstadt an Polens Nordwestgrenze wurde zwar spät, dann aber durchaus geschmackvoll wiederaufgebaut. Viele der freudlos zusammengedrängten neugotischen Bauten ersetzte man durch moderne, zweckdienliche. Nun ist genug Lebensraum vorhanden; ein Teil des historischen gotisch-barocken Kerns bildet eine Fußgängerzone. Das vom *Plac Grunwaldzki* sternförmig ausstrahlende Straßennetz wurde vor hundert Jahren, nach dem Schleifen

349   *Stargard Szczeciński, Rathaus*

der Festungswälle, gestaltet, wohl in Anlehnung an Baron Haussmanns Pariser Projekte. Szczecin wirkt nordisch nüchtern, jedoch seiner Hochschulen, Cafés und Theater halber mit jugendlichem, durch den Hafen auch mit internationalem Anstrich.

Die Geschichte hat der Stadt eine Mittlerrolle innerhalb der Ostseewelt zugewiesen. Im 12. Jahrhundet von Polen christianisiert, bald darauf unter dänischer Oberhoheit, dann bis 1630 Hauptstadt der Greifenherzöge, 1535 reformiert, von 1720 bis 1945 preußisch, kam es 1945 wieder zu Polen.

Durch das barocke *Hafentor* betritt man die Altstadt; der mächtigen *Jakobskirche* merkt man sofort die Kathedralenfunktion an. Um den *Plac Orła Białego* [Platz zum Weißen Adler, früherer Roßmarkt] gruppieren sich ältere Häuser, unter denen das Globus-Palais besonders auffällt. Näher zur Oder liegen zwei gotische Backsteinbauten, Rathaus und Johanniskirche. Das spätgotische Haus der Patrizierfamilie *Loitz* gilt ob seines Außenschmucks und des spiralenförmigen Stiegenhauses als schönster, allerdings den Ruinen entrissener Profanbau des historischen Stettin. Unterhalb der Hakenterrasse des Schlosses erhebt sich das letzte mittelalterliche Bollwerk. Das mehrfach umgestaltete *Herzogsschloß* trägt Merkmale der Gotik, der Renaissance, des Barocks und des Eklektizismus. Jenseits des Schlosses erinnern die schmucken «Professorenhäuschen» an die einstige *Kollegiatsschule,* deren klassizistisches Gebäude noch steht. Die barocke *Landbotenkammer* dient als Abteilung des Nationalmuseums; die *Peter-und-Paulskirche* ist ein ausgereiftes Werk der Spätgotik. Auf den hochgelagerten Chrobry-Wällen bieten Wojwodschaftsamt, Seeakademie und Hauptgebäude des *Nationalmuseums* das Bild hohenzollerscher Provinzarchitektur. Vom Flußufer gehen lohnende *Hafenrundfahrten* aus, ebenso Tragflügelboote nach Świnoujście. Mit dem Auto kommt man binnen einer Viertelstunde durch Villenvororte zur DDR-Grenze bei Kołbaskowo/Pomellen; nach Berlin sind es dann nur etwa hundertzwanzig Kilometer.

Durch Pommern unterwegs

An die vierzig Kilometer östlich Szczecin, an der Straße nach Bydgoszcz, liegt die einstige Hansestadt *Stargard,* in dunkelroten Backstein gehüllt, schwer kriegsversehrt, aber immer noch von stattlichen Wällen aus dem 15. Jahrhundert eingefaßt. Die Bastionen spiegeln sich im schläfrigen Gewässer der Ihna wieder; an den alten Schleusen und zwischen den Bäumen des Festungsgrabens spielen friedlich Kinder, ebenso auf dem ruhigen Hauptplatz mit seinen zum Teil wiedererrichteten, zum Teil völlig modernen Häusern. Von den allzu grellen Farben der weltlichen Fassaden hebt sich die hohe, breite Silhouette der gotischen Liebfrauenkirche [Kościół Najświętszej Marii Panny] ab, eines stattlichen dreischiffigen Hallenbaus. Wenn wir über die Berliner Autobahn E 74 anreisen, führt unsere pommersche Hauptroute von Szczecin nordostwärts in Richtung Gdańsk. Zwei Tage sind dafür unbedingt vorzusehen, außer man nimmt geradewegs die Magistrale Nr. 52 bis zur Dreistadt. Wer mit der Fähre in Świnoujście ankommt, kann im wesentlichen die gleiche Strecke zurücklegen. Zum Besuch Szczecins eignet sich auch das Tragflügelboot mit siebzig Minuten Fahrzeit, wobei man das Stettiner Haff [Zalew Szczeciński] und den Unterlauf der Oder kennenlernt.

352/353   Szczecin [Stettin], Altstadt und Hafen

Das geistliche Zentrum Pommerns, sein erster Bischofssitz seit 1176, ist *Kamień Pomorski* [Cammin], dessen Sehenswürdigkeiten nicht allzuviel gelitten haben. Der regelmäßige Bauplan des Mittelalters, ein gotisches Rathaus auf dem Marktplatz, Reste des Mauerrings, der vorlutherische Bischofspalast machen einen strengen, skandinavischen Eindruck. Beherrscht wird alles von der romanisch-gotischen, im Innern barock ausgestalteten Domkirche, deren stilreiner Spitzbogenkreuzgang in Polen einzig dasteht. Gut erhalten sind die Grabmale pommerscher Herzöge und Oberhirten.

Trzebiatów [Treptow] an der Rega hat sein historisches Antlitz unversehrt bewahrt. Die niedrigen Häuser des Stadtkerns weisen spätgotische oder barocke Fassaden auf. Nordischer Barock hat sich gut ins Stadtbild eingefügt; er bestimmt das Aussehen des Rathauses und des herzoglichen Schlosses. Die Glocke der gotischen Marienkirche ist die zweitgrößte Polens, eine feine Gießarbeit aus dem Jahre 1515. Entlang des malerischen Flusses ziehen sich alte Mauerfragmente hin.

Trotz schwerster Kriegsschäden und eines grundsätzlich neuen Stadtbildes erscheint uns *Kołobrzeg,* ob seines reizvollen Strandes samt Mole, Segelhafen und geruhsamen Parkanlagen, als der schönste Kurort an der polnischen Ostsee. Die fünfschiffige, gotische Kollegiatkirche erhebt sich inmitten eines weiträumigen Platzes; gegenüber steht im Freien ein kleines Armeemuseum. Unweit davon, neben zwei alten Mühlen, das Haus der Kaufmannsfamilie Schlieffen. Schinkels Rathaus [1829–1832] und der gotische Pulverturm wurden sorgfältig restauriert. Am Meer, unterhalb des Leuchtturms, prangt ein großes Ehrenmal für die gefallenen sowjetischen und polnischen Soldaten; in der Nähe wurde eine Gedenktafel angebracht, zur Erinnerung an die symbolische Vermählung Polens mit der See am 18. März 1945.

Koszalin [Köslin], die lebendige und fröhliche Metropole Mittelpommerns, ist nach dem Krieg eine im Kern moderne Stadt geworden. Von der Architektur des preußischen Klassizismus blieb kaum etwas erhalten. Mit wenigen Ausnahmen, wie der bischöflichen Marienkirche aus dem 14. Jahrhundert, dem Haus des Henkers und einigen Mauerresten, erinnert fast nichts mehr an alte Zeiten. Das junge Volkspolen hat vom einstigen Köslin, das sich nun der Leichtindustrie und dem Handel widmet, vollends Besitz ergriffen.

Als kleiner Fischerhafen mit dem Flair von anno dazumal bewahrte *Darłowo* [Rügenwalde] seine ursprüngliche Funktion und seine historische Stimmung. Im umgebauten Schloß wurde ein Regionalmuseum eingerichtet; die kleinen spätbarokken Markthäuser bleiben ebenso unverfälscht wie das Rathaus samt Brunnen sowie die gotische Marienkirche, die unter mehreren Grabmälern auch das des berühmten Erik, Einigers der Ostsee, birgt.

Słupsk [Stolp] hat in jüngster Zeit, gleich Koszalin, den Rang einer Wojwodschaftshauptstadt erreicht, was sich zweifellos für das Tempo der Entwicklung und für die Investitionen günstig auswirkt. Hier sind stets viele Menschen aus der Umgebung unterwegs, das Zentrum atmet Geschäftigkeit. Neues schießt aus dem Boden; das bürgerliche Straßenbild entstammt der wilhelminischen Zeit. Von Säulen getragen wird das herrliche, edel geschwungene Gewölbe der spätgotischen Marienkirche; der Dominikanerkirche merkt man höfische Barockisierung an. Das Schloß aus der Frührenaissance ist heute einerseits Schauplatz von Klavierwettbewerben, andererseits dient es musealen Zwecken.

Wanderdünen, weite, von Treibsand bedeckte Flächen, aus denen Reste eines verschütteten Waldes hervorlugen, darüber zerstörte Betonbunker für V1-Raketen, das erwartet uns in

Leba. Knapp westlich davon wurde 1966 der achtzehntausend Hektar große Słowiński Park Narodowy um die Seen Łebsko und Gardno gegründet. Eine sandige Nehrung mit Wanderdünen, die bisweilen fünfzig Meter Höhe erreichen, bilden eine Art Wüstenlandschaft am Meer. Dem Naturreservat gaben die Slowinzen ihren Namen, der westlichste, heute verschwundene Zweig der altpommerschen Urbevölkerung.

Die Kaschuben, ein Sammelbegriff für die slawischen Autochthonen des nördlichen Pommerellen, sind immer noch über zweihunderttausend Köpfe stark. Auf das engste mit den Polen verwandt, unterscheiden sie sich für den Laien hauptsächlich durch ihre harte Aussprache, mitunter durch den Gebrauch deutscher Satzkonstruktionen im Polnischen. Den Pastoren Krofey und Mostnik war es zur Lutherzeit vorbehalten, der Nachwelt kaschubische Schriftdenkmäler zu überliefern. Die weit nach Westen reichende Bevölkerung wurde in Hinterpommern eingedeutscht, während sie ihr slawisches Idiom im Danziger Vorfeld trotz preußischer Herrschaft behauptete. Vor 1914 griff eine sprachlich-kulturelle Erneuerungsbewegung der Kaschuben um sich, als deren erster Lehrmeister noch unter Bismarck Florian Ceynowa gilt. Heute gibt es in Polen kaschubische Vereine, die bestrebt sind, Brauchtum und Dialektdichtung zu pflegen; das uneingeschränkte Bekenntnis zur polnischen Staatsnation wird davon nicht berührt.

Die Kaschubei, eine waldige, von Hügeln und kleinen Seen geprägte Moränenlandschaft, durchstreift man vom nahen Trójmiasto aus. Das Kaschubendorf *Żukowo* [Zucker] lohnt ob seines Prämonstratenserstiftes den Besuch. Die einstige

Klosterkirche birgt ein wertvolles Antwerpener Triptychon aus dem frühen 16. Jahrhundert. *Kartuzy* [Karthaus] verdankt seine Existenz dem ursprünglich gotischen, dann barockisierten Kartäuserkloster; es liegt sehr hübsch im Herzen des Seengebiets und exportiert Volkskeramik. Manch einen Künstler dürfen wir bei der Arbeit beobachten, die nach überliefertem Ritual vor sich geht.

Nördlich von Gdynia lockt die schmale, landschaftlich reizvolle Halbinsel *Hel* wegen ihrer weichen Sandstrände jährlich Tausende Touristen aus dem In- und Ausland heran. Das farbenfrohe Fischerstädtchen *Puck* [Putzig] hat einen kleinen Jachthafen; die weißen Segel tänzeln leicht in der stets angenehme Erfrischung spendenden Brise. Für die altpolnische Flotte spielte der Ort eine wichtige Rolle. Hier war Jan Sobieski vor seinen Türkenfeldzügen Starost. In der gotischen Kirche zieht das schmucke Barockgitter der Weyher-Kapelle die Blicke an, dem Andenken einer bekannten Adelsfamilie gewidmet. Die schmucken Häuser des Marktplatzes deuten auf niederländische Stileinflüsse hin.

Den nördlichsten Ausläufer Polens erreichen wir in *Rozewie* [Rixhöft]. Vom Leuchtturm aus gewinnt man ein weites Panorama, das der Romanschriftsteller Stefan Żeromski breiten Leserkreisen nahegebracht hat. *Jastrzębia Góra* und *Jastarnia* sind traditionelle Zentren der polnischen Riviera. Den Weg zwischen Jurata und Hel dürfen Ausländer, des militärischen Sperrgebietes halber, nur mit dem Zug durchqueren. Wem der Besuch von Hel genügt, der wird besser von der Dreistadt aus das Tragflügelboot benützen. Im Ort spaziert man durch die von Fischerhäuschen gesäumte Hauptstraße. Die friedliche Ferienstimmung läßt kaum erahnen, welch bittere Kämpfe sich um diese letzte Bastion der polnischen Armee abspielten, die hier erst am 2. Oktober 1939 die Waffen streckte.

GDAŃSK [DANZIG]

Polen besuchen, dabei aber Danzig meiden, hieße fast ebensoviel wie Italien bereisen ohne Venedig zu berühren. Zwar wurde die Dogenstadt während der letzten Kriegswochen kein Raub der Flammen, doch hat das aus den Brandruinen erweckte Gdańsk seine Würde und geheimnisvolle Ausstrahlung weitgehend wiedergefunden. Ein bißchen von Lübeck, Kopenhagen, Amsterdam und Brügge, die kristallklare Luft des Nordens, der auffrischende Ostseewind aus Skandinavien, kreischende Möwen an der Mottlau, inmitten dunkelroter Backsteingotik harmonisch eingefügt reichverzierte Renaissance- und Barockarchitektur, Scharen fotografierender Touristen von Frühjahr bis Herbst, all das bietet die älteste Hafenstadt des Landes. An sonnigen, trockenen Tagen der warmen Jahreszeit schlägt sie uns am meisten in ihren Bann. Spätherbst, Winter und Vorfrühling sind oft feucht, düster und windig. Leider büßt dabei Danzig viel von seinem Reiz ein, gleich den übrigen alten Städten Nordeuropas. Grundsätzlich erfreut sich Gdańsk jedoch einer ruhigen, seit jeher für die anlegenden Schiffe vorteilhaften Lage im Schutze der Bucht, am Zusammenfluß von Weichsel [Wisła] und Mottlau [Motława].

Heute beruht die wirtschaftliche Bedeutung der Stadt vor allem auf der mächtigen Werft, der größten im Bereich der Staaten des Warschauer Vertrags. Kilometerlange Wohnbezirke entstehen nördlich von Danzig, daneben erstrecken sich Siedlungen von Einfamilienhäusern mit Gärten, in Oliwa und

Sopot ansprechende Villenviertel. Über dreißig Kilometer lang, aber ziemlich schmal, zugleich lose zusammengefügt ist der Ballungsraum der «Dreistadt» [Trójmiasto] *Gdańsk-Sopot-Gdynia,* eingebettet zwischen den bewaldeten Hügeln der Kaschubischen Schweiz und dem Meer. Jede der drei Gemeinden trägt völlig verschiedene Merkmale: Danzig ist zugleich historisch und industriell, Zoppot ein typischer Kurort, Gdingen ein großer Hafen mit gesichtslosen, zeitgenössischen Bauten. Die Verbindungen erfolgen durch häufig fahrende Nahverkehrszüge und über eine breite Schnellstraße. Üppiges Grün und freundliche Sandstrände nehmen dem Ganzen den verfremdenden Großstadtcharakter. Binnen einer Viertelstunde befindet man sich mitten im Wald; geht man etwas höher, öffnet sich an klaren Tagen das herrliche, von der Halbinsel Hela bis zum Frischen Haff [Zalew Wiślany] reichende Panorama der Danziger Bucht. Hier kann der Fremde gleichermaßen der Liebe zu Kulturdenkmälern, den Badefreuden oder dem Wandertrieb huldigen, alles findet er mühelos in nächster Nähe. Bei längerem Aufenthalt bieten sich zahlreiche Möglichkeiten zur Besichtigung Pommerellens und des Ermlandes, wahrer Fundgruben für Freunde von Natur und Geschichte.

Historischer Überblick

An der alten Bernsteinstraße gelegen, war «Gedanysc» bereits um 1000 eine rege Handels- und Fischersiedlung der *pommerschen Slawen,* politisch mit dem jungen polnischen Staat verbunden. Herzog Świętopełk [1220–1266] verlieh Gdańsk das Stadtrecht, gründete ein Dominikanerkloster, förderte den Seeverkehr und die deutsche Besiedlung. Sein Sohn Mszczuj übertrug Hinterpommern den großpolnischen Piasten, womit Gdańsk unmittelbar zu *Polen* kam, aber schon 1308 vom *Deutschen Orden* erobert wurde. Während des 14. Jahrhunderts entstanden nun nebeneinander vier selbständige Siedlungen: die Rechtstadt [Główne Miasto], die Neustadt [Nowe Miasto], die wiedererrichtete pommersche Altstadt [Stare Miasto], Sitz der Fischer und Handwerker, endlich die Vorstadt [Stare Przedmieście]. Das heute bewunderte Zentrum entstand hauptsächlich auf dem Gebiet der Recht-, teilweise der Altstadt.

Trotz wirtschaftlichen Aufschwungs empfanden die Danziger die Ordensherrschaft als drückend und hemmend. Daher schlossen sie sich 1454 dem Eidechsenbund an, der die Rückkehr des Gebiets zu *Polen* anstrebte. Die Bürgerschaft leistete König Kasimir den Lehenseid, wofür ihr zahlreiche Privilegien zuteil wurden. Ein vereinigter Stadtrat für alle Bezirke durfte unabhängige Handelspolitik führen, fremden Kaufleuten die Lizenz erteilen, den Hafen öffnen und schließen.

Die Blütezeit Danzigs, sein großartiger Aufstieg in materieller und kultureller Hinsicht, fällt auf die mehr als drei Jahrhunderte der Zugehörigkeit zur *Rzeczpospolita,* während der die überwiegend deutschsprachige Hansestadt dem König von Polen in schweren Augenblicken treu zur Seite stand. Sie wurde um die Speicherinsel [Wyspa Śpichrzów] und die Niederstadt [Dolne Miasto] erweitert. Mit Holz, Wein, Südfrüchten, feinsten Textilien trieb man regen Handel. 1526 leistete die Krone den von der Plebs bedrohten Patriziern Beistand [Sigismund-Statute], schuf jedoch neben dem Großen Rat einen Rat der Hundert. Den Übertritt zur *Reformation* sanktionierte der König 1557, doch hatte die Stadt sowohl mit Sigismund August [Karnkowski-Statute] als mit Stefan Báthory schwere Auseinandersetzungen, die am Ende stets friedlich beigelegt wurden. Während der Schwedenkriege des 17. Jahrhunderts weigerte sich Gdańsk beharrlich, trotz Glaubensgleichheit, die Partei der protestantischen Wasa zu ergreifen, wodurch es sich Dankbarkeit und Anerkennung Polens sicherte. Zunächst geschah dies von seiten des Reichstags, dann von König Jan Sobieski, der Ostseefragen große Beachtung schenkte. Gymnasium Academicum, Collegium Medicum, Ratsbücherei, zahlreiche Druckereien und die hochwertige Goldschmiedekunst verliehen der Stadt europaweites Ansehen. Italienischer Humanismus und protestantische Theologie, manieristische Architektur nach holländischem Vorbild, deutsche und polnische Dichtung, international bedeutsame Astronomie zeugen von raffiniertem Lebensgefühl. Johannes Hevelius, Martin Opitz, Johannes Dantiscus wirkten an der Mottlau. Der übernationale Hauch wird auch an der hohen Zahl polnischsprachiger Publikationen deutlich, ebenso am Wirken der rührigen wissenschaftlichen Gesellschaften.

Das 18. Jahrhundert zeugt weiter von der tiefen Verbundenheit Danzigs mit Polen, das 1734 dem nationalen Gegenkönig Stanisław Leszczyński vor dem Zugriff des Wettiners August und seiner russischen Verbündeten Schutz gewährte. Das vierbändige Werk des Danziger Staatsrechtlers Gottfried Lengnich «Ius Publicum Regni Poloniae» war ein Lobpreis der polnischen Verfassung. 1772 wollten die Danziger lieber als Exklave der Adelsrepublik als dem Preußen Friedrichs des Großen angehören. Der damalige Verbleib des Ostseehafens bei der Rzeczpospolita entsprach zwar politisch dem Willen der Großmächte, doch ebenso dem der deutschen Bürgerschaft, die ihre Standhaftigkeit mit wirtschaftlichen Repressalien des Berliner Hofes zu bezahlen hatte. Die Memoiren Johanna Schopenhauers, der Mutter des berühmten Philosophen, kunden davon.

1793 allerdings kam Gdańsk an *Preußen,* war unter Napoleon 1807–1813 *Freie Stadt* und kehrte dann endgültig unter die Herrschaft der *Hohenzollern* zurück. Seit der Zeit Friedrich Wilhelms IV. und bis zum Ersten Weltkrieg entwickelte sich Danzig zu einem starken *Industriezentrum* mit mächtiger *Werft* und großem *Hafen.* Neugotisch-bombastische Bauwerke entstanden in den neuen Bezirken der Hauptstadt Westpreußens. Während der Endkämpfe des Jahres 1945 wurden sie großenteils zerstört, doch gibt es noch ihrer genug im Bahnhofsviertel und im Vorort Wrzeszcz [Langfuhr].

Der *Versailler Friedensvertrag* von 1919 machte Danzig zur *Freien Stadt* unter der Kontrolle des Völkerbunds. Senat und Volkstag übten eine beschränkte Souveränität aus; Polen war durch einen Generalkommissar vertreten, unterhielt außer der Eisenbahndirektion eine Post- und Telegraphenverwaltung, das Munitionslager auf der Westerplatte und ein Zollinspektorat. Der Polnische Schulverein betrieb Lehranstalten für die polnische Minderheit. Ab 1933 war Danzig von den *Nationalsozialisten* regiert; die Parole «Heim ins Reich» bot Hitler 1939 einen der Hauptvorwände zum Angriff auf Polen. Ein Ende mit Schrecken war 1945 der deutschen Ära beschieden: Zerstörung, Elend der Flüchtlinge und Umsiedler. Doch heute sind im polnischen Wojwodschaftssitz Gdańsk, dem *Bildungs- und Kulturzentrum Nordpolens,* die Wunden der Vergangenheit gänzlich verheilt. – In seinem Roman «Blechtrommel», einem großartigen Dokument der alten Stadt an der Mottlau, stellt Günther Grass dem braunen, barbarischen Terror, der so viel Unglück stiftete, den Geist echter Menschlichkeit gegenüber, der sich von keinerlei Nationalismen berühren läßt.

GDAŃSK [Danzig]
Historischer Stadtkern ▶

Stadtbesichtigung

Das nordische Danzig und das südliche Krakau, die beiden Kunstmetropolen des Landes, haben eines gemeinsam: wer sie mit lauterem Herzen, mit Sinn für das Schöne und Ehrwürdige kennenlernt, wird ihnen auf Lebenszeit verfallen. Man freut sich über jede Wiederkehr, man verreist ungern. Man entdeckt stets neue, stille Geheimnisse der alten Mauern, unerwartete Blickpunkte. Die Atmosphäre wirkt höchstens im Goldenen Prag intensiver. Weltoffenheit, Vermengung der Völker, der Kulturen, der Kunstrichtungen sind Wesenselemente dieser zauberhaften Synthese. Wer heute durch Gdańsk schreitet, kann die Stadt nur begreifen, wenn er sich die Bedingungen ihres historischen Werdens ins Gedächtnis ruft. Deutsche Patrizierkultur mit polnischen, holländischen, schottischen und skandinavischen Komponenten, Reichtum sowohl dank dem Fleiß und Wagemut der deutschen Bürgerschaft als auch dank der Bande zu Polen, das die Freiheiten Danzigs gewährleistete.

Während das Zentrum Warschaus dem Erdboden gleichgemacht wurde, brannte die Stadtmitte von Gdańsk zwar völlig aus, die Ruinen wirkten gespenstisch, doch blieben viele Mauern stehen; am wenigsten litten Stadttore und Nikolaikirche. Zur Besichtigung des historischen Kerns seien zwei Haupt- und Nebenstrecken vorgeschlagen: 1. Via Regia [Herz der Rechtstadt], 2. Nördliche Rechtstadt zwischen Krantor, Marienkirche und Arsenal, 3. Südliche Rechtstadt und Alte Vorstadt, 4. Altstadt.

1. Die *Rechtstadt* [Główne Miasto], in west-östlicher Richtung verlaufend, reicht vom *Hohen Tor* [Brama Wyżynna] zur *Mottlau* [Motława]. Wenn die polnischen Könige Einzug hiel-

ten, bewegte sich der Zug über die *Langgasse* [Długa] zum Rechtstädtischen Rathaus [Ratusz Głównego Miasta] am Langen Markt [Długi Targ]. Entlang dieser prächtigen Via Regia wohnten die vornehmsten Patrizierfamilien. Die Trasse wich stark von der mittelalterlichen Norm ab, da ein Marktplatz als Mittelpunkt gleichmäßig ausstrahlender Gassen fehlte. Der Handel spielte sich am *Langen Markt* und gleich dahinter am Ufer der Mottlau, an der *Langen Brücke* [Długie Pobrzeże] ab. Bei der 1949 begonnenen Rekonstruktion wurden unhygienische, enge Innenhöfe sowie die eklektischen Fassaden der Jahrhundertwende weggelassen; die Bauten sind nach hinten kürzer, luftiger und heller als zuvor, was man freilich von außen nicht wahrnimmt.

Von einem Holländer nach oberitalienischem Vorbild 1574–1588 errichtet, weist das mächtige *Hohe Tor* die Wappen Polens, Danzigs und des Königlichen Preußen auf, darunter weise lateinische Sprüche über Gerechtigkeit, Frieden, Freiheit, Einigkeit und zu Ehren der polnischen Republik. Gleich dahinter erhebt sich der backsteinrote *Stockturm* [Wieża Więzienna], ein Gefängnis samt Peinkammer [Katownia]. Der Flame Anton van Obberghen schuf 1593 diesen Komplex im Rahmen der Befestigungen. 1614 entstand als Abschluß der Langgasse das manieristische *Goldene Tor* [Brama Złota] des Niederländers Abraham van den Blocke und des Polen Jan Strakowski; 1648 kamen die allegorischen Gestalten als weiterer Schmuck hinzu. Über den Torbögen mahnen deutsche und lateinische Inschriften zur Wahrung bürgerlicher Tugenden.

Nach Durchquerung des mächtigen, haushohen und breiten Torkomplexes tut sich vor uns die von eilenden Menschenmassen erfüllte, leicht gekrümmte *Długa* auf. Im spätgotischen Haus der St.-Georgsbrüderschaft hat jetzt der Polnische Architektenverband seinen Sitz. Viele der schmalen, hohen Giebelhäuser weisen reichen Fassadenschmuck auf, mit Sgraffiti und Statuetten; zu den schönsten gehören das spätbarocke Haus des Ratsherren Johann Uphagen [Nr. 12], die Renaissancebauten Adam und Eva der Familie Ferber [Nr. 28], Löwenburg [Lwi Zamek / Nr. 35] und Haus der Kaufmannsfamilie Konert [Nr. 45].

Der imposante, gotische Backsteinbau des *Rathauses* geht im wesentlichen auf das 14. Jahrhundert zurück, doch wurde er später mehrfach angereichert. Turm und flämische Attika konnten erst nach der Loslösung vom Deutschen Orden errichtet werden, zwischen 1465 und 1492. 1561 baute ein Zeelander Meister den Helm mit der Figur des Polenkönigs Sigismund August, sein Brabanter Kollege die Glockenspiele. Die Wappen Preußens, Polens und Danzigs auf der Ostseite brachte man 1562 an, 1589 die Sonnenuhr samt lateinischer Sentenz «Umbra sunt dies nostri» – Unsere Tage sind nichts als Schatten. 1766–1768 entstanden die Außentreppe und das barocke Portal, bewacht von zwei stolzen Löwen, die das Stadtwappen in den Pfoten halten. Angeblich wollte der Magistrat damit die Hoffnung ausdrücken, daß Polen aus seiner Schwäche heraus wieder zu Ruhm und Macht finden könnte.

Heute betreten wir auf diesem Wege das seit 1970 zugängliche *Historische Museum* der Stadt Danzig [Muzeum Historyczne Miasta Gdańska]. Als Inbegriff selbstbewußten, kunstsinnigen Patriziertums bestechen uns die glänzenden Renaissance- und Barockräume des Rathauses durch ihren Prunk: Kleiner und Großer Christoph, Schöffensaal, Roter Saal [Großer Ratssaal], Wintersaal [Kleiner Ratssaal].

Über die repräsentative Eingangshalle, vorbei am Kleinen Christoph [Mały Krzysztof], der einstigen Kapelle mit erhaltenen spätgotischen Wandmalereien, gelangen wir durch ein manieristisches Portal in den *Schöffensaal* [Sala Ławy]. Hier beriet ein Gericht über die Angelegenheiten der Danziger Bürger; die Urteile konnten nur vom König revidiert werden, was allerdings kaum je stattfand. Der Schöffensaal erinnert leider nur in seinen Formen an vergangene Größe, denn die Ausgestaltung ist zwar diskret, aber modern geraten. Der *Große Ratssaal* [Wielka Sala Rady oder Sala Czerwona] bildet den Stolz des Museums; ihn zieren Intarsien und friesengeschmückte Gesimse, nach Plänen des manieristischen Niederländers Hans Vredeman de Vries vom Danziger Simon Herle gegen 1600 ausgeführt. Den großen Ofen mit Stadtwappen schuf 1593 der Genter Willem van der Meer. Die sieben allegorischen Deckengemälde von de Vries zeigen öffentliche und private Tugenden. Zur Rokokozeit belegte man die Wände bis Manneshöhe mit rotem Samt. Die Standuhr schenkte dem Rat König Leszczyński. 1764 schmückte Benjamin Schmidt die Decke in blau-goldenen Tönen. Unter dem Motto «Coelesti iungimur arcu» [Durch einen himmlischen Bogen sind wir vereint] wird die Verbindung Danzigs mit Polen als gottgewollt dargestellt. Szenen mit deutschen Bürgern, polnischen Adeligen und Volk zeigen das Leben am Langen Markt, des weiteren sieht man Weichselflößer bei der Arbeit, Handelsschiffe und Marktszenen. Bewußt folgte man dem Vorbild des Dogenpalastes; die Beziehungen zwischen Danzig und Venedig entwickelten sich ja ziemlich fruchtbar.

Nachdem wir auch die goldstrotzenden Wappen [Danzig, Polen, Litauen und Preußen] bewundert haben, empfängt uns

370/371 Gdańsk [Danzig], Blick von der Mottlau zur Altstadt. Rechts das Krantor, in der Mitte die Marienkirche, links der Turm des Rathauses

der *Kleine Ratssaal* [Mała Sala Rady]. Teils dem 17., teils dem 19. Jahrhundert, teils – historisierend – der Gegenwart entstammt die Einrichtung. Den Großen Christoph [Duży Krzysztof], das alte *Ratsarchiv,* zieren Wandmalereien aus der Spätrenaissance. Alte oder geschickt nachgebildete Möbel geben eine Vorstellung vom ehemaligen Aussehen des Rathauses. Wer nach Lösung einer Sonderkarte den *Turm* besteigt, dem eröffnet sich ein grandioser Rundblick auf die Stadt, von der Westerplatte, dem Meer und der Werft bis zu den Hügeln im Osten, über die Kirchtürme und Giebel hinweg.

Der Lange Markt [Długi Targ] diente nicht nur dem Handel, sondern auch gehobenen Festivitäten, Feuerwerken, Vorstellungen fahrender Leute. Bei Königsbesuchen etwa bereitete die Stadt ihrem Monarchen würdige Lustbarkeiten. Auch jetzt ist der Markt ein bunter Tummelplatz von Touristen, die stehend, photographierend oder von den zahlreichen Bänken aus den schönen Blick auf Rathaus, Artushof, Neptunsbrunnen, Bürgerhäuser und Grünes Tor genießen. Der barocke Brunnen zeigt den Meeresgott mit Dreizack, dem Symbol der Größe von Gdańsk.

Den breiten und hohen, spätgotischen *Artushof,* gesellschaftlichen Treffpunkt der reichen Kaufleute, bauten Italiener 1552 im Renaissancestil um. Abraham van den Blocke gestaltete 1617 die heutige Fassade. An den Fensterbögen sind Standbilder antiker Staatslenker und Kriegshelden angebracht, an der Attika solche von Gerechtigkeit und Macht, an der Dachspitze Fortuna. Die Restaurierung der Innenräume ist noch im Gange.

Renaissance und Barock prägen das Aussehen der Giebelhäuser am Langen Markt. Das *Goldene Haus* [Złota Kamienica] der Meister van den Blocke und Johann Voigt [1609–1618] entstand auf Geheiß von Johann Speimann, einem bedeutenden Bürgermeister der Wasazeit. Unter Preußens Herrschaft wohnte hier die Patrizierfamilie Steffens. Die schimmernde, feingeschmückte Fassade entspricht Antwerpener Vorbildern. Auf den Friesen erscheinen Flachreliefs antiker und neuzeitlicher Persönlichkeiten, so auch Hunyadis und Skanderbegs, ebenso Obst- und Pflanzenmotive. Die übrigen schmalen, mehr oder minder reich ausgestatteten Giebelhäuser, zwei davon Werke Andreas Schlüters, gehörten den Vornehmsten der Stadt; manches beherbergte Könige samt deren Hofstaat. Alles fügt sich harmonisch aneinander, es gibt keinen Stilbruch, als stünden wir vor den historischen Häuserzeilen belgischer oder niederländischer Kaufmannsstädte: ein Lob den Restauratoren, die zumindest das Äußere der zerstörten Architektur hergestellt haben. Mehr noch als die Warschauer Altstadt strahlt das Gdańsk unserer Tage eine Atmosphäre baulicher Echtheit und Kontinuität aus.

Das *Grüne Tor* [Brama Zielona 1564–1568] säuberte man nach 1945 von klassizistischen Zutaten; die frühere manieristische Form besteht wieder. Hier residiert nun das so wichtige Denkmalamt.

2. Hinter dem *Grünen Tor* fließt die Mottlau träge dahin. Von der Grünen Brücke [Most Zielony] blicken wir zurück zu den Backsteinbauten am Ufer: Brotbänkentor [Brama Chlebnicka], Frauentor [Brama Mariacka], Heiliggeisttor [Brama Świętego Ducha], Krantor [Żuraw], Johannistor [Brama Świętego Jana], Häkertor [Brama Straganiarska]. Das *Krantor,* ein gewaltiger Lastenaufzug, gehörte zu den mächtigsten seiner Art im Europa des 15. Jahrhunderts und diente zur Beladung von Schiffen. Gegenwärtig beherbergt er das *Zentrale Meeresmuseum* [Centralne Muzeum Morskie].

In der Nähe des runden Schwantors [Brama Łabędź] breitet

sich der *Fischmarkt* aus [Targ Rybny]. Am Ufer stehend, entdeckt man stets neue, malerische Perspektiven des historischen Stadtkerns. Die von den alten Toren parallel zur Via Regia laufenden Gassen, Chlebnicka [Brotbänkengasse], Piwna [Jopengasse], Mariacka [Frauengasse], Świętego Ducha [Heiligen-Geist-Gasse], Szeroka [Breitgasse] und Świętojańska [Johannisgasse] weisen zumeist schlichtere Giebelhäuser auf. In der Heiligen-Geist-Gasse Nr. 45 kam 1788 *Arthur Schopenhauer* zur Welt. Wie wir aus den Memoiren seiner Mutter erfahren, war der Vater, ein angesehener Bürger, dermaßen über die Hohenzollern empört, daß er bei Reisen durch preußisches Gebiet immer die Vorhänge seiner Equipage zuzog, um dem Anblick der blauen Uniformen zu entgehen. Erst auf polnischem Boden zog er die Vorhänge auseinander.

Das *Englische Haus* des Stadtbaumeisters Johann Kramer [1570] an der Chlebnicka Nr. 16, besonders schief und hochaufgeschossen, vereinigt sächsische und flämische Elemente. Reichverziert, mit niedlichen Freitreppen versehen, atmen die stillen Häuser der Piwna und vor allem der Mariacka gemütliche Altdanziger Handwerksatmosphäre.

Von den herrlichen Backsteinbauten schlägt uns die majestätische *Marienkirche,* vielleicht das größte und imposanteste Gotteshaus des gesamten Ostseeraums, am stärksten in ihren Bann. Von allen Seiten her betrachtet, wirkt der Kościół Mariacki wie ein mächtiges Werk des Himmels; er thront seit sechs Jahrhunderten unbestritten über der Stadt. Die kleinsten Quergassen, wie Kramarska [Krämergasse] oder Kaletnicza [Beutlergasse], unterstreichen noch den gewaltigen Eindruck dieses edlen Sakralbaus. Nach über vierhundert Jahren Luthertum wurde die Kirche 1955 dem katholischen Kultus wiedergegeben. Die gemäßigten Danziger Protestanten waren keine Bilderstürmer; sie bewahrten nicht nur die gotische Ausschmückung, sondern gaben noch selbst vieles hinzu. Der Zweite Weltkrieg schlug hier viele Wunden: nur wenige Kapellen bewahrten die Fülle ihres Reichtums an spätgotischen und manieristischen Altären, Schnitzfiguren und Grabsteinen namhafter Patrizier. Trotzdem blieben mehrere gotische Flügelaltäre erhalten, Werke flämischer und süddeutscher Meister, andere werden noch restauriert. Man beachte die Kreuzigungsgruppe des Danziger Meisters Paul [1517], ein Kruzifix von 1430 in der Kapelle der Elftausend Jungfrauen, die Schöne Madonna [1410] und den Hochaltar.

Ein Anbau an die Marienkirche ist die hochbarocke *Königliche Kapelle* [Kaplica Królewska] mit Kuppeldach, 1678–1681 von Bartholomäus Ranisch nach Plänen von Sobieskis Hofarchitekten Tylman van Gameren errichtet. Als Patron der Marienpfarre wollte der König den aus ihrer Kirche nach langem Streit mit der evangelischen Gemeinde verdrängten Katholiken die freie Religionsausübung in würdigem Rahmen sichern. Der Primas von Polen Olszowski und Jan Sobieski bestritten gemeinsam die Kosten des Kirchenbaus. Die Evangelischen, ein Zeichen der Reife des Danziger Patriziats, unterstützten später finanziell ihre katholischen Mitbürger. Am spätgotischen Pfarrhaus [Plebania] der Mariengemeinde aus der Zeit um 1518 prangt das barocke Wappen der Familie Ferber.

377   Kunstvolles Portal auf dem Długi Targ [Langen Markt] zu Gdańsk [Danzig]

Besonders reiche Ornamente schmücken das von Andreas Schlüter um 1640 entworfene Barockhaus an der Ecke Piwna/ Tkacka [Wollwebergasse]. Das langgestreckte Gebäude des *Großen Zeughauses* [Zbrojownia 1602–1605] Antonis van Obberghen ist ein Meisterwerk des Manierismus. Die feingestalteten Motive an der viergiebeligen Hauptfassade zeigen vollplastische Soldatenfiguren und symbolische Kanonenkugeln. Im ersten Stock befindet sich nun die Hochschule für Darstellende Kunst.

Hinter dem Zeughaus, neben der Alten Apotheke am Targ Węglowy [Kohlenmarkt], entstand 1952–1967 das neue Theatergebäude, ein ziemlich unpassender, moderner Glaspalast. An der nahen Świętojańska [Johannisgasse] im Norden der Rechtstadt stehen zwei gotische Backsteinkirchen, die Johanniskirche und die von jeher katholische Nikolaikirche, ein Teil des *Dominikanerklosters*. Als einziger in Gdańsk erlitt dieser Sakralbau keine Kriegsschäden, so blieb auch die barocke Innenausstattung unversehrt. In der Nähe wird seit 1260, mit einziger Unterbrechung von 1939 bis 1972, der spätsommerliche *Dominikmarkt* [Jarmark Dominikański] abgehalten, eine fröhliche Volksveranstaltung, die heute meist dem Altwarenhandel dient.

3. Über den südlichen Abschnitt der Rechtstadt, die Ogarna [Hundgasse] mit wiedererrichteten Giebelhäusern, gelangen wir, vorbei an mittelalterlichen Mauerresten und nach Überquerung einer neuen Schnellstraße, der Leningradzka, in die *Alte Vorstadt* [Stare Przedmieście]. Nahe beieinander finden wir wertvolle Backsteinbauten, so die schlichte, gotische Petrikirche und den stattlichen Komplex der *Trinitatiskirche* [Św. Trójcy] samt Kanzelhaus und ehemaligem Akademischem Gymnasium. Das dreischiffige Gotteshaus wirkt von

außen am schönsten, dank der feingearbeiteten Maßwerkgiebel über dem Dach. Der Innenraum besitzt Epitaphien aus der Renaissance und dem Barock.

Besten Rufes erfreute sich das 1558 gegründete *Danziger Gymnasium,* eine Stätte umfassender humanistischer Bildung, an der Naturwissenschaften, Medizin und protestantische Theologie gelehrt wurden. Von 1589 bis zur Umwandlung in ein städtisches Gymnasium 1817 brachte man den Schülern auch Polnisch bei. Seit 1872 befindet sich hier ein *Museum;* die Sammlungen unterstehen jetzt dem Muzeum Narodowe und gehören zu den wertvollsten in Polen. Gotische Plastiken Pommerns, Gewebe aus dem 14.–16. Jh., niederländische und Danziger Möbel der Neuzeit, Danziger Silber aus dem 17. und 18. Jh., polnische Gürtel aus dem 18. Jh., flämische und holländische Malerei des 15.–17. Jhs., Danziger Malerei des 16.–19. Jhs., polnische Malerei des 19.–20. Jhs., so lauten die Namen der Abteilungen. Jan Memlings *Triptychon* mit dem Jüngsten Gericht gilt als wichtigstes Schaustück.

Weiter südlich, an einem kanalisierten Arm der Mottlau, gibt es noch ein frühbarockes *Verteidigungssystem* mit Bastionen, Schleusen und Schanzen, um 1620 von Niederländern errichtet. Weitere Befestigungen findet man landeinwärts auf den bewaldeten Hängen jenseits der Bahnlinie.

4. Nördlich der Rechtstadt erstreckt sich zwischen neugotischem Hauptbahnhof und Mottlau der Bezirk Stare Miasto *[Altstadt]*, der am frühesten besiedelte Teil Danzigs. Moderne Nachkriegsarchitektur, dunkelrote Verwaltungsbauten aus dem 19. Jahrhundert, stimmungsvolle Kanäle und echte Architekturdenkmäler mit historischem Wert erfüllen dieses ruhige Wohn- und Büroviertel. Hier wurde nach 1945 locker wiederaufgebaut, so daß es jetzt geräumige Grünflächen gibt.

Die St.-Elisabeth-Kirche samt Hospital entstand vor sechshundert Jahren als kleiner rechteckiger Gebäudekomplex aus Backstein; das frühbarocke Haus der Pelpliner Äbte [Dom Opatów Pelplińskich] am Kanal war Eigentum der Zisterzienser. Weiter kanalaufwärts erreichen wir das Altstädtische Rathaus [Ratusz Staromiejski] im Stil der niederländischen Kommunalbauten der Renaissance. In der Nähe dieses zierlichen Hauses mit kleinen Backsteintürmen, diskreter Attika und manieristischem Portal lebte und wirkte der große, von König und Patriziat geförderte Astronom *Hevelius.*

Vorbei an zwei Mühlen aus dem 14. Jahrhundert gelangen wir zur dreischiffigen, gotischen *Katharinenkirche* mit origineller Dachform, dem zweitschönsten Sakralbau Danzigs. Die etwas kleinere Nonnenkirche [Kościół Świętej Brygidy], ebenfalls gotisch, wurde erst 1975 wieder geweiht.

In der Umgebung gibt es mehrere Bibliotheken, Archive und Forschungsinstitute. An ein trauriges Kapitel der Zeitgeschichte gemahnt das Gebäude der *Polnischen Post* am Plac Obrońców Poczty Polskiej. Den pseudogotischen, vormaligen Spitalsbau bezog 1925 die polnische Postverwaltung. Am 1. September 1939 begann um 4 Uhr 45 der Angriff Danziger SS-Formationen auf das von fünfzig Postbeamten verteidigte Haus. Nach stundenlangen Kämpfen ergaben sich die Polen; außer vieren, denen die Flucht gelang, wurden alle Überlebenden nach brutalem Verhör kurzerhand erschossen. Eine Gedenktafel ehrt diese Opfer des ersten Kriegstages. Eindrucksvoll gestaltet ist die Szene in Günter Grass' «Blechtrommel».

Unterhalb des Hauptbahnhofs [Dworzec Główny] gibt es noch einige schwerfällige Gebäude aus der wilheminischen Ära, denen geschichtlicher Erinnerungswert zukommt: Völkerbundskommission, Senat, Volkstag, Polnische Regierungskommission und Justizgebäude aus der Zeit der Freien Stadt,

alle an der *General Świerczewski* [Neugarten-]Straße oder in
deren Nähe gelegen.

Die Besichtigung Danzigs wäre nicht vollständig, ließe man
zwei Objekte außer acht, die sich einige Kilometer nördlich
des Zentrums befinden: die frühneuzeitliche Festung *Wis-
łoujście* [Weichselmünde] an der Toten Weichsel und das
Denkmal für die Gefallenen der Westerplatte [1964–1966], am
Meer zwischen Hafenkanal und Danziger Bucht gelegen.
Gleichzeitig mit der Aktion gegen die Polnische Post begann
am frühen Morgen des 1. September 1939 die Beschießung des
polnischen Munitionslagers und seiner Besatzung durch die
«Schleswig-Holstein». Die für zwölf Stunden geplante Abwehr dauerte eine Woche. Heute führt man Reisegruppen gerne hierher. Reste der zerstörten Bunker sind noch zu sehen.

Oliwa [Oliva]

Inmitten der modernen Siedlungen, die sich entlang der breiten, zur Schnellstraße ausgebauten Lindenallee zwischen
Gdańsk und Sopot erstrecken, bildet Oliwa beiderseits der
Hauptstrecke eine Oase der Ruhe und Besinnlichkeit. Vor-
kriegsvillen und andere, unscheinbare Gebäude aus der deutschen Zeit erstrecken sich, von viel Grün umgeben, bis hinauf
zum waldigen Freiluftgehege des Zoologischen Gartens. Wie
elegante Landhäuser des 17. und 18. Jahrhunderts beweisen,
verbrachten Danziger Patrizier schon damals den Sommer
gerne in Oliva. Berühmt ist der Ort dank seiner ehemaligen

382 / 383   Danziger Häuserzeilen

Zisterzienserabtei, deren Stolz die herrliche, 1925 zur katholischen Kathedrale erhobene Kirche bildet. Das gotische Backsteinkloster birgt einen Kreuzgang mit barocken Bildern. Die ehemalige Residenz der Äbte [Pałac Opacki], nach Rokokostil umgestaltet, dient heute als *ethnographisches Museum.* Dębińskis französischer Garten mit breitem Parterre und großer Lindenallee samt Kanal wurde von Saltzmann nach 1780 um einen romantischen Park mit Pavillons, Hügeln, Teichen, Grotten und Palmenhaus bereichert.

Die dreischiffige *Basilika* mit zwei achteckigen, schmalen Türmen an der hohen Fassade lockt jährlich Tausende von Touristen an, die vor allem herkommen, um die berühmte spätbarocke Riesenorgel zu hören. Das sonntägliche *Orgelkonzert* gestaltet sich zum tiefen ästhetischen Erlebnis. Auch das monumentale Barockportal, die Grabplatte der Adelsfamilie Kos, die Decken des 16. Jahrhunderts, die Porträts polnischer Könige und pommerscher Herzöge im Presbyterium und der manieristische Dreifaltigkeitsaltar erfreuen sich eines ständig wachsenden Zustroms an Besuchern.

Sopot [Zoppot]

Als beliebter Bade- und Kurort der Danziger Bucht hat *Sopot* alte Tradition. Nicht nur der vortreffliche Sandstrand, der möwenumschwärmte Seesteg [Molo], das einst seines Kasinos halber weithin geschätzte Grand-Hôtel oder die originelle Waldoper [Opera Leśna], sondern der ganze Ort, von luftigen Gartenvierteln im Hügelland über die fröhliche Fußgängerzone der Monte-Cassino-Straße bis hinab zum sommerlich überlaufenen Meeresufer, atmet Ferienstimmung. Im Juli und August finden der Internationale Liederfestival [Festiwal Piosenki], Segelregatten, Tenniswettkämpfe und Pferderennen statt. Wer länger in der Dreistadt bleiben möchte, sollte hier sein Quartier aufschlagen, sofern er zur Hauptsaison eines findet.

Gdynia [Gdingen]

Die moderne Großstadt *Gdynia* entwickelte sich ab 1923 von einem Fischerdorf zum einzigen nennenswerten *Hafen* Polens vor 1939. Heute rangiert Gdingen an zweiter Stelle hinter Stettin, bleibt jedoch der wichtigste Personenschiffahrtshafen des Landes, zugleich ein kultureller Mittelpunkt mit Meeresmuseum und Marinehochschule. Von den anmutigen Hügeln über Gdynia umfaßt der Blick ein weites Panorama, bis hin zu den kleinen Schiffen am azurnen Horizont.

AN DER UNTEREN WEICHSEL:
KUJAWIEN UND POMMERELLEN

Wer mit Muße die Fahrt von Warschau nach Danzig genießen möchte, der folge dem Weichsellauf, mit Abstechern entlang der Drewenz und Nogat. In zwei bis drei Tagen kann man die kunsthistorisch hochinteressante Strecke zurücklegen. Bald nach Płock verläßt man Masowien, durchquert das kleine Kujawien mit seinem Hauptort Włocławek und befindet sich dann in einer an Namen reichen Region: Prusy Królewskie, Westpreußen, Pomorze Gdańskie, Pommerellen. Zwischen Włocławek und Toruń trennten Zollschranken über hundert Jahre lang, bis 1914, den russischen vom preußischen Herrschaftsbereich. Vor den Teilungen und nach Versailles gehörte das Gebiet überwiegend zu Polen, das es im Dreizehnjährigen Krieg den eroberungslustigen Deutschordensrittern abgenommen hatte. Jahrhunderte hindurch an der fließenden deutsch-polnischen Sprach- und Kulturgrenze gelegen, war das Land Schauplatz kriegerischer Auseinandersetzungen sowie nationalen Haders, aber ebenso fruchtbarer Wechselwirkungen und friedlicher Zusammenarbeit.

Die Industriestadt *Włocławek,* einst Feste des piastischen Polenstaates, ist seit 1255 Sitz der kujawischen Bischöfe. Das historische Zentrum, heute zum Teil eine gepflegte Fußgängerzone, döst eintönig provinziell dahin, abseits vom Fabrikslärm der Außenbezirke: niedliche Häuser aus verflossenen

387   Toruń [Thorn], Geburtshaus von Nikolaus Kopernikus

Zeiten, Getreidespeicher, einige spätgotische und barocke Kirchen, das Regionalmuseum. Als Wahrzeichen ragt der hohe *Dom* [1340–1365] empor. Bildhauer und Maler vieler Jahrhunderte trugen zur Schönheit des Gotteshauses bei, dessen Martinskapelle romanische Fresken aus einer früheren Bauphase trägt. Noch Veit Stoß schuf die Grabplatte der Josefskapelle. 1895 gestaltete der hervorragende Modernist József Mehoffer die bunten Glasfenster; nicht nur in Polen wirkte er, auch fern der Heimat, so im schweizerischen Fribourg.

Nun erreichen wir den Höhepunkt der Reise: *Toruń.* Wer, aus südlicher Richtung kommend, die Thorner Weichselbrücke überquert, vor dem breitet sich die unberührte Silhoutte einer nordeuropäischen Stadt des Mittelalters aus: Kirchen, Speicher, Wehrtürme, die Spitze des Rathauses, ein charakteristisches, doch in seiner Gesamtkonzeption unwiederholbares, durch die würdige Harmonie der Formen berückendes Bild roter Backsteingotik. Bereits im 11. Jahrhundert eine slawische Fischersiedlung, erhielt Toruń 1233 vom Deutschen Orden das Stadtrecht verliehen. Neben der Altstadt, die als Festung und als Handelshafen, den auch die damaligen Seeschiffe anliefen, im Ordensstaat eine hervorragende Rolle spielte, entwickelte sich bald die mehr von Handwerkern und kleinen Kaufleuten bewohnte Neustadt. Als Mitglied der Hanse pflegte Thorn zu Flandern, Lübeck und Visby auf der einen, zu Polen, Böhmen, Ungarn und Reußen auf der anderen Seite rege Kontakte. Die zunächst segensreiche Herrschaft der Kreuzritter empfanden die Bürger mit der Zeit als drückend; schließlich zerstörten sie 1454 die Ordensburg und

388   Das Denkmal des großen Astronomen vor dem
Thorner Rathaus

begaben sich, wie ganz Westpreußen, unter den Schutz des Königs von Polen. Dieser gewährte den Thornern ausgedehnte Vorrechte in Handel und Selbstverwaltung. Der Bau einer Weichselbrücke, der zweiten nach Krakau [1500], dann die eigene Münzprägung zeigen die Rolle Thorns, das bereits im 13. und 14. Jahrhundert prächtige Werke der Architektur, Bildhauerei und Glasmalerei hervorgebracht hatte. Das Zeitalter der Renaissance verstärkte den niederländischen Einfluß. Die reichen deutschen Bürger, religiös die Vorhut des Protestantismus auf polnischem Boden, waren zugleich freudige Kunstmäzene. Das Thorner Gymnasium erlangte Berühmtheit.

Der große Astronom *Nikolaus Kopernikus,* ein universal denkender Humanist, war der Sohn Thorner Patrizier. Während der Jahrmärkte kamen hier Kaufleute und Adelige aus dem ganzen Königreich zusammen. Politische Deutschtümelei oder gar Polenhaß, wo man doch in bester Eintracht lebte, waren bis in die preußische Ära hinein unbekannt. Das auf Wunsch König Władysławs IV. 1645 im Rathaus abgehaltene Colloquium Charitativum zwischen katholischen und protestantischen Theologen führte allerdings zu keiner Einigung in Glaubensfragen.

Bald begannen auch schwere Zeiten: zunächst die beiden Schwedenkriege, dann, 1724, die Erstürmung des Jesuitenkollegiums durch wütende Lutheraner; der polnische Reichstag ließ daraufhin den Bürgermeister und neun Ratsherren enthaupten. Die religiöse Toleranz von einst schien vergessen. Dafür gelang eine kräftige Wiederbelebung des Gewerbes, besonders während Polens Reformära unter König Poniatowski. 1793 kam Toruń an *Preussen,* gehörte 1807–1813 zum *Herzog-*

391   Toruń, Rathaus und Johanneskirche

tum Warschau und wurde 1815 erneut *Friedrich Wilhelm III.* zugesprochen, der um die Stadt einen Festungsgürtel legen ließ. Die napoleonischen Kriege hatten Thorn einmal mehr stark zugesetzt. Unter den Hohenzollern wurde das Bild von deutschen Militärs und Beamten geprägt, doch gab es auch eine rührige polnische Intelligenz. Erst der Bahnbau ermöglichte nach 1861 einen echten wirtschaftlichen Aufschwung. Auf geistigem Gebiet standen einander der deutsche Kopernikus-Verein und das polnische Towarzystwo Naukowe gegenüber; beide Völker hatten ihre Presseorgane. Die nationalen Auseinandersetzungen verliefen hier aber ruhiger als in Posen.

Von 1920 bis 1939 gehörte die Stadt wieder zu *Polen* und war Hauptort der Wojwodschaft Pomorze. Der Anteil der Deutschen sank nach 1918 von 66 auf 4 Prozent; jetzt besaß Toruń überwiegend polnischen Charakter, es herrschte ein reges Kulturleben. Die *nationalsozialistische Besetzung* und die Einverleibung ins Großdeutsche Reich brachten gewaltsame Germanisierung und Polenverfolgungen, doch blieb die historische Bausubstanz auch während der Endkämpfe 1945 unversehrt. Im Herbst 1945 wurde die Mikołaj Kopernik-Universität eröffnet, deren Studenten das ernste und würdevolle Aussehen der Kunstmetropole etwas freudiger gestalten.

Mindestens einen vollen Tag sollte man für Toruń einplanen, das zwei Orbis-Hotels besitzt. Bei sonnigem Wetter macht das beschauliche Lustwandeln durch die altstädtische Fußgängerzone großen Spaß. Im Regen freilich wirkt hier das Ehrwürdigste grau und traurig, trotz der eifrig betriebenen Restaurierungsarbeiten.

Seit jeher bildete der *Rynek Staromiejski* [Altstädtischer Marktplatz] den Mittelpunkt des Thorner Lebens. Der Alltag von Verwaltung, Handel und Gerichtsbarkeit spielte sich hier

Würdige Professoren der Mikołaj/Kopernik-Universität Toruń

ebenso ab wie die hohen Feste. Das viereckige, von einem Uhrturm überragte Backstein-*Rathaus* aus dem Jahre 1393, dem 1603 im Geiste des niederländischen Manierismus ein Obergeschoß aufgesetzt wurde, dient heute hauptsächlich musealen Zwecken. Trotz wiederholter schwerer Beschädigungen und kaum störend wirkender, barocker und neugotischer Stilelemente, gehört es zu den schönsten weltlichen Zeugnissen der nördlichen Gotik. Jenseits des geräumigen Hofes, den einst Kramläden umsäumten, ist der Eingang zum *Bezirksmuseum*. Die Exponate wurden geschickt in die mittelalterlich

393

gewölbten Säle hineinkomponiert. Thorner Bildhauerei und Malerei, Kunsthandwerk, Goldschmiedearbeiten, Münzen und Medaillen, Porträts örtlicher Honoratioren aus drei Jahrhunderten, dann polnische Maler von Historismus und Moderne bis zu den jüngsten Tagen, endlich eine Sammlung alter Stiche erheischen gute zwei Stunden der Besichtigung. Das wertvollste Schaustück ist die im Erdgeschoß intakt erhaltene *Gerichtsstube* samt Korridor, Gerichtslade, Kruzifix und Wandschmuck; alles stammt aus dem Spätmittelalter und der frühen Neuzeit. Nur wenige europäische Rathäuser, etwa in Münster oder Goslar, verfügen noch über vergleichbare Räumlichkeiten. Das Obergeschoß brannte 1703 aus, so daß die glänzende Inneneinrichtung des Ratsherrensaals nicht mehr besteht. Den Königssaal schmücken seit zweihundert Jahren die Bildnisse aller Landesherren von Kasimir dem Jagellonen bis zu August dem Starken; der polnische Monarch pflegte hier zu wohnen. Im Bürgersaal leistete der Stadtrat Polen den Treueid, auch das Religionsgespräch von 1645 fand hier statt.

Den Marktplatz ringsum säumen schmale, nicht immer stilreine Giebelhäuser, ehemals Heimstätten wohlhabender Kaufleute. Nr. 7 bewohnte der Bürgermeister Jakob Meissner, das Haus zum Engel [Dom Pod Aniołem, Nr. 29] sein Amtskollege Johann Zimmermann. Das Hotel Zu den Drei Kronen [Pod Trzema Koronami, Nr. 21] diente durchreisenden Souveränen als Absteigquartier. Das prächtigste unter den barock geschmückten Häusern ist die sterngekrönte *Kamienica Pod Gwiazdą* [Nr. 35], heute Museum des Fernen Ostens, mit alter Danziger Wendeltreppe aus Eichenholz; davor erhebt sich das Kopernikus-Denkmal. Die evangelische Heiliggeistkirche aus der Wettinerzeit erhielt erst 1898 einen Turm; sie wirkt schlicht und diskret, denn sie durfte mit den katholischen Gotteshäusern nicht in Wettbewerb treten.

Die hochaufstrebende, dreischiffige *Marienkirche* [Kóściół Mariacki], ein schlanker, der Franziskanerregel gemäß ohne Turm errichteter Hallenbau, liegt etwas nordwestlich des Marktplatzes. Manchen erscheint sie als das edelste Wahrzeichen der Stadt. Gewaltiger, der Form nach breit und gedrungen, entstammt die *Johanniskirche* [Św. Jana] der Hoch- und Spätgotik; ihren Turm sieht man von der Ferne. Die Glocke Tuba Dei aus den Tagen des Königs Jan Olbracht läutet seit damals die höchsten Festgottesdienste ein. Den abwechslungsreich gestalteten Innenraum überspannen Kreuz- und Sterngewölbe.

Die umliegenden Gassen in Weichselnähe, Żeglarska, Łazienna, Ciasna und Rabiańska, sind voll von gotischen Bürgerhäusern und Getreidespeichern. Viele Fassaden wurden zur Zeit der Renaissance und des Barock ausgeschmückt. In der Kopernika Nr. 17 kam 1473 der berühmte Gelehrte auf die Welt; die restaurierten Räume vermitteln einen guten Eindruck vom Patrizierleben vor fünf Jahrhunderten. Mittelalterliche Festungsanlagen aus Backstein, mit Mauern, Toren und Basteien, schließen die Altstadt nach Süden ab. Am östlichen Ende wecken der Junkerhof [Dwór Mieszczański] und die große Eckbastei [Wartownia] die Aufmerksamkeit des Besuchers; gleich gegenüber steht der wuchtige Ruinenkomplex der ehemaligen *Ordensburg* mit Zwinger, Wallgraben und Dansker [Gdanisko].

397   Chełmno [Culm], Renaissance-Rathaus

Das Wahrzeichen der Neustadt bildet die gotische Strebebogen-*Basilika zum heiligen Jakob* [Św. Jakuba]. Der monumentale, dunkelrote Sakralbau besticht durch die schönen Altäre und die Barockorgel. Auf dem Rynek Nowomiejski beachte man auch die historische Löwenapotheke [Apteka pod Lwem] und den Gasthof zur Blauen Schürze [Gospoda Pod Modrym Fartuchem], heute ein angenehmes Kaffeehaus. Im Norden des Zentrums birgt das alte *Artilleriearsenal* ein Museum für Völkerkunde. Dieses Viertel ist sonst, sieht man von wenigen Mauerresten und dem modernistischen Wilam Horzyca-Theater ab, karg an Kulturdenkmälern. Hingegen fühlt man sich in die Atmosphäre des wilhelminischen Preußen zurückversetzt, aus der die beschauliche Altstadt und die freundlichen Grünflächen ein Entrinnen bieten.

Der Abstecher nach *Golub-Dobrzyń* [Gollub], einem Kleinstädtchen mit etlichen historischen Gebäuden, führt uns zur malerisch über der Drewenz gelegenen mittelalterlichen Festung, die dann Prinzessin Anna Wasa zu einem stolzen Herrensitz im Renaissancestil umgestaltete.

Kühler nordischer Wind umweht uns inmitten der dunkelrotbräunlichen, zuweilen neugotisch bombastischen Gebäude der rasch expandierenden Großstadt *Bydgoszcz* [Bromberg] zwischen Weichsel, Brahe und Bromberger Kanal. Immerhin sorgen Grünflächen und Wasserläufe für Abwechslung; die Altstadt bewahrt unversehrte Gassen um den *Stary Rynek*, die Renaissancekirchen der Bernhardiner und der Klarissen,

Reste von Wällen. Wirklich malerisch und anheimelnd sind die Fachwerkhäuser und Mühlen der «Wenecja bydgoska». Die spätgotische *Pfarrkirche* sollte man auch von innen besichtigen.

Vor 1914 war die gemischtsprachige Stadt eine Hochburg des deutschen Nationalismus, die Polen lebten als ungern geduldete Minderheit. Nach 1918 kehrte sich das Sprachenverhältnis um. Der traurige Höhepunkt nationaler Zwietracht kam in den Septembertagen des Jahres 1939. Am 3. dieses Monats versuchten Agenten der nazistischen fünften Kolonne, manche davon Angehörige des Bromberger Deutschtums, sich der Stadt zu bemächtigen. Die Polen konnten noch der Lage Herr werden, doch eine Woche darauf übte die SS grausame Rache, indem sie völkerrechtswidrig Massenerschießungen polnischer Zivilisten vornahm. Die NS-Propaganda wollte nur von den hingerichteten Deutschen des 3. September wissen, doch entsinnen sich die Polen nur allzu gut des 10. September. Die «Blutsonntage» sollten wir heute als Mahnung begreifen, zu welchen Abscheulichkeiten aufgeputschte nationalistische Haßgefühle führen.

Ein besseres und weiseres Alteuropa begrüßt uns in *Chełmno* [Culm]. Auf einem breiten Hügel gelegen, beherrscht die organisch gewachsene, von Kriegen seit langem verschonte Kunststadt das Weichseltal. Alles ist echt in diesem kleinen Juwel Nordpolens. Berühmt schon vor siebenhundert Jahren wegen des Tuchhandels und des Culmer Landrechts, genießt Chełmno die Privilegien eines Touristentreffpunktes, ohne freilich die wirtschaftliche Rolle von einst zu spielen. In der Mitte des Marktplatzes erhebt sich das wunderschöne Renaissance-Rathaus mit Attika und prächtigem Fensterschmuck. An der Westwand hängt immer noch die historische, zum Vermessen der Tücher dienende Elle. Der Gerichtssaal beherbergt ein

Museum. Südwestlich des Rynek thront die gewaltige, außen rein hochgotische, im Innern barockisierte *Pfarrkirche St. Marien* [Wniebowzięcia NMP]. Die Zisterzienserkirche wird von einem gotischen Kreuzgewölbe getragen; das Portal wurde erst 1619 angebracht. Weitere gotische Hallenkirchen gehörten den Franziskanern, Dominikanern und Johannitern. Man muß lang genug verweilen, um die fast einwandfrei erhaltenen Mauern und Bastionen sowie die spätbarocken Bürgerhäuser in Ruhe zu bestaunen.

Vor allem seiner Lage wegen zieht *Grudziądz* [Graudenz] die Blicke der Fremden auf sich: gotische Speicher, mächtige, bis zum Wasser reichende Wälle, gleich anschließend eine friderizianische Festung, dahinter barocke Klostergebäude.

Das weithin sichtbare *Kwidzyn* [Marienwerder] geht auf die Machtperiode des Ordensstaates zurück. Das *Kapitelschloß* mit Dansker und dreischiffiger, von einem massiven Turm überragter wehrhafter Domkirche bietet ein ausgezeichnetes Beispiel nordeuropäischer Festungsarchitektur des Mittelalters. Der imponierende Backsteinkomplex birgt ein Heimatmuseum. Am originellsten scheint uns der Dansker. Dieser für Deutschordensburgen charakteristische, mit den Hauptwehranlagen durch eine geschützte Brücke verbundene Turm diente den Rittern, man glaubt es kaum, als Abort.

Eine ähnliche Anlage aus Backstein beobachten wir im riesigen *Malbork* [Marienburg], der stärksten und größten noch existierenden *Festung* des Ostseeraums. Sitz des Ordenshochmeisters, kam die Burg 1457 an Polen und bis zur Wegnahme durch die Hohenzollern diente sie den polnischen Königen während ihrer Aufenthalte im Preußischen als Residenz. Erst 1817 ging man daran, im Geiste der Romantik die historische Bausubstanz vor dem drohenden Verfall zu retten. In breiter Front erstreckt sich an der Nogat das Niederschloß mit Waffenkammer, Glockengießerei und Laurentiuskapelle, das Mittelschloß mit Gastzimmern, Räumen des Großkomturs, Spital, Rittersaal, Hochmeisterpalast, endlich das Hochschloß mit Kapitelsaal, Schatz, Schlafräumen, Refektorium und Kapellen. Vom gotischen Arkadenhof des Hochschlosses [1280] gelangt man durch die Goldene Pforte zur *Marienkapelle,* dem vielleicht subtilsten Zeugnis der Gotik auf polnischem Boden. Der tiefe Brunnen des Hofes sicherte im Belagerungsfall eine monatelange Zufuhr von Grundwasser. Malbork, die geniale Synthese weltlicher und geistlicher Macht, steht Liebhabern echter Wehrbaukunst zur eingehenden Besichtigung offen. Umfang und Perfektion des Komplexes hinterlassen tiefe Eindrücke. Man sollte sich auch in der Unterstadt Rathaus und Johanneskirche ansehen; beide sind spätgotisch, ebenso wie die Befestigungsreste an der Nogat.

Das linke Weichselufer steht architektonisch dem rechten nur wenig nach. *Gniew* [Mewe] dominiert von einem hohen Felsvorsprung aus das Flußtal. Jan Sobieski ließ sich als Starost ein Barockschlößchen in die streng gotische Kreuzritterburg hineinbauen. Gedrungene Laubenhäuschen, die einzigen Pomesaniens, umgeben den Marktplatz samt Rathaus und Kirche. Vieles muß noch getan werden, bevor der historische Stadtkern dieses jetzt wenig bedeutsamen Ortes den ihm gebührenden Glanz zurückerlangt.

Polens schönste gotische *Zisterzienserkirche* zu *Pelplin,* ein streng dreischiffiger, weit zum Himmel emporragender Hallenbau, wirkt aus der Ferne ebenso edel wie jede Einzelheit aus der Nähe betrachtet. Der Hauptaltar aus der Spätrenaissance sei, so wird uns versichert, der zweitgrößte Europas. Die Kreuzgänge sind mit gotischen Fresken geschmückt. Die Seminarbibliothek enthält wertvolle mittelalterliche Handschriften und Inkunabeln, darunter eine Gutenberg-Bibel.

Die rauschenden Bäume eines Parks umgeben die Kirche, hinter der 1837 ein neuklassisches Bischofspalais entstand.

Bei richtiger Planung anhand der Autokarte läßt sich, wenn man abwechselnd diesem oder jenem Ufer folgt, der Kunstpfad Toruń-Gdańsk an einem Tag zurücklegen. Bevor man die Ostsee erreicht, geht die Fahrt durch *Tczew* [Dirschau], eine Stadt mit zwei gotischen Kirchen. Die dortige, 890 Meter lange Weichselbrücke wurde 1857 als damals längste Brücke Europas eröffnet.

WARMIA-MAZURY
[ERMLAND-MASURISCHE SEENPLATTE]

Dieses bis 1945 unter dem Namen *Ostpreußen* zusammenge-
faßte Land bildete den Kern des 1525 als protestantischer,
weltlicher Lehensstaat Polens gegründeten Herzogtums Preußen, das 1618 mit dem fernen Brandenburg vereint wurde.
Die einstige, als geistiges Zentrum bedeutsame Hauptstadt
Königsberg liegt heute als Kaliningrad in der Russischen Sowjetrepublik. Zu Beginn des 18. Jahrhunderts holte man noch
protestantische Pfälzer und Salzburger als Kolonisten herbei.
Das Ermland [Warmia] gehörte unter einem römisch-katholi-
schen Bischof bis 1772 zu Polen. Die Masuren, eine evangelische Bevölkerungsgruppe im Süden des Landes, behaupteten
die ganze Zeit über ihre polnische Muttersprache und bildeten schon vor 1914 Kulturvereine zur Pflege ihrer Eigenart.
Bei der Volksabstimmung von 1920 stimmte trotzdem die
Mehrheit aus konfessionellen Gründen für Deutschland;
1945 fand der Anschluß an Polen statt, das den Autochthonen ihre Religion beließ.
Endlose Kiefernwälder, große und kleine Moränenseen, Kanäle, backsteinbraune Deutschordensgotik, Ermlands warm
leuchtender polnischer Barock zwischen weitgeöffneten, zuweilen geheimnisvollen Höhenrücken, machen die Masurische Platte zum beliebten Feriengebiet für Campingtouristen,

407   Steinerne Statue bei Kętrzyn [Rastenburg],
       möglicherweise noch heidnischen Ursprungs

Wanderer und auch für Liebhaber des Segelsports. Der Ostteil um *Giżycko* [Lötzen] und *Mikołajki* [Nikolaiken] verfügt
über die größten Wasserflächen, ist arm an Kunstdenkmälern, dünn besiedelt, jedoch für Ornithologen und Individua-
listen mit Natursinn zweifellos das Gegebene. Wer historische
Stätten vorzieht, nehme am besten in *Olsztyn* [Allenstein]
Quartier und mache von dort aus Rundfahrten.

Nach Durchquerung der flachen Werderlandschaft im Weich-
sel-Nogat-Delta gelangt man, aus Gdańsk kommend, zunächst ins alte, schwer kriegsversehrte *Elbląg* [Elbing]. Von
den Ordensrittern im Umkreis des pruzzischen Truso als
Trutzburg gegründet, war Elbląg 1466–1772 Polens zweit-
wichtigster Ostseehafen, dann preußische Provinzstadt. Die
Fachwerkhäuser sind 1945 zerstört worden, gleich wie mehrere Sakralbauten, Speicher und Wälle. Dennoch blieb der gotische Gesamteindruck bewahrt. Auf altväterischem Kopfstein-
pflaster spazieren wir durch stille Gassen, betreten die spätgotischen Kirchen zum hl. Nikolaus und zum hl. Georg, die nun
als Galerie adaptierte Marienkirche. Gerade die zahlreichen,
moosbedeckten Ruinen wirken, vor allem bei Sonnenschein,
melancholisch, doch zugleich friedlich lächelnd ob der ruhelo-
sen Hast des Menschen. Die Gemäuer wissen um die Vergänglichkeit alles Irdischen. Daneben lebt die Stadt wieder;
das Zentrum hat sich etwas verschoben. Neue Wohnblöcke,
Geschäfte, Lokale, Fabriken sind entstanden. Die übriggebliebenen Bürgerhäuser wurden sorgfältig renoviert. Das
1535 gegründete Gymnasium, ein Mittelpunkt von Humanismus und Reformation, dient jetzt als Heimatmuseum, haupt-

408   *Barocke Wallfahrtskirche Święta Lipka*
      [Heiligelinde]

sächlich für archäologische Funde. Vom Anlegesteg der Binnenschiffe verkehren die Ausflugsfähren über den Elbinger Kanal aus der Zeit Wilhelms I. bis *Ostróda* [Osterode]. Zehn Stunden braucht man für die genußvolle Fahrt, die durch ein kompliziertes Schleusensystem ermöglicht wird. Zuweilen wird das Schiff mittels Seilen vom Trockenen aus gezogen, dann wieder dampft es durch kleine Seen hindurch, eine Moor- und Wiesenlandschaft mit Trauerweiden zu beiden Seiten.

Dem Kulturbeflissenen bedeutet die nördlich von Elbląg am Frischen Haff gelegene Kopernikusstadt *Frombork* [Frauenburg] besonders viel. Bis 1945 residierte hier das katholische Domkapitel Ermlands, dessen Autonomie die Hohenzollern aufgehoben hatten. Unter der alten Rzeczpospolita waren viele Bischöfe Polen, so wie auch die meisten Gläubigen. *Nikolaus Kopernikus* führte als Domherr astronomische Beobachtungen durch, zeigte jedoch nicht minder organisatorische Fähigkeiten, etwa bei der Verteidigung Allensteins gegen den Deutschen Orden 1520. Schwedische Truppen entführten 1626 die kostbaren Schätze der Bibliothek und Instrumente aus dem kopernikanischen Nachlaß; im Winter 1945 fiel die Unterstadt den Kämpfen zum Opfer.

Auf einer Anhöhe über dem von Volkspolen neuerrichteten Städtchen thront die Domkirche samt Wehrkomplex. Vom geräumigen Innenhof aus gelangt man zum Glockenturm und zum *Kopernikusturm,* von wo aus der Gelehrte das Sternensystem untersuchte. In seinem Kämmerlein verfaßte er «De revolutionibus orbium coelestium». Zwischen den Türmen steht das alte Westtor; die riesige Eiche im Hof trägt den Namen

411   Olsztyn [Allenstein], die Burg

des Astronomen, der sie gepflanzt haben soll. Die barocken Zubauten enthalten ein Museum, das der Lehre des großen Forschers gewidmet ist.

Der dreischiffige *Hallendom* geht auf das 14. Jahrhundert zurück; das Innere wurde zur Zeit der Renaissance und des Barocks großartig ausgeschmückt. Bischöfe und Kanoniker liegen hier begraben, auch Kopernikus selbst. In der Nähe des Domes stehen seitlich die niedrigen Chorherrenbehausungen; von oben streift der Blick weit über den Ort, über seine beiden restaurierten Gotteshäuser bis zum Fischerhafen und zum Frischen Haff. Den Badestrand bevölkern zur Sommerzeit in- und ausländische, meist osteuropäische Urlauber. Tausende von Pfadfindern halfen 1973 bei den Jubiläumsfeierlichkeiten Frombork hübsch herzurichten. Staat und Kirche investierten beachtliche Summen, um das Andenken Mikołaj Koperniks würdig zu ehren.

Das nahe *Braniewo* [Braunsberg], in dem Kardinal Hosius 1565 ein Jesuitenkollegium gründete, wurde vom Krieg verwüstet. Die gotische Katharinenkirche steht als Ruine da; es überdauerten einige spätere, zum Teil evangelische Sakralbauten.

Die Kapitelburg von *Pieniężno* [Mehlsack] liegt in Trümmern; nur mehr ein gotischer Turm zeugt noch von der einstigen Pfarrkirche. *Orneta* [Wormditt] blieb besser erhalten. Das schöne, sechshundert Jahre alte Rathaus umgeben barocke Bürgerhäuser. Die breite, gotische Johannesbasilika bildet den Mittelpunkt des Marktfleckens. Historischer Hauptort des kronpolnischen Ermlands war vor 1772 *Lidzbark Warmiński* [Heilsberg], dessen wichtigstes Bauwerk, das gotische

412 Haupttor der Festung Nidzica [Neidenburg]

413

Wasserschloß, mit Arkadenhof, sternengewölbten Repräsentationsräumen und Wandmalereien ausgestattet ist. Der spätgotische Aufklärer *Ignacy Krasicki* wirkte hier als letzter Pole auf dem Bischofsstuhl von Warmia. Polens erste Teilung hinderte den brillanten Verseschmied nicht an der Freundschaft zu Friedrich II., der den hohen Geistlichen gerne nach Potsdam oder Charlottenburg einlud, wo sich beide in perfektem Französisch unterhielten.

Ebenso reizvoll wie Lidzbark, noch dazu unzerstört, stellt sich *Reszel* [Rössel] vor. Die gotische Bischofsburg, die Friedrich Wilhelm III. 1822 der lutherischen Gemeinde übertragen hatte, birgt eine moderne Galerie. Speicher, eine mittelalterliche Brücke, eine gotische Pfarrkirche, ein klassizistisches Rathaus und ein barockes Jesuitenkollegium stehen inmitten bescheidener Handwerkerhäuser aus der späten Neuzeit.

Auf einer breiten Waldlichtung erhebt sich Nordpolens prunkvollster Sakralbau im Stil des Wilnaer Hochbarocks, die dreischiffige Wallfahrtsbasilika *Święta Lipka* [Heiligelinde]. Zwei feingliedrige Türme, Emporen mit vergoldeten Balustraden, von korinthischen Goldkapitellen gekrönte Pilaster, der herrliche Hauptaltar und die acht Nebenaltäre von Peuker und Döbel aus Königsberg, eine silberne wundertätige Madonna im Hauptschiff, das Bild der Muttergottes vom Hofmaler Altomonte angefertigt: so bietet sich uns die Kirche dar. Orgel, Beichtstühle, Deckenfresko, die Heiligenfiguren des Kreuzgangs sind hervorragende Werke ermländischer Meister.

Kętrzyn [Rastenburg], ein hübsches, verschlafenes Städtchen inmitten grüner Hügel und Weiden, strahlt die wohlwollende Gemütlichkeit alter Architektur aus. Wer vermutet schon, daß sich wenige Kilometer östlich von hier Hitlers berüchtigte *Wolfsschanze* befand, unter Baumkronen den alliierten Luft-

angriffen entzogen. Den Wegweisern Wilcza Jama nachspü-
rend, gelangt man zu einem Parkplatz, von wo aus die Besichtigung der 1945 durch Sprengung beschädigten, aber nur teilweise vernichteten Waldbunker zu Fuß erfolgt. Unheimlich
türmen sich die Betonklötze. Alle Bunker wurden von der polnischen Museumsverwaltung numeriert; auf Wunsch erklärt
ein Fremdenführer die Anlagen. In dieser Weltabgeschieden-
heit geschah das Attentat vom 20. Juli 1944. Manche Besucher
stellen müßige Betrachtungen über die Folgen an, «wenn
Stauffenbergs Anschlag gelungen wäre». Andere begnügen
sich damit, frische Naturluft einzuatmen, zwischen Vogelge-
zwitscher und Blätterrauschen. Vor der Weiterfahrt beachte
man Hitlers Bahnstation, das Wärterhäuschen und die
Hauptallee für Kraftfahrzeuge.
Nun geht es ostwärts zu den Seen Mamry [Mauersee] und
Śniardwy [Spirdingsee]. Baudenkmäler erwarten uns wieder
in der aufstrebenden Wojwodschaftsstadt *Olsztyn* [Allenstein],
die reich an Steigungen zwischen Hügeln, kleinen Seen und
Łyna [Alle] eingebettet liegt. Handel und Leichtindustrie ent-
wickeln sich ebenso wie der Wohnbau; als Kulturmetropole
Ermlands strahlt das geschäftige, farbenfrohe Olsztyn auf die
weitere Umgebung aus. Trotz kaum merkbarer Beschädigungen blieb der spätneuzeitliche, von einzelnen gotischen Bau-
werken durchbrochene Charakter der Stadt bestehen. Altes
Rathaus, Bürgermeisterhaus, Jakobskirche entstanden zwischen Spätgotik und Frühbarock; sie wurden vorlagengetreu
wiederhergestellt. Der Dom Polski nahe dem Jaracz-Theater
gehörte vor Hitler der polnischen Volksgruppe. Die Ordens-,
dann Kapitelburg herrscht aus bequemer Höhe über die
Stadt. Die Restauratoren bemühten sich, zur gotischen Rein-
form zurückzufinden, so im Refektorium und im Kreuzgang.
Das Muzeum Okręgowe zeigt naturwissenschaftliche und

volkskundliche Schaustücke; eine Sonderabteilung schildert den Werdegang der polnischen Nationalbewegung in Masuren. Unterhalb der Burg führt ein Spazierweg den Fluß entlang.

Eine halbe Autostunde südlich von Olsztyn erstrecken sich zwei berühmte Schlachtfelder. Bei *Grunwald* schlug am 15. Juli 1410 das polnisch-litauische Heer die geballte Hauptmacht des Deutschen Ordens, ein Schlag, von dem sich die Kreuzritter nie mehr erholten. 1960 errichteten die Polen ein Siegesdenkmal. Etwas abseits steht der Granitblock, mit dem die Deutschen 1901 den gefallenen Hochmeister ehrten. Das ganze Gebiet um *Olsztynek* [Hohenstein] wurde 1914 zum Sumpfgrab einer großen russischen Armee, als Hindenburg die Schlacht bei Tannenberg gewann. Nordwestlich von Olsztynek lockt ein volkskundliches Freilichtmuseum; an der Danziger Hauptstraße liegen die Reste des Tannenberg-Mausoleums. Der letzte Reichspräsident war hier elf Jahre lang bestattet.

Über *Nidzica* [Neidenburg], dem südlichsten Vorposten der mittelalterlichen Ordensmacht, erhebt sich die Ruine der gotischen Festung. Von da sind es nur mehr hundertvierzig Kilometer bis Warschau. Wer sich von Olsztyn nach Gdańsk begibt, kann im einstigen Rathaus von *Morąg* [Mohrungen] das Johann Gottfried Herder-Museum besichtigen. Einrichtungswie Gebrauchsgegenstände aus der Zeit dieses humanistischen Denkers und deutschen Slawenfreunds sind in drei Sälen ausgestellt, auch die Wiener Ausgabe seiner Werke aus dem Jahre 1801. Herders baltische Jugend erfährt nähere Berücksichtigung.

417   Alte masurische Kachel mit polnischer Inschrift

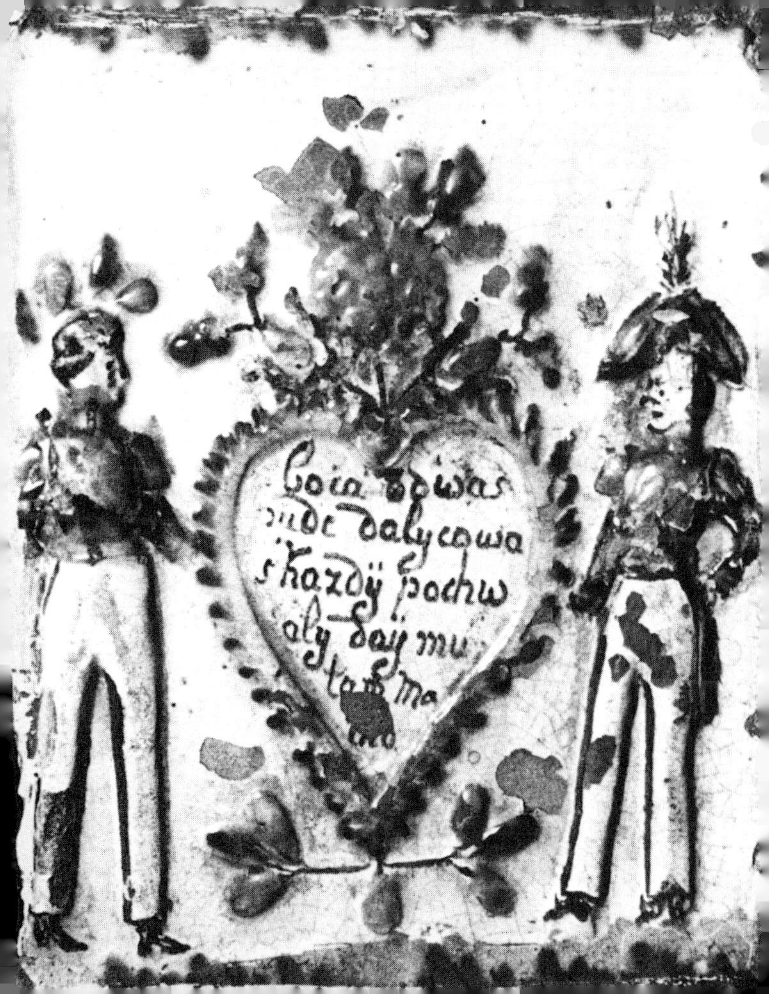
daly cowa
s kazdÿ pochw
aly day mu
tak ma

«Partir, c'est mourir un peu», sagt der Franzose. Freilich, es bleibt die Hoffnung der Wiederkehr; doch wer ein Land, eine Stadt liebt, trennt sich schwer. Meine Beziehung zu Polen und seinen Menschen ist sehr persönlich, innig; berufliche wie private Reisen zu allen Jahreszeiten ließen mich das konkret erkennen, wozu mich Studium und familiäre Bande vorbereitet hatten.

Restlos verlor ich mein Herz an Krakau, die königliche Stadt. An Winterabenden von hier schmerzlich zu scheiden, wiederholte sich mir mehrere Male. Kurz nach dem Dreikönigstag war es wieder soweit; feenhaft wirkte die weiße Pracht auf den Bäumen, über den Dächern der alten, gedrungenen Häuser. Das Licht der Straßenlaternen beleuchtete dicke Schneeflocken, die regelmäßig auf wenige vermummte, schattenartig an den Mauern vorbeischleichende Gestalten niederfielen, Kirchtürme im Hintergrund, der Barbakan, das Stadttheater. Selten ein Auto, eine Trambahn, eine Pferdedroschke. Die Auslagen der Buchhandlungen fangen den Blick: eine neue Franz Joseph-Biographie, daneben Kościuszko und Pułaski im amerikanischen Unabhängigkeitskrieg, Polen und die französische Aufklärung, Zeitgenössisches Theater, Lenins gesammelte Werke, Die Schätze des Paulinerklosters Czensto-

418   Masurischer Harmoniespieler in überlieferter Tracht

chau... Vier Studenten kommentieren das Angebot. Eines der beiden Mädchen lacht, es will noch tanzen gehen. Die Gruppe verschwindet in einem verrauchten Lokal, aus dem die schrillen Laute moderner Bandmusik ertönen. Die zahnlose Alte mit dem Stock, der rührige Greis in Stiefel und Pelzhaube, zwei torkelnde junge Männer, die lautstark unkoordinierte, kritische Meinungen von sich geben, warten auf den letzten Bus.

Die schemenhaften Gestalten verschwinden. Animation, eine grell beleuchtete Halle, dumpfe Ansagen durch den Lautsprecher. Wir stehen im Gebäude des Hauptbahnhofs aus Galiziens Tagen. «Chamotte- und Tonwarenfabrik, Wokowitz bei Prag», liest man auf den Fliesen. Leute stellen sich an um Fahrkarten, Zigaretten, Zeitungen. Ein Rentner in der Gepäckaufbewahrung reicht mit zitternden Händen den Koffer. Sorglose Jugend in Anoraks, manche mit Skiern, schläfrige Arbeiter, Bauern aus der Umgebung, ein dezentes Professorenehepaar, Soldaten auf Heimurlaub, vereinzelt Ungarn, Ostdeutsche. Der Zug taucht auf. Viele Menschen, aber Platz genug im Kurswagen erster Klasse. Immer steigen hier auch Fahrgäste ein, die nur für die zweite Klasse bezahlt haben, jedoch erstaunt tun, belangt sie der Schaffner. Die Nacht verschlingt uns, wir fahren westwärts. Ein melancholisches Gefühl: von Freunden und Verwandten habe ich schon am Nachmittag Abschied genommen. Vor kurzem wurde eine teure Person zu Grabe getragen. Friedhöfe stimmen stets traurig, aber dieser ist zugleich großartig! Welch ein Querschnitt durch Polens Geschichte. Aristokraten, Bürger, Dichter, Politiker, polnische, tschechische, deutsche, italienische, ungarische, armenische Namen auf den Grabsteinen... Eine Welt scheint untergegangen. Doch sie lebt fort, sie gestaltet neue Gechlechter, bewußt oder unbewußt.

Die beleibte Großmutter mit schalkhaften Augen, zwei Enkelkinder neben sich, entreißt mich dem Grübeln. Sie erkundigt sich nach meinem Reiseziel. Wien läßt sie aufhorchen, denn ihre Tochter ist dort verheiratet. Auch die gepflegte junge Frau in der Ecke, eine Architektin, kennt die Donaumetropole. In Rom und Paris weiß sie gut Bescheid, was hierzulande nichts Außergewöhnliches darstellt. Es steigt noch ein höflicher Herr mittleren Alters zu, wohl ein Beamter. Freimütig und mit großer Sachkenntnis kommentiert er die Hintergründe amerikanischer und deutscher Innenpolitik. Alle freuen sich über mein Polnisch, als bereite es ihnen persönliche Genugtuung. Auf den Papst ist jedermann überaus stolz. Auch der Reisende mit dem kleinen Parteiabzeichen im Knopfloch.

Da kommt Kattowitz. Ringsum Industrieanlagen, feurige Giganten in der Winternacht. Ich steige aus. Endlose Gänge, Hallen, Treppen, Geschäfte im modernen Bahnhofsgebäude. Das Restaurant ist noch geöffnet. Es gibt Klöpse und Pepsi-Cola. Eine Zigeunerkapelle erscheint, spielt auf, kassiert die Runde und geht. Ansonsten Rationalität, Produktion, Expansion, aber dafür nichts von der Magie des abendlichen Krakau. Oberschlesien ist der Widerpart, das Polen von morgen, der Lebensnerv. Auf dem Bahnsteig warten Scharen von Reisenden mit Paketen, Kartons, alten Koffern; weinende Kinder. Die Menschen sind ständig unterwegs, überall zahlreich, meistens geduldig, häufig lustig, manchmal nörgelnd. Der Chopin-Expreß fährt ein. Im Schlafwagen nach Wien reisen nur wenige. Schon rollen wir im Dunkeln, Grenzkontrolle, Tschechoslowakei, am frühen Morgen Österreich. Polen entfernt sich und doch bleibt es nah; ich schlafe gut, denn im Traum erscheint mir ein Festsaal des Wawelschlosses. Alles lebt wieder, in der Geisterstunde ziehen Gestalten aus der Geschichte des Landes in historischer Tracht vorbei, wie in Wyspiańskis dramatischen Visionen. Abschied von Polen? Niemals. Es sei denn, ich meinte: Abschied von mir selbst – Abschied von Europa.

Historische Zeittafel

Vom Herzogtum zur europäischen Großmacht

963	Erster Nachweis eines kürzlich gegründeten, westslawischen Stammesverbands zwischen Warthe und Weichsel unter Herzog Mieszko
966	Taufe Polens
1000	Bolesław Chrobry [dem Tapferen] gelingt Gnesens Erhebung zum Erzbistum; wechselhaftes, auf friedlichen Tausch wie auf Kampf beruhendes Verhältnis zum deutschen Nachbarn; 1025 Bolesław erster König
1038–1039	Heidnische Reaktion und Böhmeneinfall, schwere Erschütterung
1076–1079	Konflikt zwischen Bolesław Smiały [dem Kühnen] einerseits, geistlichen und weltlichen Großen andererseits. Polens zweiter König, nachdem er Krakaus Bischof Stanislaus hinrichten ließ, zur Abdankung gezwungen
1138	Tod des Herzogs Bolesław Krzywousty [Schiefmund] bewirkt Teilung des Landes zwischen verwandte Prinzen, Senioratsprinzip sichert dem Krakauer anfangs die Führung
1138–1320	Trotz Zersplitterung wirtschaftlicher und kultureller Fortschritt
1230	Der Deutsche Orden zum Schutz gegen heidnische Pruzzen vom masowischen Teilherzog Konrad an die untere Weichsel gerufen; binnen weniger Jahrzehnte gefährden die Ambitionen des Ordens den polnischen Nachbarn, zugleich wächst die unblutige Ansiedlung von Deutschen in Städten und Dörfern

423

1241	Mongoleneinfall verwüstet Südpolen, bewirkt aber rasche Modernisierung
1300–1306	Polnisch-böhmische Personalunion unter den beiden letzten Przemysliden
1306–1314	Bürgerkrieg, aus dem Władysław Łokietek [Ellböglein] von Kujawien als Sieger und Einiger des Staates hervorgeht, 1320 zum König gekrönt
1335	Verlust Schlesiens unter Kazimierz Wielki [dem Großen], einem ansonsten bedeutenden Herrscher; 1340–1366 Erwerb Rotreußens [Ostgaliziens], 1334 und 1367 Privilegien für die Juden
1370	Kasimir stirbt ohne Söhne, Nachfolge Ludwigs von Ungarn, der 1374 dem Adel weitgehende Steuerfreiheit gewährt
1384–1387	Durch Heirat mit Ludwigs Tochter Jadwiga kommt Władysław Jagiełło, frisch getaufter Großfürst von Litauen, auf polnischen Thron
1409–1411	Militärisch erfolgreicher, politisch unentschiedener Krieg gegen den Deutschen Orden
1422–1433	Vier weitere Adelsprivilegien, Verankerung des Grundsatzes «Neminem captivabimus», einer Rechtsgarantie für den freien Mann
1434–1444	Zweite polnisch-ungarische Personalunion
1454	Statut von Nieszawa: nur nach Zustimmung der Provinziallandtage darf der König ein Adelsaufgebot verkünden; unter Kazimierz Jagiellończyk [dem Jagellonen] dank militärischer Siege und innerer Entfaltung glücklicher Ausklang des Mittelalters

Die adelige Res publica [inneres Geschehen]

| 1466 | Pommerellen wird endgültig polnisch [zweiter Thorner Friede]. Ab nun Ausbau des Seehandels, Ausfuhr von Getreide, steigender Reichtum der Städte, stufenweise |

Festigung der Leibeigenschaft; wohlhabende Bürgersfamilien steigen bald durch Landkauf in den Adelsstand auf

1493 Als Zeichen des Kompromisses zwischen Königtum und mittlerem Adel [Szlachta]: der Reichstag [Sejm] mit zwei Kammern [Senat und Izba Poselska, Landbotenkammer] wird zur ständigen Einrichtung, die Städte haben beschränktes Mitspracherecht

1501 Privileg von Mielnik, die Magnaten erreichen das Übergewicht des Senats

1505 Konstitution «Nihil novi»: der Szlachta gelingt die Annullierung des Magnatenprivilegs; die folgenden Jahrzehnte kennzeichnet der «Exekutionskampf» des Adels gegen die Magnaten [keine Ämterkumulierung, straffere Zentralgewalt]

1569 Polnisch-litauische Realunion von Lublin; die westpreußischen [pommerellischen] Abgeordneten werden zu normalen Sejmmitgliedern. Faktisch erlangen die Magnaten, darunter viele polonisierte Litauer und Ostslawen, wieder die Führungsrolle, vor allem nach dem Aussterben der Jagellonen 1572. Polens Blickwinkel verlagert sich immer mehr in die Weiten des Ostens. Das 16. Jahrhundert bringt mächtigen Aufschwung; ab 1523 Eindringen der Reformation [deutsche Bürger werden zu Lutheranern, polnische Adelige zu Kalvinern], Polen am Höhepunkt der Macht

1570 Consensus Sandomirensis, 1573 Articuli Henriciani sichern religiöse Toleranz; allgemeiner Rückgang des Protestantismus

1573 Einführung des reinen Wahlkönigtums, trotzdem Bildung von Dynastien

1596 Kirchenunion von Brest-Litovsk; die Ukraine wird zum ständigen Krisenherd durch unbotmäßige Kosaken

1606–1608 Aufstand des Magnaten Zebrzydowski; die führenden Familien neigen zunehmend zum Ausbau ihrer Hausmacht, zuweilen auf Kosten des Staates; die Angst vor königlichem Absolutismus läßt den Adel die «goldene Freiheit» als höchstes Gut schätzen

1652   Erstmals sprengt das Liberum Veto eines einzigen Abgeordneten den Reichstag, der nur einhellige Beschlüsse faßt

1648–1658   Der gewaltige Kosakenaufstand unter Chmielnicki versetzt der Großmacht Polen einen fürchterlichen Schlag, zumal er ausländische Intervention herbeibeschwört. Massaker Tausender von Juden [Pächter, Schankwirte, Geldverleiher], polnischer Adeliger, katholischer Priester und Nonnen

1665–1666   Aufstand des Magnaten Lubomirski; trotzdem kann sich das Land einstweilen konsolidieren. Während des letzten Viertels des 17. Jahrhunderts regiert als König der bedeutende Staatsmann und Feldherr Jan Sobieski. Im 18. Jahrhundert leichte Hebung der Landwirtschaft, prunkvolles Mäzenatentum der Großen, aber Sinken der politischen Moral. Nach Ende der glücklosen Wettinerherrschaft ab 1764 Reformzeitalter: fieberhafte Erneuerungsbewegung unter Führung des Königs Stanisław August Poniatowski und der Familie Czartoryski, aber Gegnerschaft des konservativen Hochadels

1768–1772   Barer Konföderation gegen die Reformen; ständige Einmischung des Auslands, vor allem des Zarenreichs; fremde Truppen kommen und gehen

1773   Komisja Edukacji Narodowej [Nationale Erziehungskommission] zwecks Umgestaltung des Unterrichtswesens

1775   Rada Nieustająca [Immerwährender Rat]: Regierung mit fünf Ministerien; merkbare Gesundung des Landes, Ausbau des bis dahin winzigen Berufsheers, aber zu spät, um Teilungen Polens zu verhindern

1788–1792   Vierjähriger Reichstag, 3. Mai 1791 erste moderne Verfassung

1792	Konföderation von Targowica der russophilen Reform-gegner
1794	Insurrektion des Naczelnik [Anführers] Tadeusz Koś-ciuszko gegen Russen und deren Freunde, sozialradi-kale Töne unter dem Einfluß der Französischen Revo-lution

Die adelige Res publica [äußeres Geschehen]

1454	Die genuesischen Schwarzmeerkolonien unterstellen sich polnischer Schirmherrschaft
1471–1526	Höhepunkt der jagellonischen Hausmacht. Die Dyna-stie regiert vorübergehend in Polen, Litauen, Böhmen und Ungarn, ephemere Lehenshoheit über die Moldau, Konflikte mit Moskau
1515	Wiener Hausvertrag und jagellonisch-habsburgische Doppelhochzeit
1525	Säkularisierung des Deutschordensstaates, Albrecht von Hohenzollern leistet als «Herzog in Preußen» König Si-gismund I. in Krakau den Lehenseid
ab 1557	[siehe Karte] Beginn der Auseinandersetzung mit Ivan dem Schrecklichen um die Ostseeländer
1563–1570	Schweden und Dänemark greifen bewaffnet ein; Liv-land zum Großteil an Polen-Litauen, Kurland polni-sches Lehen
1579–1582	Neuerlicher Krieg um das Baltikum; Polen besiegt die Russen
1587	Polnisch-schwedische Personalunion zwecks Beilegung des Streits um Livland, jedoch Beginn eines schweren Konflikts zwischen Polens katholischen und Schwe-dens protestantischen Wasa: 1600–1605, 1625–1629, 1632–1635 toben faktisch unentschiedene Kämpfe
1605–1612	Polen interveniert bei russischen Wirren, beherrscht zwei Jahre lang Moskau, doch scheitern die Unionsplä-

	ne des Königs, der Russen und Schweden der römischen Kirche zuführen möchte
1619–1621	Krieg mit der Türkei um die Moldau
1648	Kosakenaufstand bringt Polen nacheinander die Feindschaft der Krimtataren, Moskaus und der Pforte
1654–1667	Krieg mit Moskau, schließlich Teilung der Ukraine entlang des Dnjepr, wobei Polen Kiew verliert
1655–1656	Höhepunkte der «Sintflut»: von allen Seiten her dringen fremde Armeen in Polen ein; die Schweden überrennen das Land. Symbolträchtige Verteidigung des Czenstochauer Marienheiligtums
1657	Brandenburg-Preußen aus dem Lehensverhältnis entlassen; Polen erhält dänischen und habsburgischen Beistand
1660	Friede von Oliva mit Schweden
1672	Die Türken erobern Podolien
1673–1676	Jan Sobieski gewinnt zwei Drittel der Verluste zurück
1683	Polnisch-österreichisch-deutscher Sieg unter der Führung Sobieskis über die Osmanen bei Wien
1703	Polen unter August dem Starken in den Nordischen Krieg heineingezogen
1704	Schweden stellt nationalpolnischen Gegenkönig Stanisław Leszczyński auf; im Endergebnis starke Zunahme des russischen Einflusses. Rußland, Frankreich, auch Österreich und Preußen, nützen unter geänderten Machtverhältnissen die wachsende Schwäche Polens aus
1772	Erste Teilung Polens: Gebietsverluste an Rußland, Österreich und Preußen
1793	Zweite Teilung Polens: Gebietsverluste an Preußen und Rußland
1795	Dritte Teilung Polens zwischen den drei Nachbarmächten; der Staat verschwindet von der Landkarte

1797	General Dąbrowski gründet polnische Legionen auf seiten Napoleons, die in Italien gegen Österreich kämpfen; 1806 stellt er eine Armee gegen Preußen auf
1807	Rumpfstaat «Herzogtum Warschau» unter sächsischer Krone geschaffen, französische Verwaltung als Vorbild
1809	Staatsgebiet um österreichisches Westgalizien erweitert
1812	Polen an Rußlandfeldzug beteiligt, 1813 von Russen besetzt
1815	Wiener Kongreß legt Grenzen fest, die hundert Jahre lang aufrecht bleiben, mit einziger Ausnahme der 1846 von Österreich annektierten Republik Krakau: Preußen erhält das Großherzogtum Posen, Österreich das Königreich Galizien und Lodomerien, Rußland alles übrige. Warschau wird zur Hauptstadt des durch Personalunion mit dem Zarenreich verbundenen Königreichs Polen
1815–1830	Verfassungsära in Russisch-Polen, eigene Armee und Verwaltung; wirtschaftlicher Aufstieg, doch faktische Aushöhlung der formalen Freiheiten, wachsende Unzufriedenheit der Patrioten
1830	29. November: Aufstand in Warschau, bald regelrechter Abwehrkrieg gegen Rußland, 1831 Entthronung der Romanovs. Nach Eroberung führen Russen strenge Militärdiktatur ein; Organisches Statut von 1832 reines Aushängeschild. Wien und Berlin steuern auch härteren Kurs in polnischen Gebieten. Politisches Leben ins Pariser Exil verbannt; Polens de facto-König Adam Czartoryski leitet antirussische Geheimdiplomatie ohne Staat [Hôtel Lambert]. Daneben mehrere revolutionäre Gruppen aktiv
1846	Adelsverschwörung in Krakau und Umgebung; als Antwort massakrieren kaisertreue Bauern ihre Gutsbesitzer
1848	Österreichische und preußische Polen an Revolution maßgeblich beteiligt

1863	22. Januar: neuerlicher Aufstand gegen Rußland trotz Liberalisierungsmaßnahmen des Zivilgouverneurs Wielopolski; 1864 blutige Niederwerfung. Die Bauern sind loyale Untertanen, nur der Adel denkt national; danach «organische Arbeit», Ende der Verschwörungen, Anwachsen von Bürgertum und Industrieproletariat. 1868 dekretiert der Zar die Ersetzung des Namens «Polen» durch «Weichselland»
1859–1873	Wien übergibt stufenweise die lokale Gewalt in Galizien an die Polen, denen in Krakau und Lemberg nationale Zentren erwachsen
1871–1887	Kulturkampf in Preußen, wachsende Unterdrückung der polnischen Eigenart. Alle Teile Polens erleben die Ausbildung moderner Bewegungen der Rechten und Linken
1905–1907	Erste russische Revolution, Straßenschlachten in Warschau und Lodz; Piłsudski Anführer des sozialistischen Untergrunds. Ab 1908 duldet Wien die Aufstellung paramilitärischer Verbände
1914	Ausbruch des Ersten Weltkriegs, Oberstes Nationalkomitee in Krakau, antirussische Legionen unter Piłsudski; Polen kämpfen gegeneinander in den Armeen der Mittelmächte und Rußlands
1915	Eroberung Russisch-Polens durch Deutschland und Österreich
1916	5. November: Zweikaisererklärung schafft polnischen Pufferstaat mit Provisorsichem Staatsrat, 1917 Regentschaftsrat. Nationaldemokraten [Anhänger Frankreichs und Rußlands] bilden nach dem Zarensturz ein Nationalkomitee in Paris. Piłsudski von Deutschen interniert, die 1918 polnische Hilfskorps im Osten auflösen
1918	11. November: Polen wieder unabhängig im Einklang mit den 14 Punkten Wilsons

1918–1921	Kampf um die Grenzen gegen Bolschewiken, Deutsche, Ukrainer [1919 Versailler Friede, 1920/1921 schlesische Aufstände, 1918/1919 Westukrainische Republik in Ostgalizien, 1920 Krieg mit Rußland, zuerst Polen in Kiew, dann Russen vor Warschau, schließlich 1921 Friede von Riga]
1921	17. März: republikanische Verfassung, 1922 Rücktritt Piłsudskis als «Naczelnik» [Anführer]
1921–1926	Koalitionsregierungen der Rechten [Nationaldemokraten, Volkspartei]
1926	12.–14. Mai: «Maiumsturz», Piłsudski erobert Warschau, Großteil der Armee und Linke auf seiner Seite. Halbdiktatur [Sanacja] soll Parteienwucherung einschränken, Kompromiß mit konservativem Großgrundbesitz. Formales Weiterbestehen der parlamentarischen Demokratie, aber häufige Rechtsbeugungen, kühleres Verhältnis zu Frankreich, nach 1930 Annäherung an Deutschland und Sowjetunion. Polnische Republik bis 1939 ein Vielvölkerstaat mit Ukrainern, Weißrussen, Litauern, Deutschen und Juden. Weltwirtschaftskrise, nationale, soziale, rassische Auseinandersetzungen
1935	Tod Piłsudskis, autoritäre Verfassung, Marschall Rydz-Śmigły «erste Person im Staate nach dem Präsidenten», der nur «Gott und der Geschichte gegenüber» verantwortlich ist
1938	Litauen zur Anerkennung der Rechte Polens auf Wilna gezwungen, Tschechoslowakei zur Abtretung des Olsagebiets. Verschlechterung der Beziehungen zu Berlin, das immer massiveren Druck ausübt
1939	Hitler kündigt Nichtangriffspakt, fordert «Bereinigung der Korridorfrage», Ribbentrop-Molotov-Abkommen. Deutscher Überfall auf Polen am 1. September. 17. September: Rote Armee besetzt Ostpolen, Anfang Oktober

überwältigt die Wehrmacht letzte Widerstandsnester. Regierung und große Armeeteile ziehen sich über Rumänien nach Frankreich, 1940 nach Großbritannien zurück. Deutsch-sowjetische Demarkationslinie quer durch Polen, 1941 von den Deutschen ostwärts durchbrochen

1939–1945 Polnische Truppen kämpfen auf alliierter Seite; NS-Terror im Lande fordert Millionen von Opfern, aber starke Widerstandsbewegung AK [Landesarmee] unter Oberbefehl der Exilregierung. Ab 1943 fördert Stalin die Kommunisten, nach Bruch mit Londoner Polen. Neujahr 1944: Landesnationalrat KRN in Rußland gegründet, daheim entsteht Volksarmee AL. 1943 jüdischer, 1944 polnischer Aufstand in Warschau, 22. Juli Lubliner Manifest des kommunistisch beherrschten Nationalen Befreiungskomitees. Von Januar bis Mai 1945 müssen die Deutschen alle Gebiete zwischen Weichsel und Oder räumen

1945 Neue Grenzen, endgültiger Verlust Lembergs und Wilnas, dafür Erwerb Stettins, Danzigs und Breslaus. Bodenreform, Verstaatlichung schon seit 1944, Aussiedlung deutscher Bevölkerung, vorübergehende Regierungsbeteiligung bürgerlicher Emigranten, aber unaufhaltsame Übernahme des Machtmonopols durch Kommunisten, 1948 Verschmelzung mit Sozialisten zu einheitlicher Arbeiterpartei, 1952 Verfassung der Volksrepublik. Führung der Partei bei Bolesław Bierut [bis 1956], Edward Ochab [1956], Władysław Gomułka [1956–1970] und Edward Gierek [seit 1970], jeweils innenpolitischer Kurswechsel, großangelegte Industrialisierung im Rahmen der Planwirtschaft

1970 7. Dezember: Grundlagenvertrag zwischen Bonn und Warschau. Artikel I bestätigt Unverletzlichkeit der Oder-Neiße-Grenze

Staatsoberhäupter seit 1306
[Könige bis 1795, Präsidenten nach 1918]

Piasten: Władysław Łokietek [bis 1333], Kazimierz Wielki [1333–1370];

Anjou-Neapel: Ludwig [1370–1382], Jadwiga [Hedwig, 1384–1399];

Jagellonen: Władysław Jagiełło [Ladislaus, 1386–1434], Władysław Warneńczyk [von Warna, 1434–1444], Kazimierz Jagiellończyk [1447–1492], Jan I. Olbracht [1492–1501], Alexander [1501–1506], Zygmunt I. Stary [Sigismund der Alte, 1506–1548], Zygmunt II. August [1548–1572];

Valois: Henryk Walezy [Heinrich von Valois, 1573–1574];

Báthory: Stefan Batory [1576–1586];

Wasa: Zygmunt III. Wasa [1587–1632]; Władysław IV. [1632–1648], Jan II. Kazimierz [1648–1668];

Michał Korybut Wiśniowiecki [1669–1673], Jan III. Sobieski [1674–1696], Stanisław Leszczyński [1704–1709, 1733–1736];

Wettiner: August II. Mocny [der Starke, 1697–1733], August III. Saski [der Sächsische, 1733–1763];

Stanisław August Poniatowski [1764–1795]

Naczelnik Państwa [Anführer des Staates]: Józef Piłsudski [1918–1922];

Prezydent Rzeczpospolitej [Präsident der Republik]: Gabriel Narutowicz [1922, ermordet], Stanisław Wojciechowski [1922–1926], Ignacy Mościcki [1926–1939], Bolesław Bierut [1944–1947 Vorsitzender des KRN, 1947–1952 Präsident];

Przewodniczący Rady Państwa [Vorsitzender des Staatsrats]: Aleksander Zawadzki [1952–1964], Edward Ochab [1964–1968], Marian Spychalski [1968–1970], Józef Cyrankiewicz [1970–1972], Henryk Jabłoński [seit 1972]

Territoriale Entwicklung des polnischen Staates vom XV.—XVIII. Jahrhundert

1 Grenzen der Krone Polens 1454
2 Grenzen des Großfürstentums Litauen 1454

Gebiet der Res Publica 1582

3 Krone [Polen]
4 Litauen
5 Livland
6 Lehen
7 Ostgrenze 1634
8 Grenze 1667—1772

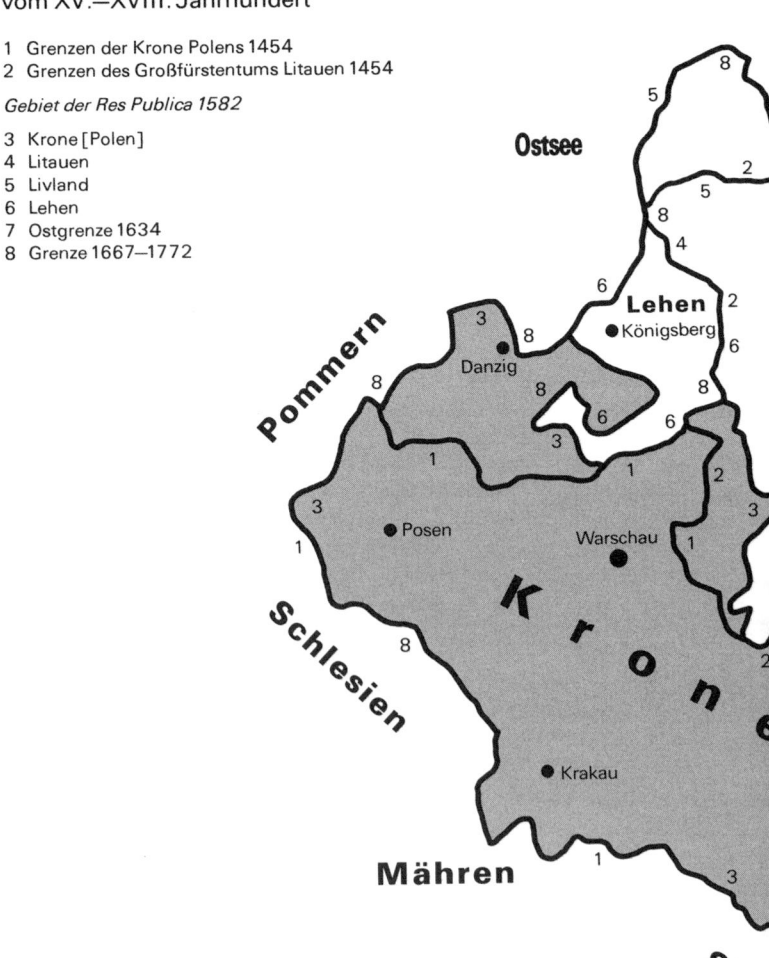

Gebietsveränderungen des polnischen Staates

1 Grenze Polens 1018
2 Grenze Polens und Litauens 1634
3 Grenze Polens 1939
4 Grenzen zu Rußland, Preußen und Österreich 1845—1914
5 Grenze zwischen eigentlichem Rußland
  und Russisch-Polen nach 1815
6 Republik Krakau 1815—1846

Gebiet der VR Polen

Ostsee

R
u

Stettin

Danzig

Posen

Königreich

Warschau

Breslau

(Russisch)-

Polen

Krakau

Österreich

Galizie

Tar

Polens territoriale Entwicklung in der Neuzeit
[Ost-West-Verschiebung]

1 VR Polen seit 1945
2 Republik Polen 1921–1939
3 Königreich Polen und Großfürstentum Litauen vor 1772
4 Ostgrenze 1634

vor dem 1. Weltkrieg
preußisch

vor dem 1. Weltkrieg
österreichisch

vor dem 1. Weltkrieg
russisch

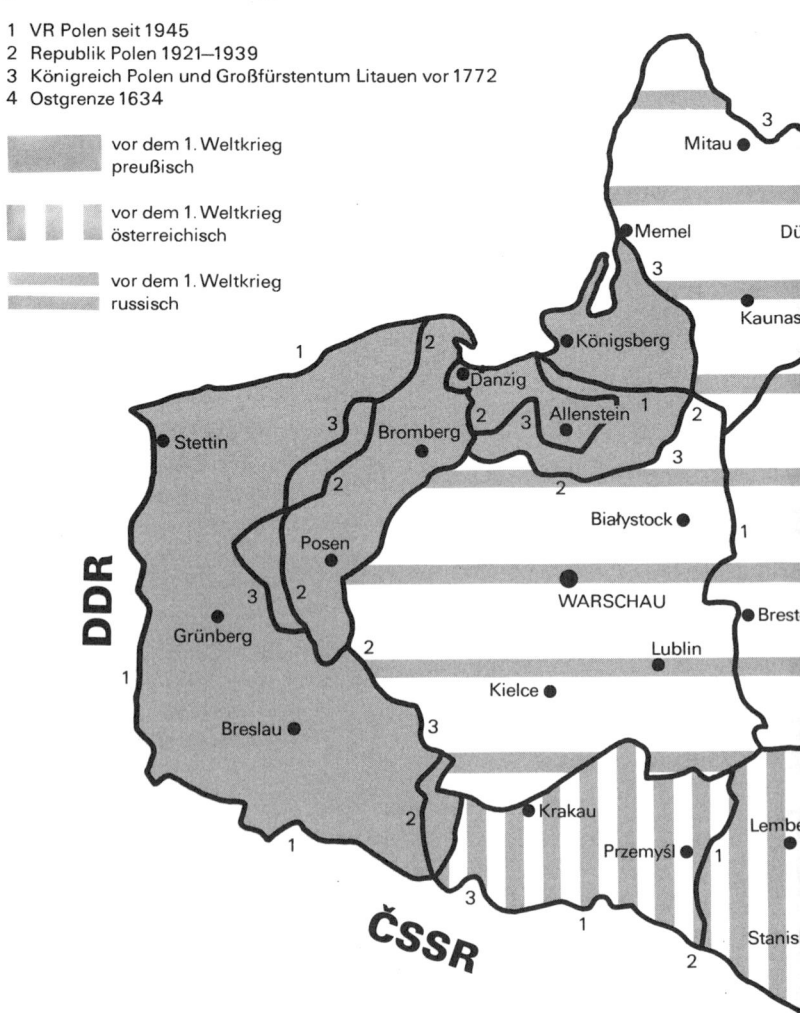

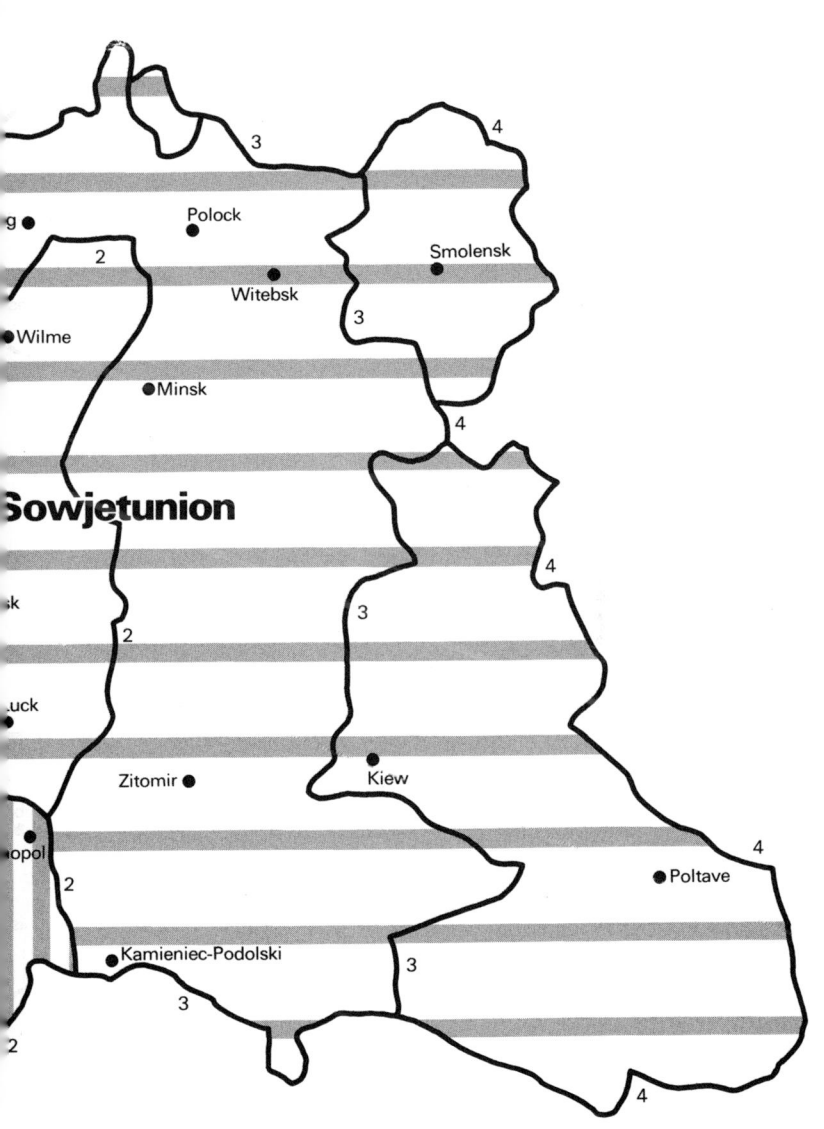

g ●

Polock ●

2

● Wilme

●Minsk

Sowjetunion

3

Smolensk ●

Witebsk ●

3

4

4

sk

2

uck ●

Zitomir ●

Kiew ●

opol

2

● Kamieniec-Podolski

3

3

3

3

4

● Poltave

4

2

4

Aussprache des Polnischen

1. Betonung [mit wenigen Ausnahmen] auf der vorletzten Silbe: lotnísko, katolícyzm, socjálizm, Warszáwa, Władýsław, Zakopáne usw.
2. Vokale werden kurz und öffen gesprochen, z. B. «chleb» wie im dt. «Brett», «Polska» wie im dt. «Wolle»
3. «i» nach Konsonant und vor Vokal ist nur ein Zeichen für weiche Aussprache des Konsonanten und kein eigener Laut; daher wird der folgende Vokal stets gesprochen, also «Gierek» nicht wie «Gīrek», sondern «Gjerek» mit betontem, kurzem, offenem «e»
4. ą: nasales o, wie frz. «on»
   ę: nasales e, wie frz. «train»
5. a, e, i, o, u wie im Deutschen, allerdings kurz und offen [s. oben 2.; zu «i» vor anderem Vokal s. oben 3.]
   ó wie u: Kraków – «Krakuf»
   y etwa wie norddt. ü: bywa – etwa «büwa»
6. b, d, g, w: deutlich stimmhaft, wie im Norddeutschen; nur im Auslaut stimmlos [chleb – «chlep», chód – «chut», wróg – «wruk», Kraków – «Krakuf»]
   dz: stimmhaft, wie norddt. «ds», nur im Auslaut stimmlos [wódz – «wutz»]
7. f, j, k, l, m, n, p, r, t: wie im Deutschen, außer mit nachfolgendem «i» plus Vokal, wo sie weich gesprochen werden, etwa:
   kie – «kje», nie – frz. «gné»; auch gie – «gje»
8. q, v, x gibt es im Polnischen nicht, außer für ausländische Eigennamen
9. c – wie dt. «z, tz»: car – «Zar», zając – «sajõtz»
   ć – wie «ci» vor Vokal – weich, stimmlos, etwa wie «tsj»
   ch – stets wie dt. «ach»-Laut
   cz – wie dt. «tsch»: czar – «tschar»
   dź – sowie «dzi» vor Vokal – weich, stimmhaft, etwa wie «dsj» [nur im Auslaut stimmlos wie «ć»]
   h – wie «ch», also wie dt. «ach»-Laut
   l – wie im engl. «wall»

440

ń – wie «ni» vor Vokal – wie frz. «gn»: koń – wie frz. «cogne»

rz und ż – deutlich stimmhaft wie im frz. «jour»: żur – wie frz. «jour» [nur im Auslaut stimmlos wie dt. «sch»: malarz – «malasch», ryż – «rüsch»]

s – stets stimmhaft wie frz., engl. «z» oder norddt. «Sonne» [also niemals wie dt. «z, tz»]: Zakopane – «sakopáne», wazon – «wáson»; außer im Auslaut, wo stimmlos: wóz – «wuss»

ź, sowie «zi» vor Vokal – weich, stimmhaft, etwa wie norddt. «sj»: późno – «pusjno», ziarno – «sjarno»; außer im Auslaut, wo stimmlos, etwa wie süddt. «sj»: weź – «wessj»

ż – s. oben bei «rz»

Register

451

453

455

Morze Bałtyckie (Ostsee)

Stralsund

Zatoka Pomorska

Puck

Gdynia

Sop

Słupsk

Koszalin

GDAŃSK
(Danzig)

Kołobrzeg

Chojnice

SZCZECIN (Stettin)

DDR

Wałcz

Grudziądz

Piła

Ch

Bydgoszsz

Noteć (Netze)

(WEST)

(OST)

Inowrocław

W

BERLIN

Gorzów Wielkopolski

Gniezno

POZNAŃ (Posen)

Warta (Warthe)

Odra (Oder)

Zielona Góra

Leszno

Gostyń

Kalisz

Głogów

Nysa łużyckie
(Lausitzer Neisse)

Trzebnica

Dresden

Legnica

Oleśnica

Jelenia Góra

WROCŁAW (Breslau)

Świdnica

Wałbrzych

Częstoc

Brzeg

Kłodzko

Opole

Nysa

Racibórz

PRAG

Ośv

POLEN
in seinen heutigen Grenzen

ČSSR